普通高等职业教育在线开放课程新形态一体化规划教材

21世纪高职高专规划教材·工商管理系列

+ BUSINESS ADMINISTRATION

项目管理

（第三版）

主　编● 柴彭颐　陈惠源
副主编● 杨丽洲　张海兰　王淑云
参　编● 史学锋　黄文胜

中国人民大学出版社
·北京·

第三版前言

党的二十大报告提出："统筹职业教育、高等教育、继续教育协同创新，推进职普融通、产教融合、科教融汇，优化职业教育类型定位。"这为现代职业教育体系建设和改革发展指明了方向。

经过了多年的使用和沉淀，我们为本书收集了更多的素材，为了更好地适应新时期职业教育的特点，紧紧围绕党的二十大精神，全面贯彻党的教育方针，力争使本教材成为"坚持职教特色，坚持产教融合"的优质教材，我们再次对教材在以下几个方面进行了修改：

1. 我们邀请了浙江省发展规划研究院的高级工程师史学锋和浙江省科技咨询中心的高级工程师黄文胜参与了教材的修订，他们两人均具有上百个项目管理的丰富经验，为教材带来了行业最新的素材，也完成了教材配套的微课拍摄。

2. 根据微软公司 Microsoft Project 系列的最新版本 Project 2019 重新编写了模块 8 和模块 9，具体由杭州万向职业技术学院陈惠源老师负责。

3. 为了进一步加强与知识点相适应的能力训练的内容，在模块 1～模块 7，每个模块最后增加了一个操作题，便于与学生互动，具体由杭州万向职业技术学院陈惠源老师负责。

4. 重新编排了体例，让教材更加符合时代要求，具体由杭州万向职业技术学院杨丽洲老师负责。

5. 为本教材制作了电子资源库，包括 20 个微课以及其他常规电子资源。同时，为便于读者自学和教师教学，对各模块"思考与练习"提供了参考答案，补充了案例的资料来源。电子资源库的资料由所有编者共同完成。

6. 根据最新政策、法规或条例对有关内容进行了修改，对某些理论表述作了精简，修改了各模块"学习目标"以及教材的"参考文献"，具体由浙江大学柴彭颐老师负责。

我们期望修订后的教材在人才培养过程中能更好地发挥基础性作用。虽经努力工作，但教材中恐仍有不足与疏漏，恳请各位专家和读者批评指正。

柴彭颐　陈惠源

第一版前言

项目管理是近几十年发展起来的一个管理学分支，同时也逐渐成为一个新兴行业。项目管理人员，特别是项目管理员、咨询工程师（投资）可以像建筑师、工程师、律师、会计师、医生等一样，用项目管理的知识、技能和经验服务于社会经济中的各行各业。

"项目管理"是高职院校工商管理和房地产经营管理等专业的核心课程之一。目前国内出版的高职院校管理类教材很多，但"项目管理"课程的教材较少，适合高职学生使用并体现工学结合、突出能力培养的教材更少。

本教材遵循"理论够用，技能实用"的原则，以改革的思路探索高职院校管理类"项目管理"课程教材的编写方法，致力于克服教材编写中一度存在的重视理论知识系统与完整、轻视工作岗位所需实际技能培养的不足。

我们努力在以下几方面体现本教材的特色：

1. 在教材结构设计中，实施基于工作过程的教材内容开发，把教材分为项目前管理、项目管理以及项目管理软件应用三大模块。

2. 在教材内容设计中，围绕项目管理常用技能设计课业模块，根据课业模块选择理论知识点，并根据项目前管理、项目管理及项目管理软件应用模块，将理论知识点加以整合编排。

3. 在教材体例设计中，除项目管理软件应用模块以外，每章安排五个板块：学习目标（含能力目标和知识目标）、学习重点与难点、案例导入、理论知识、思考与练习。突出每个章节的知识目标和能力目标，用案例导入知识模块，在选取内容时注重知识点的实际应用，重视与项目课业式教学相呼应。最后，在思考与练习部分设置适合高职学生能力训练的内容，与各章开头的能力目标相呼应。

本教材由杭州万向职业技术学院柴彭颐教授［国家注册咨询工程师（投资）］担任

主编，杭州万向职业技术学院陈惠源与浙江长征职业技术学院王淑云担任副主编。具体编写分工是：柴彭颐编写第 1 章，陈惠源编写第 2、3、8、9 章，王淑云编写第 4、5、6、7 章。

在本教材的编写过程中，我们参考了众多学术成果、国家注册咨询工程师（投资）考试有关资料，引用了许多书籍的内容，资料来源已在教材中列出，在此我们向有关作者表示诚挚的谢意。

由于“项目管理”是一门应用广泛、实践性强的课程，尽管我们学习借鉴了诸多研究成果，竭力探索新形势下高职课程建设的创新点，但因水平有限，教材中错漏之处恐难避免，恳请各位同行与读者批评指正。

柴彭颐

目　录

模块 1
项目与项目管理

学习目标

● **能力目标**

能正确识别项目，并区分项目与日常运营；

能对项目进行分类。

● **知识目标**

理解项目、项目管理的概念及特征；

理解项目与日常运营的区别；

了解项目管理相关的知识；

了解项目管理知识体系。

学习重点与难点

项目的概念及特点；

项目管理的概念及特点；

项目的分类；

项目与日常运营的区别。

案例导入

木匠与总管

原来农村盖房子，一般都有两个总管，一个管建筑，另一个管木工。木工活在农村和土建活差不多，柱子、梁、房顶、楼梯、楼板等都是用木头做的。

这次，木工总管手下新来了一个非常厉害的木工，什么活都会干，干净利落，总管非常喜欢他，大家都夸他，时间长了，这个木工就有点飘飘然了。他每天看着总管在工地上走来走去，什么也不干，只是吆喝别人干活，有点不服气，心里想："这种事我也会干，看样子他的技术还不如我呢!"

大梁是房子最重要的部分，大梁搭成，就代表房子初步竣工了，主人家一定要选择良辰吉日，敲锣打鼓，放鞭炮，以示庆祝，全乡的人都会过来看热闹。

一栋房子的大梁必须要由最好的木工来完成。总管将这个活交给了新来的木工，让他负责做大梁。新来的木工决定要为难一下木工总管，他用三天时间做好了一根大梁，非常漂亮，简直是最近几年做得最好的大梁，可他在做的时候，故意把大梁少做了一米。

第二天，主人家敲锣打鼓，准备上梁，众乡亲都来看热闹，一时间人声鼎沸，好不热闹。总管和木工两人将梁抬上了房顶，一人一边，开始安装房梁，这时木工喊道："总管，房梁短了一米。"一下子，全场鸦雀无声，大家都惊呆了。没想到，总管很平静地说："那我们俩使点劲，把这梁拉长一米。"

木工一拉，嘿，真是神了，这梁真的就长了一米，大家都愣住了，一时间掌声雷动，大家都说总管是个神仙，大梁都能拉长一米。木工更是惊奇不已，心想：没想到总管这么厉害，明明少了一米，他还能拉长它。从此以后，木工就跟着总管，走南闯北，干了许多大工程。

过了几年，木工实在忍不住了，就好酒好菜宴请总管，非要他说出那天拉梁的秘密来不可。总管微微一笑说："我平时见你看见我的时候，有不屑之色，猜想你可能心里不服，为此特别关注你做的活。再说大梁是房子最重要的一个活，我就每天在你们都回去休息的时候去测量，后来发现你将大梁少做了一米。为了不耽误第二天上梁，我连夜叫人赶工重做了一根，将你做的那个大梁给拆了。第二天，我们俩抬梁上房的时候，就知道你会叫少了一米，我就特意喊拉长一米，其实早就偷梁换柱了，事情就是这么简单。"

提示：上述案例让我们体会到，完成一个项目光靠技术是不够的，还需要有一定的组织、协调及风险管理等项目管理能力。只有这样，才能成功地管理项目。

资料来源：中国项目管理资源网.

理论知识

1.1 项目的基本概念

1.1.1 项目的定义与概念

1. 项目的定义

项目可以是建造一栋大楼，开发一个油田，或者建设一座水坝，如国家大剧院的建设、大庆油田的建设、三峡工程的建设都是项目；项目也可以是一项新产品的开发，一项科研课题的研究，或者一项科学试验，如变频空调的研制、艾滋病新药的研究、转基因作物的实验研究等都是项目；项目还可以是一项特定的服务、一项特别的活动，或一项特殊的工作，如组织一场婚礼、安排一项救灾义演、开展一项缉毒活动等也都是项目。对于项目，人们从不同的角度给出了许多不同的定义，其中有代表性的有如下几种：

美国项目管理协会（Project Management Institute，PMI）的定义：项目是为创造特定产品或服务的一项有时限的任务。其中“时限”是指每一个项目都有明确的起点和终点；“特定”是指一个项目所形成的产品或服务在关键特性上不同于其他的产品和服务。

英国项目管理协会（Association of Project Management，APM）的定义：项目是为了在规定的时间、费用和性能参数下满足特定目标而由个人或组织实施的具有规定的开始和结束时期、相互协调的独特的活动集合。

我们认为：项目是一个组织为实现自己既定的目标，在一定的时间、人员和资源约束条件下，所开展的一种具有一定独特性的一次性工作。项目是人类社会特有的一类经济、社会活动形式，是为创造特定的产品或服务而开展的一次性活动。因此，凡是人类创造特定产品或服务的活动都属于项目的范畴。

项目的目标就是满足客户、管理层和供应商在时间、费用和性能（质量）上的不同要求。

2. 现代项目管理所定义项目的典型类别

（1）新产品或新服务的开发项目。例如，新型家用电冰箱、空调器的研制开发项目和新型旅游服务开发项目等。

（2）技术改造与技术革新项目。例如，现有设备或生产线、生产场地的更新改造项目和生产工艺技术的革新项目等。

（3）组织结构、人员配备或组织管理模式的变革项目。例如，一个企业的组织再造项目，或一个政府机构的职能转变与人员精简项目等。

（4）科学技术研究与开发项目。例如，纳米技术与材料的研究与开发项目、生命科学的技术与理论研究和开发项目等。

（5）信息系统的集成或应用软件开发项目。例如，国家金税工程、金卡工程等经济信息系统的集成与开发项目，企业的管理信息系统、决策支持系统的集成与开发项目和会计软件、游戏软件、办公软件、操作软件、教育软件等各种各样的软件开发项目等。

（6）建筑物、设施或民宅的建设项目。例如，政府的办公大楼、学校的教学和行政管理大楼、商业写字楼、大型旅馆饭店、民用住宅、工业厂房、水利枢纽、物流中心等的建设项目。

（7）政府、政治或社会团体组织和推行的新行动。例如，希望工程项目、光彩工程项目、农村经济体制改革项目、对外开放项目、申办奥运会项目、国庆阅兵项目等。

（8）大型体育比赛项目或文艺演出项目。例如，奥运会比赛项目、世界杯比赛项目、国庆晚会演出项目、春节晚会演出项目、救灾义演项目、巡回演出项目、系列大奖赛项目等。

（9）开展一项新经营活动的项目。例如，有奖销售活动、降价促销活动、大型广告宣传活动、新型售后服务推广活动等。

（10）各种服务作业项目。例如，替客户组织一场独特的婚礼，为客户提供一项独特的旅游，为客户安排一份特殊的保险等。

1.1.2 项目的特性

1. 目的性

目的性是指任何一个项目都是为实现特定的组织目标服务的。项目目标主要分两个方面，其一是有关项目工作本身的目标，其二是有关项目产出物的目标。前者是就项目工作而言的，后者是就项目的结果而言的。例如，就一栋建筑物的建设项目而言，项目工作的目标包括项目工期、造价、质量和安全等方面的目标，项目产出物的目标包括建筑物的功能、特性、使用寿命和使用安全性等方面的目标。

2. 独特性

独特性是指项目所生成的产品或服务与其他产品或服务都有一定的独特之处。通常一个项目的产出物，即项目所生成的产品或服务，在一些关键方面与其他的产品和服务是不同的。每个项目都有某些方面是以前所没有做过的，是独特的。例如，每个人的婚礼都是一个项目，任何一个人的婚礼总会有许多独特的（不同的）地方，虽然按照一定的习俗，婚礼会有一些相同的地方，但是这并不影响个人婚礼的独特性。再比如，人们建造了成千上万栋办公大楼，这些大楼在某个或某些方面都有一定的独特性，这些独特性包括：不同的业主、不同的设计、不同的位置和方位、不同的承包商、不同的施工方法和施工时间等。

3. 一次性

一次性是指每一个项目都有自己明确的时间起点和终点，都是有始有终的，而不是不断重复、周而复始的。例如，树立一座纪念碑所用的时间较短，各种计算机操作系统的开发时间相对比较长，但是它们都有自己的起点和终点。

4. 制约性

制约性是指每个项目都在一定程度上受客观条件的制约。最主要的制约是资源的制约。项目的资源制约包括：人力资源、财力资源、物力资源、时间资源、技术资源、信息资源等各方面的资源制约。因为任何一个项目都是有时间限制的，任何一个项目都有预算限制，而且一个项目的人员、技术、信息、设备条件、工艺水平等也都是有限制的。这些限制条件和项目所处环境的一些制约因素构成了项目的制约性。项目的制约性也是决定一个项目成败的关键特性之一。

5. 其他特性

除了上述特性之外，项目的特性还包括：项目的不确定性、项目的风险性、项目过程的渐进性、项目成果的不可挽回性、项目组织的临时性和开放性等。

课堂讨论 1-1

某连锁咖啡售卖机投资公司在市场考察中发现，本市江南区没有固定的、规范的自动咖啡售卖机，市民们购买咖啡需要去固定的咖啡馆点单，非常不方便。经向相关管理部门申请，公司取得了在江南区投资开设10台自动咖啡售卖机10年的特许经营权。公司遂决定投资50万元，要求市场开发部用3个月的时间，在江南区设置10台自动咖啡售卖机。自动咖啡售卖机设置好以后，交由运营部进行日常管理，具体工作包括：日常巡视、物料补充、机器检修以及收入核算等工作。那么，市场开发部设置自动咖啡售卖机和运营部日常运营管理这两个任务，哪个是项目呢？

1. 市场开发部的工作

是一次性的吗？是！再给3个月，市场开发部也不可能再在此地设置10台自动咖啡售卖机。

是独特的吗？是！市场开发部此前并没有在江南区设置过自动咖啡售卖机。

有制约吗？有！必须在50万元的预算资金内完成，而且必须在3个月内完工。

有“生命期”吗？有！自动咖啡售卖机在3个月内设置完成，则任务结束。

OK！这个是项目。

2. 运营部的工作

是一次性的吗？不是！运营部每个月都要去干相同的工作——运营管理的工作。

哈哈！这个不是项目。

资料来源：张桂宁．实用项目管理．北京：机械工业出版社，2006.

1.1.3　项目与日常运营

人类的社会经济活动可分为两大类：一类是在相对封闭和确定的环境下所开展的重复性的、周而复始的、持续性的活动或工作，像企业定型产品的生产与销售、铁路与公路客运系统的经营与运行、影院与宾馆的日常营业、政府的日常办公等，通常人们将这种活动或工作称为日常“运营或运行”（Operation）。另一类是在相对开放和不确定的环境下开展的独特性、一次性的活动或工作，这就是本书前面讨论和定义的“项目”。“项目”与“运营”最主要的不同之处包括下述几个方面。

1. 工作性质与内容的不同

一般在日常“运营”中存在着大量的常规性、不断重复的工作或活动，而在“项目”中则存在较多创新性、一次性的工作或活动。因为运营工作通常是不断重复、周而复始的，所以运营中的工作基本上是重复进行的常规作业；但是每个项目都是独具特色的，其中的许多工作是开创性的，所以二者的工作性质与内容是不同的。

2. 工作环境与方式的不同

一般日常“运营”工作的环境是相对封闭和相对确定的，例如某个车间，或者某条生产线；而“项目”工作的环境是相对开放和不确定的，含有种种外界因素对它的影响。

3. 组织与管理上的不同

识别身边的创业项目

由于“运营”工作是重复性的和相对确定的，所以一般运营工作的组织是相对不变的，运营的组织形式基本上是分部门、成体系的。由于项目是一次性的和相对不确定的，所以一般项目的组织是相对变化的和临时性的，项目的组织形式多数是团队性的。同时，运营工作的组织管理模式以基于部门的职能性和直线指挥管理系统为主，而项目的组织管理模式以基于过程和活动的管理系统为主。

1.1.4 项目的分类

项目可以按照不同的标准和原则来进行分类，见表 1－1。

表 1－1　项目的分类

分类标准	分类情况
规模	特大型、大型、中型、小型
经营收益	营利性项目、非营利性项目
行业领域	建筑、工业、农业、医疗卫生、交通
结果	产品项目、服务项目
投资来源	企业投资项目、政府投资项目、利用外资项目、其他项目
性质	新建项目、扩建项目、改建项目、技术改造项目
用途	生产性项目、非生产性项目
……	……

项目常用的分类有以下几种。

1. 新建项目、扩建项目、改建项目和技术改造项目

（1）新建项目是指从无到有新开始建设的项目，即在原有固定资产为零的基础上投资建设的项目。按国家规定，若建设项目原有基础很小，扩大建设规模后，其新增固定资产价值超过原有固定资产价值 3 倍以上的，也当作新建项目。

（2）扩建项目是指企业、事业单位在原有的基础上投资扩大建设的项目。

（3）改建项目是指企业、事业单位对原有设施、工艺条件进行改造的项目。

（4）技术改造项目是指企业采用先进的技术、工艺、设备和管理方法，为增加产品品种、提高产品质量、扩大生产能力、降低生产成本、改善劳动条件而投资建设的改造项目。

2. 业务项目和自我开发项目

业务项目是指由专业性项目公司为特定的业主/客户所完成的一次性工作，这是一种商业性服务或开发、生产项目。自我开发项目是指项目团队为自己企业或组织所完成的各种开发项目，是一种企业内部的研究与开发性项目。例如，由房地产开发商出资、由建筑设计部门和施工承包商完成的住宅建设项目，由管理顾问公司为某个企业所做的战略管理或组织再造咨询项目等都属于业务项目；而由加工制造企业自己的产品设计或

研究开发部门完成的新产品开发项目，由企业内部人员组成项目团队完成的技术改造项目等都属于自我开发项目。这两类项目的划分标志是项目的所有者和项目的实施者是否属于同一个组织。

3. 企业项目、政府项目和非营利机构的项目

企业项目是由企业提供投资或资源，并作为项目业主/客户，为实现企业的特定目标所开展的各种项目。政府项目是由国家或地方政府提供投资或资源，并作为业主/客户，为实现政府的特定目标所开展的各种项目。非营利机构的项目是指学校、社团、社区等非营利性组织提供投资或资源，为满足这些组织的需要而开展的各种项目。这种项目分类的标志是项目投资者的社会属性。

4. 营利性项目和非营利性项目

营利性项目是以获得利润为目标而开展的项目。非营利性项目是以增加社会福利或公益为目标所开展的项目。这种项目分类的标志是项目本身的目的性。

5. 大项目、项目和子项目

“Project”通常被译成“项目”；“Subproject”被译成“子项目”；“Program”有的译成“项目”，有的译成“计划”，有的译成“工程”。我们认为“Program”译成“大项目”就可以与项目和子项目并列而构成一个体系，同时还可以避免与一般意义的“计划”和“工程”等名词相混淆。例如，“阿波罗计划”就是美国一个非常大的航天工程项目，我国的三峡工程就是一个典型的工程项目。确切地说，“大项目”是由一系列“项目”构成的一个集合，而“项目”是“大项目”的一个子集。同时，任何一个“项目”又可以进一步划分为多个可管理的部分，即“子项目”。“子项目”多数是可以分包出去由其他的企业或本企业的其他职能部门完成的一个项目的子集。一个项目可以分解成各种不同层次的子项目。

1.2　项目管理的基本概念

1.2.1　项目管理的定义

现代项目管理认为：项目管理是运用各种知识、技能、方法与工具，为满足或超越项目有关各方对项目的要求与期望所开展的各种管理活动。

其中，一般项目的有关各方需要满足的要求与期望，主要涉及下述几个方面：

(1) 对项目本身的要求与期望。这方面的要求和期望是项目全体有关各方面的共同利益所在。例如，对一个项目的范围、工期（时间）、造价（成本）和项目质量等的要求与期望就属于对项目本身的要求和期望。

(2) 项目有关各方不同的需求和期望。这包括项目的业主/客户、资源供应商、项目承包商、协作商、项目团队、项目所在社区、项目的政府管辖部门等各个方面的要求与期望，有些是相互矛盾的。

（3）项目已识别的需要与期望。这是已经由项目的各种文件明确规定的项目需求和期望，是项目有关各方达成共识的需要和期望。

（4）项目尚未识别的要求和期望。这是项目各种文件没有明确规定，但是又是项目有关各方追求的需求和期望。例如，潜在的环保要求、残疾人的特殊要求、更低的项目成本、更短的项目工期、更高的项目质量要求等。

项目管理就是为实现上述这些目标所开展的项目组织、计划、领导、协调和控制等活动。

美国项目管理协会（PMI）还从创新的角度对项目管理做出了进一步的定义，认为：项目是一种创新的事业，所以项目管理也可简洁地称为实现创新的管理，或创新管理。PMI 认为项目管理已发展成为管理学的一个独立分支，同时也发展成了一个新兴的专门性职业。PMI 还提出了一整套的项目管理的知识体系。

1.2.2 项目管理的基本特性

1. 普遍性

我们现有的各种文化物质成果最初都是通过项目的方式实现的，一般是先有项目后有日常运营。在人类社会中，小到个人的婚礼，大到美国的阿波罗计划，都是项目，都需要项目管理。同时，不管是企业、政府、社团的项目，还是个人的项目（住宅建设），都需要开展项目管理。

2. 目的性

一切项目管理活动都是为实现“满足或超越项目有关各方对项目的要求与期望”这一目的服务的。

3. 独特性

项目管理既不同于一般的生产服务运营管理，也不同于常规的行政管理，它有自己独特的管理对象、独特的管理活动和独特的管理方法与工具，是一种完全不同的管理活动。

4. 集成性

项目管理要求必须充分强调管理的集成，对于项目各要素的集成管理和对项目各阶段的集成管理等。虽然项目管理也有一定的分工要求，但是项目管理要求充分强调管理的集成特性。例如，对于项目工期、造价和质量的集成管理，对于项目、子项目的集成管理等，都是十分重要的。

5. 创新性

项目管理是对于创新的管理，项目管理本身需要创新，没有一成不变的模式和方法。

1.3 项目的生命周期

项目作为一种创造独特产品与服务的一次性活动是有始有终的，项目从始到终的整个过程构成了一个项目的生命周期。美国项目管理协会认为：项目是分阶段完成的一项独特性的任务，一个组织在完成一个项目时会将项目划分成一系列的项目阶段，以便更好地管理和控制项目，更好地将组织的日常运作与项目管理结合在一起。项目的各个阶段放在一起就构成了一个项目的生命周期。

1.3.1　项目生命周期的内容

项目生命周期主要包括下述几个方面的内容。

1. 项目的时限

项目的时限包括一个项目的起点和终点，以及一个项目各个阶段的起点和终点。

2. 项目的阶段

项目的阶段包括一个具体项目主要阶段的划分和各个主要阶段中具体阶段的划分。这种阶段划分将一个项目分解成一系列前后接续，并且便于管理的项目阶段。

3. 项目的任务

项目的任务包括项目各个阶段的主要任务和项目各个阶段主要任务中的主要活动等。

4. 项目的成果

项目生命周期同时还需要明确给出项目各个阶段的可交付成果。这同样包括项目各个阶段和项目各个阶段中主要活动的成果。

1.3.2　项目生命周期的特征

项目生命周期确定了项目的开端和结束。例如，当一个组织看到了一次机遇，其通常会做一次可行性研究，以便决定是否应该就此设立一个项目。对项目生命周期的设定会明确这次可行性研究是应该作为项目的第一个阶段，还是作为一个独立的项目。

项目生命周期的设定也决定了在项目结束时应该包括或不包括哪些过渡措施。通过这种方式，我们可以利用项目生命周期设定，将项目和执行组织的连续性操作连接起来。

大多数项目生命周期确定的阶段的前后顺序通常会涉及一些技术转移或转让，比如设计要求、操作安排、生产设计。在下阶段工作开始前，通常需要验收现阶段的工作成果。但是，有时候后继阶段也会在其前一阶段工作成果通过验收之前就开始了，当然要在由此所引起的风险是在可接受的范围之内时才可以这样做。这种阶段的重叠在实践中常常被称为“快速跟进”。

项目生命周期通常可以确定：

（1）每个阶段需要做的技术性工作。例如，确定建筑师的工作是否是设计阶段的一部分，或者是执行阶段的一部分。

（2）每个阶段所涉及的人。例如，实时工程在识别需求和设计中需要涉及实际操作人员。

对于项目生命周期的说明可以是非常概括的，也可以是非常详细的。高度详细的说明可能会包含大量的表、图和清单，以便于确定项目生命周期的结构，并确保其稳定性。这种详细说明的方法被称为项目管理方法学。

大多数项目生命周期的说明具有以下共同的特点：

（1）资源需求量变化。对资源的需求最初比较少，在向后发展过程中需求越来越多，当项目要结束时又会减少。我们可以从图 1－1 中看到这一变化。

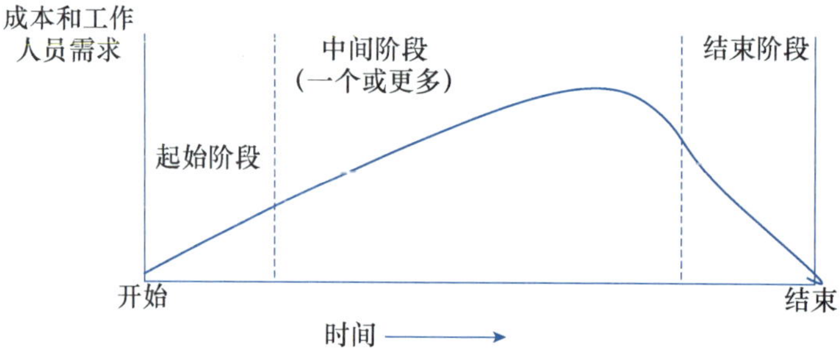

图 1－1　生命周期资源需求量变化的一般样板

（2）在项目开始时，成功的概率是最低的，而风险和不确定性是最高的。随着项目逐步向前发展，成功的可能性也越来越高。

（3）在项目起始阶段，项目涉及人员的能力对项目产品的最终特征和最终成本的影响力是最大的，随着项目的进行，这种影响力逐渐削弱了。这主要是由于随着项目的逐步发展，投入的成本在不断增加，而出现的错误也不断得以纠正。

我们要注意区分项目的生命周期和产品的生命周期，比如，一个已经完成的项目将一种新型的台式电脑投放到市场，而这只是产品生命周期的一个阶段而已。

1.3.3　项目生命周期划分的方法

概念、设计、实施、收尾这四个阶段是所有项目都需经历的阶段，但不同的企业或单位，可能会根据本行业项目的特点将项目的阶段进一步细化。因此正确划分项目阶段是项目管理者应具备的基本技能。

在现代项目管理中，划分项目阶段的首要标志是项目工作的相同性，通常将相同性质的项目工作划分在一个项目阶段，而将不同性质的项目工作划分在不同的项目阶段。划分项目阶段的第二标志是项目阶段成果的整体性，即一个项目阶段的全部工作必须能够产出自成体系的标志性结果。这个可交付的成果是可以度量和检测的，它可以是可行性研究报告、预算、蓝图、原型、项目安排、设计文档等，这种成果既是一个项目阶段的终结，也是下一个项目阶段的输入或者整个项目的终结。

在“课堂讨论 1－2”中，我们选择了几种项目生命周期的划分方法，来解释应用中所采用的方法是有所不同的。这里所给出的案例是具有代表性的，但它们既不是推荐的方法，也不是首选的方法。在每一个案例中，阶段的名称和阶段的主要工作成果是由作者自己确定的。

课堂讨论 1－2

美国国防部 1993 年 2 月修订的第 5000.2 指令明确了一系列添加防御设备的里程碑事件和阶段划分，如图 1－2 所示。

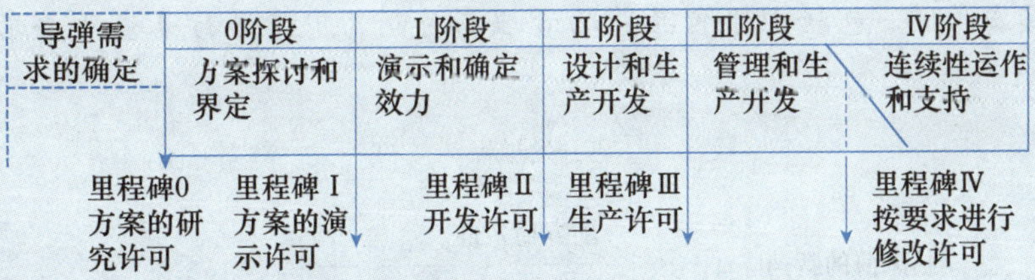

图1-2 防御设备添加的代表性生命周期划分

- 导弹需求的确定——以“方案的研究许可”为结束标志。
- 方案探讨和界定——以“方案的演示许可”为结束标志。
- 演示和确定效力——以“开发许可”为结束标志。
- 设计和生产开发——以“生产许可”为结束标志。
- 管理和生产开发——与连续性运作和支持重合。

莫里斯（Morris）在图1-3中分析了一个建筑项目的生命周期。

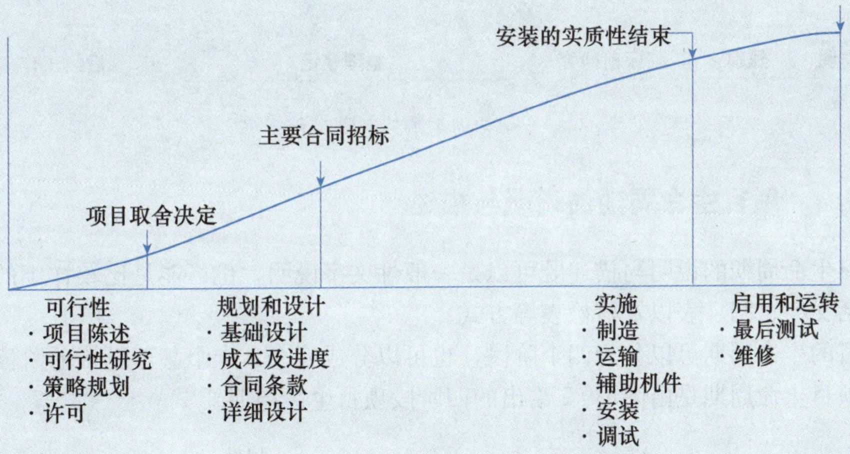

图1-3 建筑项目生命周期代表性划分

- 可行性——项目陈述、可行性研究、策略规划及许可。在该阶段不需要得出对项目取舍的决定。
- 规划和设计——基础设计、成本及进度、合同条款、详细设计。在该阶段末要将主要的合同分包出去。
- 实施——制造、运输、辅助机件、安装、调试。在该阶段完成全部安装工作。
- 启用和运转——最后测试和维修。在该阶段末全面运行该项设施。

墨菲在图1-4中解释了在美国开发一种新药品的项目生命周期。

- 发现和甄别——包括基础研究和应用研究，确定可以用作临床试验的药物。
- 临床前研究——包括为了确定药物安全性和有效性所做的实验及准备工作，并填写新药调查申请表。
- 整理登记——包括Ⅰ、Ⅱ、Ⅲ阶段的临床测试及准备工作，填写新药申请表。

● 后续工作——包括由于食品药物管理局对新药申请进行复查所要求做的额外工作。

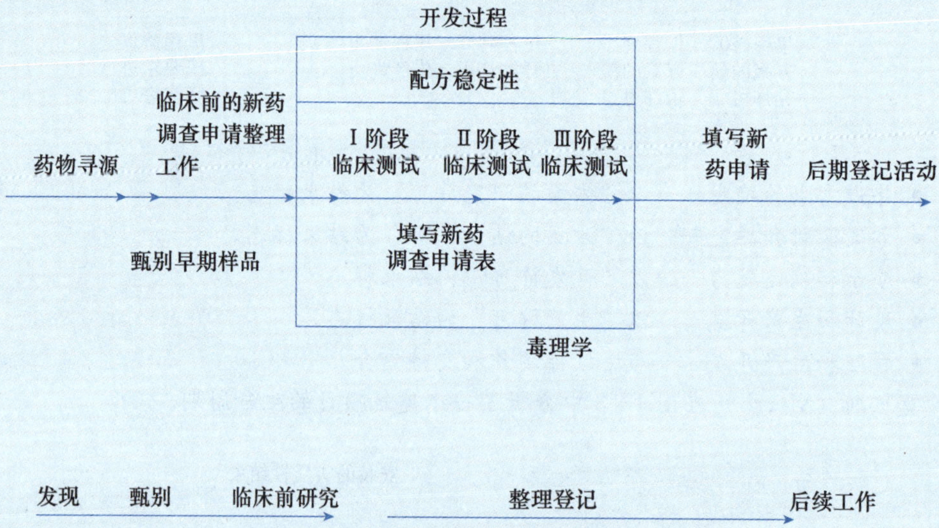

图 1-4　制药项目的代表性生命周期

1.3.4　项目生命周期的说明与描述

项目生命周期的说明与描述既可以是一般性文字说明，也可能是比较详细的具体描述，包括文字、图、表以及核检表等方式。

项目的生命周期可以分为四个阶段，也可以分成五个、十个甚至更多的阶段。最为典型的项目生命周期是由图 1-5 给出的四阶段项目生命周期。

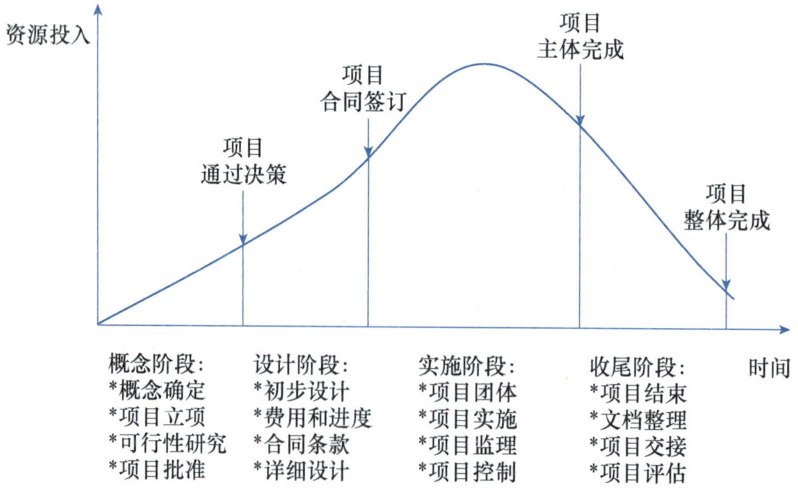

图 1-5　四阶段项目生命周期

1. 项目概念阶段

项目的发起是为了满足某种需要或解决某种难题。项目的第一阶段就是对这些需求、难题的识别、发现和确认，进而确定立项予以解决。这个阶段的主要工作包括：

(1) 识别机遇、需求和目标。

(2) 调查研究、收集数据，进行可行性研究。

(3) 拟订战略方案，撰写项目建议书。

(4) 任命项目经理，识别项目利益相关者，组建项目团队。

例如，喜洋洋房地产公司了解到市政府已决定在城市东郊建立相思湖开发区，进行旧城改造的信息，于是由公司副总经理牵头，组织市场开发部向市政府有关部门进行咨询，了解到具体优惠政策和规模、风格、功能等总体规划，并对争取其中300亩住宅区的开发投资项目进行了风险、成本、效益的分析研究，最后撰写了《关于在相思湖开发区投资开发住宅区（湖滨丽苑）的建议书》。经公司董事会会议决定，投资开发该住宅区。所有这些都属于概念阶段的工作。

2. 项目设计阶段

项目生命周期的第二阶段，是提出满足需求、解决问题的方案。这个时候项目组织会在第一阶段可行性研究的基础上，针对客户或市场的需求，提出具体的解决问题的方案，并详细估计所需资源的种类、数量以及所需花费的时间和成本。这一阶段的主要工作包括：

(1) 确定目标。

(2) 界定范围。

(3) 分解工作并排序。

(4) 预算成本，提出资源计划。

(5) 人员分工。

(6) 建立质量管理体系。

(7) 识别风险。

在上面的例子中，本阶段喜洋洋房地产公司湖滨丽苑项目组的主要工作是：对占地300亩的湖滨丽苑进行整体规划设计和户型设计；编制详细的湖滨丽苑分三期开发的方案，具体包括进度、资金需求、人力需求等内容；制订资金筹集和运作计划，提出销售方案。最后，以文件的形式将所有工作成果提交公司董事会，获得董事会的确认和同意。

3. 项目实施阶段

项目生命周期的第三阶段是具体实施在第二阶段制订的解决问题的方案，并促使项目目标的最终实现，使客户对于按时在预算内高质量地完成整个工作感到满意。具体包括：

(1) 执行项目工作计划。

(2) 采购产品或服务。

(3) 控制进度、费用、质量、安全和范围变更。

(4) 进行信息沟通。

（5）平衡项目冲突，解决项目问题。

（6）进行阶段性评审。

（7）合同管理。

在上例中，湖滨丽苑项目组及时办理各项开工手续，通过招标确定住宅楼施工单位、监理单位，对施工进度、质量、安全生产、文明生产进行监督；办理贷款，销售期房，确保资金到位；组织设计、施工、监理单位人员会议，进行变更确认，努力确保各期工程项目的实施达到计划要求。

4. 项目收尾阶段

项目收尾阶段包括范围确认，质量验收，费用决算与审计，项目资料整理、归档与验收，项目交接与清算，项目审计，项目评估。

在上例中，当湖滨丽苑住宅区建设施工完毕、质量验收合格后，交付公司售楼部。项目组要确定：所有应完成的工作都完成了没有？建好的住宅是否满足客户的质量要求？客户接收、签字了吗？所有的款项是否已经结清？所有的发票是否已经交付？项目完成后，哪些成功的经验可以推广到其他项目中去？哪些失败的教训应在今后的项目中避免？这些都属于收尾阶段的工作。

1.4 项目管理过程

1.4.1 项目过程与项目管理过程

项目是由一系列的项目阶段所构成的一个完整过程，我们用项目生命周期来描述项目过程。任何项目都可以划分为多个不同的项目阶段，不同性质的项目会有不同的项目阶段。

项目管理过程是指在项目实施过程中，在项目的每一个阶段，人们开展管理的工作方法、程序和内容。对于一个项目的全过程或一个项目的阶段而言，都需要有一个相对应的项目管理过程。项目管理过程一般由启动、计划、执行、控制、结束五个基本过程构成。

企业的经营管理过程一般是由计划、执行、控制三个过程构成，而项目的一次性特征，则要求项目的每一个阶段的首尾增加启动和结束两个过程。

项目过程描述的是项目要做什么事情。项目管理过程描述的是项目过程中的事怎么做。

1.4.2 项目管理具体过程

项目管理过程又称为项目管理程序，一个项目的全过程或项目阶段都需要有一个相对应的项目管理过程。这种项目管理过程一般由五个不同的管理具体工作过程构成，也称为程序块，每个程序块由一个或多个程序组成。

（1）启动程序块——确定一个项目或一个阶段可以开始了，并要求着手实施。

（2）计划程序块——进行计划并且保持一份可操作的进度安排，确保实现项目的既定商业目标。

（3）执行程序块——协调人力和其他资源，执行计划。

（4）控制程序块——通过监督和检测过程确保项目达到目标，必要时采取一些修正措施。

（5）结束程序块——取得项目或阶段的正式认可并且有序地结束该项目或阶段。

程序块通过各程序块的结果进行连接，一个程序块的结果或输出是另一个程序块的输入。在核心程序块间，程序块反复进行连接——计划在开始时为执行提供了一份书面的项目计划，随后又给项目计划提供一份更新的书面文件，以示项目的进程。图 1－6 表示了这种联系。另外，项目管理程序块不是相互分立的、一次性的事件；在整个项目的每一个阶段它们都会不同程度地相互交叉，图 1－7 表示了程序块是如何交叉的、在一个阶段内这种交叉会怎样变化。

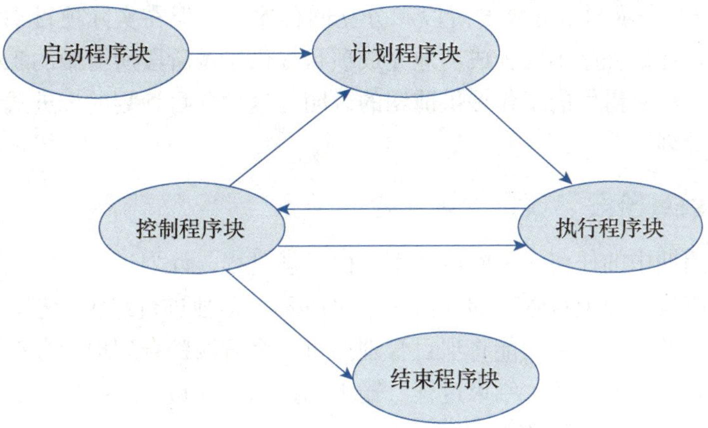

图 1－6　在一个阶段中程序块的连接

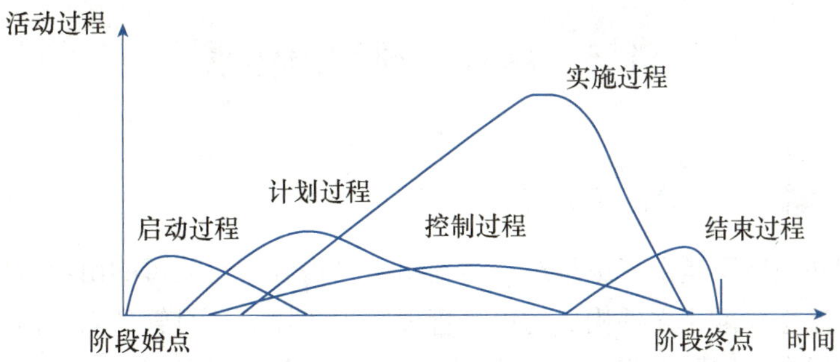

图 1－7　项目管理过程中各程序块的交叉关系

程序块的相互作用也会跨越阶段，一个阶段的结束作为下一个阶段开始的输入。比如，结束一个设计阶段，要求顾客接受和认可设计文稿，设计文稿又为实施阶段提供了产品说明。这种内部作用如图 1－8 所示。

在每一个阶段开始时重复启动程序以确保项目不会偏离既定的商业要求，也帮助确保当商业要求已不存在或项目已不可能满足这种要求时终止这一项目。

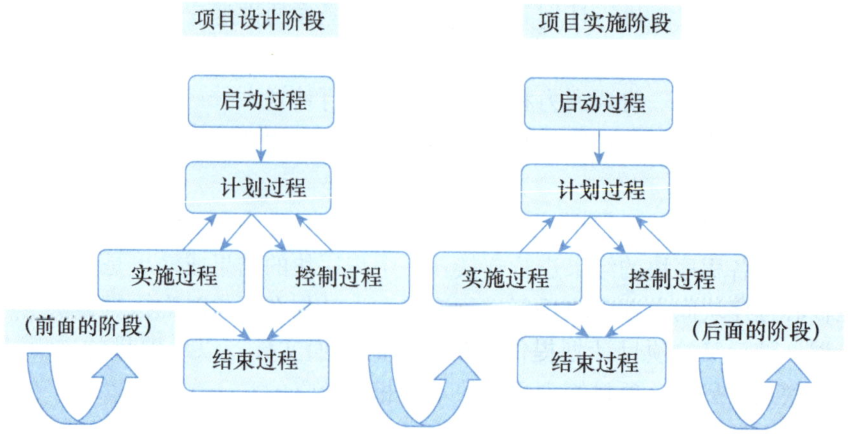

图 1-8　项目管理过程间的相互作用

尽管图 1-8 表示的是分立的阶段和分立的程序块，但在实际项目中它们可能会相互交叉。比如，计划程序不仅为成功地完成项目提供了本阶段所需做的工作的细节，还可能为下一个阶段所需做的工作提供前期的说明。这种项目计划的推进式细节说明常常被称为“滚动计划”。

1.4.3　项目阶段与项目管理过程的关系

项目生命周期中的任何一个阶段，都是由启动过程、计划过程、实施过程、控制过程、结束过程组成，使项目管理的任何一个阶段不再单独进行组织管理，而是由以上 5 个过程组成有机的整体，从而能将项目管理的每一个阶段都合理地融合在一起。

另外，项目前一阶段的“结束过程”输出的产物是项目下一阶段“启动过程”的输入条件，它们的相互关系见图 1-8。

1.5　项目管理知识体系

1.5.1　项目管理知识体系的定义

项目管理知识体系是由权威组织总结提出，并得到广泛认可的由项目管理知识、工作内容和工作流程标准化文件构成的项目管理知识整体。项目管理知识体系目前正处于不断完善和发展中，国际上广为流行的主要有 PMBOK、PRINCE2 和 ICB。PMBOK 是 Project Management Body of Knowledge 的缩写，是美国项目管理协会为全球项目管理专业人士制定的行业标准，自 1996 年正式发布以来，至今已发展到第四版，成为美国项目管理的国家标准之一。它首次为项目管理学科建立了理论和实践的标准和规范。

1.5.2　项目管理知识体系的构成

项目管理知识体系包括项目的概念和属性、项目相关范畴和内外环境、项目管理的概念与特点等。其中项目管理的概念与特点是整个知识体系的出发点，如图 1－9 所示的坐标轴原点。例如，项目的内部环境（企业文化、企业战略、组织结构等）或项目的外部环境（国家政策法规、市场规则等）不能很好地支持项目管理的客观要求时，整个项目的管理将陷入四面楚歌、困难重重的境地，甚至项目本身都已失去存在的必要。

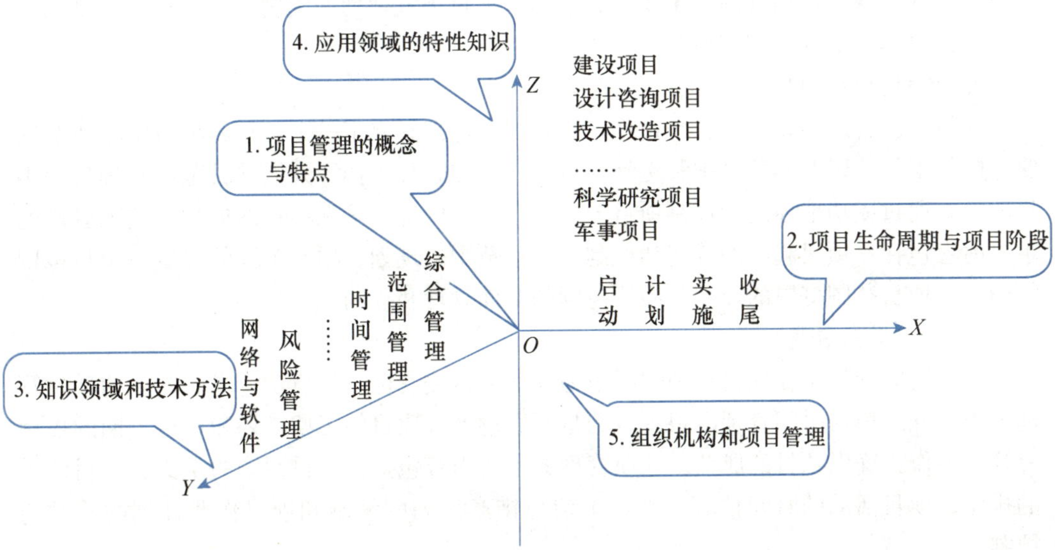

图 1－9　项目管理知识体系图

PMBOK 将项目管理需要的知识分为相对独立的九个部分，如图 1－10 所示。

图 1－10　项目管理特有知识领域及主要工作内容

1. 项目集成管理

项目集成管理是在项目管理过程中，为确保各种项目工作能够很好地协调与配合而开展的一种整体性、综合性的项目管理工作。开展项目集成管理的目的是通过综合与协调管理好项目各方面的工作，以确保整个项目的成功，而不是某个项目阶段或某个项目单项目标的实现。这项管理的主要内容包括：项目集成计划的编制、项目集成计划的实施和项目总体变更的管理与控制。

2. 项目范围管理

项目范围管理是在项目管理过程中所开展的计划和界定一个项目或项目阶段所必须要完成的工作，以及不断维护和更新项目的范围的管理工作。开展项目范围管理的根本目的是要通过成功地界定和控制项目的工作范围与内容，确保项目的成功。这项管理的主要内容包括：项目起始的确定和控制、项目范围的规划、项目范围的界定、项目范围的确认、项目范围变更的控制与项目范围的全面管理和控制。

3. 项目时间管理

项目时间管理是在项目管理过程中为确保项目按既定时间成功完成而开展的项目管理工作。开展项目时间管理的根本目的是要通过做好项目的工期计划和项目工期的控制等管理工作，确保项目的成功。这项管理的主要内容包括：项目活动的定义、项目活动的排序、项目活动的时间估算、项目工期与排产计划的编制和项目作业计划的管理与控制。

4. 项目成本管理

项目成本管理是在项目管理过程中为确保项目在不超出预算的情况下完成全部项目工作而开展的项目管理。开展项目成本管理的根本目的是全面管理和控制项目的成本（造价），确保项目的成功。这项管理的主要内容包括：项目资源的规划、项目成本的估算、项目成本的预算和项目成本的管理与控制。

5. 项目质量管理

项目质量管理是在项目管理过程中为确保项目的质量所开展的项目管理工作。开展项目质量管理的根本目的是要对项目的工作和项目的产出物进行严格的控制和有效的管理，以确保项目的成功。这项管理的主要内容包括：项目产出物质量和项目工作质量的确定与控制，以及有关项目质量变更程序与活动的全面管理和控制。

6. 项目人力资源管理

项目人力资源管理是在项目管理过程中为确保更有效地利用项目所涉及的人力资源而开展的项目管理工作。项目人力资源管理的根本目的是要对项目组织和项目所需人力资源进行科学的确定和有效的管理，以确保项目的成功。这项管理的主要内容包括：项目组织的规划、项目人员的获得与配备、项目团队的建设等。

7. 项目信息管理

项目信息管理是在项目管理过程中为确保有效地、及时地生成、收集、储存、处理和使用项目信息，以及合理地进行项目信息沟通而开展的管理工作。开展项目信息管理的根本目的是要对项目所需的信息和项目相关利益者之间的沟通进行有效的管理，以确保项目的成功。这一部分的主要内容包括：项目沟通的规划、项目信息的传送、项目作业信息的报告和项目管理决策等。

8. 项目风险管理

项目风险管理是在项目管理过程中为确保成功地识别项目风险、分析项目风险和应对项目风险所开展的项目管理工作。开展项目风险管理的根本目的是要对项目所面临的风险进行有效识别、控制和管理，是针对项目的不确定性而开展的降低项目损失的管理。这一部分的主要内容包括：项目风险的识别、项目风险的定量分析、项目风险的对策设计和项目风险的应对与控制等。

风险无处不在

9. 项目采购管理

项目采购管理是在项目管理过程中为确保能够从项目组织外部寻求和获得项目所需各种商品与劳务的项目管理工作。开展项目采购管理的根本目的是要对项目所需的物质资源和劳务的获得与使用进行有效的管理，以确保项目的成功。这一部分的主要内容包括：项目采购计划的管理、项目采购工作的管理、采购询价与采购合同的管理、资源供应来源选择的管理、招投标与合同管理和合同履行管理。

应对风险我有招

1.5.3　项目管理知识与其他知识之间的关系

现代项目管理所需的许多知识是独特的，或者说基本上是独特的。例如，项目工期管理与计划管理中的关键路径分析和工作结构分解方法等都是专门用于项目管理的。与项目管理知识体系关联最紧的是一般管理知识和项目所涉及的具体专业领域知识。现代项目管理知识关联的这两方面知识的主要内容如下所述。

1. 项目管理涉及的一般管理知识

在项目管理中，一般管理知识的应用与在运营管理中的应用原理基本上是相同的。现代项目管理所涉及的一般管理知识主要包括下述几个方面：

（1）计划管理知识。没有计划管理就根本没有计划和目标。中国有句格言："凡事预则立，不预则废。""预"就是计划管理，由此可见计划管理的重要性。计划管理的主要作用是制订各种各样的计划和安排。计划管理的另一项作用是对既定计划的调整和修订，这是在环境和条件发生变化的情况下，或工作目标发生变化的时候所开展的一种计划管理工作。计划管理是管理者进行指挥和协调的依据，是管理者开展管理控制的基准，是降低不确定性的手段，是提高效率和效益的工具，同时也是激励人员士气的武器。

有许多一般运营管理中所使用的原理、方法和指导思想可以在项目管理中使用。

（2）组织管理知识。组织管理的主要职能包括：分工和部门化的职能；确定和安排一个组织中的责、权、利关系；构建组织的分工协作体系；组织能力的培养。组织管理的主要作用是使一群毫无关联的个体组织成为一个有机的整体，使这些个体能够通过组织管理构建的组织系统去实现既定的组织目标和使命，同时使组织的每个个体能够受益。组织管理的另一个作用是分配和协调组织的权力与责任，从而形成组织的指挥与命令系统和权力体系。这既包括各个部门的权力和责任的分配与协调，也包括各个管理岗位的责任和权力的分配与协调。另外，组织管理还具有促进和实施组织变革的作用，这可以使一个组织保持活力、积极适应环境变化和保持高效。

一般管理的运营组织多采用直线职能制或事业部制的组织形式，而项目管理组织大多采用项目制或矩阵制的组织。这使得一般运营管理和项目管理在组织管理方面存在一定的差别，所以我们在项目组织管理中不能完全生搬硬套一般管理中的组织管理知识。

（3）领导知识。领导的主要管理工作内容包括：为被领导者指明方向和任务；运用权力影响他人行为的工作，这包括如何组织和协调全体人员的行动，如何将组织的目标、愿景、任务等传达给组织成员，使他们能够共同合作并为实现组织的目标和愿景而工作；运用各种方式方法去激励自己的下属，这既包括运用身先士卒的方法去激励士气，也包括运用各种激励手段去促进组织成员的工作和提高工作绩效。

一般管理理论认为，影响领导效果的关键因素有三个：其一是领导者，因为领导者本身的能力、经验、背景、知识和价值观念等因素直接影响到领导工作的效果；其二是被领导者，被领导者本身的能力、经验、背景、专业知识、责任心、成熟程度和价值观念等因素也直接影响到领导工作的效果；其三是领导环境，即领导工作所面临的各种环境因素。

在一个项目的管理过程中，项目经理是领导者，但是项目的领导工作却并不仅仅是项目经理的事。因为在项目管理中，项目相关利益主体的所有管理人员都会进行一些领导活动，尤其是决策活动，而在一般管理中这一类的领导工作只是高层管理者的事情。

（4）管理控制知识。管理控制的主要作用是：限制工作偏差的积累，从而避免给组织带来严重的损失；在实际环境和条件发生变化时，通过管理控制可以设法改进实际工作和调整计划与修订目标，从而适应环境的变化；降低成本和提高绩效，管理控制通过各种专项和集成的控制措施去实现这一目标；通过全面的管理控制使组织处于一种有序和受控的状态。

一般管理的控制工作与项目管理的控制工作从原理上有许多相同之处，但是在管理控制的内容、方法、程序等方面也有不同之处。这些不同之处都是由于项目管理与一般运营管理的诸多不同特性所造成的。

2. 项目所属专业领域的专业知识

项目所涉及的专业知识通常包括以下三个方面：

（1）专业技术知识。这是指项目所涉及的具体专业领域中的专业技术知识。例如，软件开发项目中的计算机编程技术、新药研制项目中的药物毒理和病理知识、建筑工程项目中的结构设计和施工技术知识等。

（2）专业管理知识。这是指项目所涉及的具体专业领域中的专业管理知识。例如，政府性项目中涉及的政府财政拨款等行政管理方面的知识、科技开发项目中的国家或企业的科技政策方面的知识等。

（3）专门行业知识。这是指项目所涉及的具体产业领域中的一些专门的知识。例如，汽车行业项目中的相关行业知识（相关的能源消耗、环境保护知识等）、化工行业项目中的相关行业知识（相关的流程和上、下游行业的知识等）、金融行业项目中的相关行业知识（相关的保险、信托、证券行业知识）等。

1.6　项目后评价

1.6.1　项目后评价的定义

项目后评价又称事后评价。它是指在投资项目建成投产并运行一段时间后（一般为2年），对项目立项、准备、决策、实施直到投产运营全过程的投资活动进行总结评价，对投资项目取得的经济效益、社会效益和环境效益进行综合评估，从而作为判别项目投资目标实现程度的一种方法。

投资项目的后评价是对项目决策前的评价报告及其设计文件中规定的技术经济指标进行再评价，并通过对整个投资项目建设过程各阶段工作的回顾，对项目投资全过程的实际情况（施工、建设、投产经营等）与预计情况进行比较研究，衡量和分析实际情况与预测情况发生偏离的程度，说明项目成功和失败的原因，全面总结投资项目管理的经验教训，再将总结的经验教训反馈到将来的项目中去，作为其参考和借鉴，为改善项目管理工作和制订合理科学的投资计划及各项规定提供重要的信息依据和改进措施，以达到提高项目投资决策水平、管理水平和提高投资效益的目的。所以，项目后评价不仅是投资项目程序中的一个重要工作阶段，而且还是项目投资管理工作中不可缺少的组成部分和重要环节。

1.6.2　项目后评价的作用

项目后评价对于提高项目决策的科学化水平、改进项目管理水平、监督项目的正常生产经营、降低投资项目的风险和提高投资等方面发挥着非常重要的作用。具体来说，项目后评价的作用主要表现在以下几个方面：

（1）总结投资建设项目管理的经验教训，对项目本身有监督和促进作用。项目后评价通过对已建成项目的分析研究和论证，较全面地总结项目管理各个环节的经验教训，指导未来项目的管理活动。同时，对一些因决策失误，或投产后经营管理不善，或环境变化造成生产、技术或经济状况处于困境的项目，通过后评价也可为其找出生存和发展的途径，这也会对现有投资项目起到一定的监督作用。

（2）提高项目投资决策的科学化水平，对项目决策有着示范和参考作用，有利于降低项目的投资风险程度。项目的前评估是项目投资决策的依据，但前评估中所作的预测和结论是否准确，需要通过项目的后评价来检验。

（3）为国家制订投资计划、产业政策和技术经济参数提供重要依据，对国家建设项目的投资管理工作起着强化与完善的作用。

1.6.3　项目后评价的主要内容

与项目前评估相对应的项目后评价的主要内容有以下几点：

（1）项目建设必要性的后评价，即从后评价时国内外市场的供求状况和项目产品的实际销售能力，验证项目前评估时所作的市场需求预测是否正确，包括分析产品销售量、产品的市场占有率、产品销售价格和市场竞争能力等变化情况，并对未来产品销售作出新的趋势预测。如果项目的实施结果偏离预测结论太远，则应提出有针对性的措施和建议。

（2）项目生产建设条件的后评价，即分析项目建成投产后的实际生产条件和建设条件是否与前评估的预测相符，以及发生变化的原因。

（3）项目技术方面的后评价，即对项目的生产工艺技术方案、工程设计方案和项目实施方案进行再评价。具体来说，就是从项目的实际构成、生产技术组成、主要生产工艺流程、设备选型、引进国外的技术和设备、建筑工程量、施工技术方案、总平面布置、项目实施进度、成本与质量等各方面与项目前评估的各类预订方案进行对比分析和再评价。

（4）项目经济效益方面的后评价，即从经济的角度分析和总结项目实施全过程的经验和教训，包括对项目投产后的财务效益、经济效益、社会效益和环境效益及对环境的影响等进行再评价，并与项目前评估的结论进行比较分析，进一步对项目未来的发展趋势和变化情况进行预测，最后在对各种经济因素进行综合分析、论证的基础上，提出项目后评价的总体结论和建议。

创业项目的选择与论证

思考与练习

一、复习思考

1. 什么是项目？
2. 什么是项目管理？
3. 项目管理与一般运营管理相比有哪些不同？为什么会有这些不同？
4. 现代项目管理与传统项目管理有什么不同？现代项目管理是如何发展起来的？
5. 项目后评价有什么作用？
6. 在项目管理中，你认为哪种一般管理的职能是最重要的？为什么？
7. 随着知识经济和网络化社会的发展，你认为项目管理会有哪些大的变化？
8. 你认为21世纪的管理学会出现项目管理和运营管理并重的局面吗？

二、能力训练

1. 谁该参与项目？

A是一家家电集团公司的项目经理，最近他被提升为该集团公司研发中心主任，负责为多个研发项目提供服务。A上任后不久，集团分管研发的副总裁便安排他进行一个新的项目，同时该集团另一个资深项目经理也开始进行一个重要性相同的项目。

A 不清楚应安排谁到新的项目中，但他注意到研发中心中有的人比其他人更忙一些。他便让这些人一个个向他汇报他们目前手头上的项目占他们工作时间的百分比是多少，以便决定要不要再安排新项目给他们。没想到几乎所有人的报告都说，目前的项目已经占用了他们 100%的时间，因此，他们不能再承担其他工作。另一个项目此时正在进行中，总裁对 A 的工作能力开始表示怀疑。

资料来源：http://www.mypm.net/case/show_case_content.asp? caseID=74.

问题：

如果你是 A，你认为应如何将项目开展起来，并在预定期限内完成它？

2. 区分项目与日常运营。

小王所在的公司承包建设并维护杭州 150 个公共自行车租赁点，经过三个月的努力，建成了 150 个分布于各区域的自行车租赁点。目前小王每天的工作便是巡查这些租赁点，检查租赁点的运营情况。请指出该案例中的项目与日常运营。

三、教学做一体化课业

中小型项目识别与立项

【课业目标】

通过本课业，学生应：

- 判别项目与日常运营管理的区别。
- 了解项目的一般特征。
- 能够寻找和表达出身边的项目。

【课业方式】

通过各组讨论及网上资料收集，填写项目基本信息。

【课业条件】

- 相关知识条件：掌握模块 1 的相关知识。
  - 项目的含义：了解什么是项目，项目有什么特征，其与一般运营管理有什么区别。
  - 项目与一般运营管理的区别：掌握项目与一般运营管理的区别，项目成功的要素。
  - 项目管理的概念：理解项目管理的定义。
  - 项目管理的过程：掌握项目管理的过程，并大致了解过程的基本内容。
  - 项目管理的六要素：理解三要素、四要素、五要素及六要素的转变过程。

【课业内容及步骤】

- 通过互联网收集及留意自己生活周围，每个学生寻找可能的项目。
- 讨论项目的特征，并选定小组一致同意的项目。

【课业评价】

项目	优秀 (10 分)	良好 (8 分)	合格 (6 分)	不合格 (4 分以下)	个人得分
中小型项目识别与立项	提供选题，且所选项目成为小组选题	提供选题，且所选项目具备项目一般特征	提供选题，但选题不具备项目特征	没有提供选题	

课业内容

班级小组组长：______________________________

组员：______________________________

一、各小组成员推荐的项目选题

学生一推荐选题：______________________________

选题描述：______________________________

选题理由：______________________________

学生二推荐选题：______________________________

选题描述：______________________________

选题理由：______________________________

学生三推荐选题：______________________________

选题描述：______________________________

选题理由：______________________________

学生四推荐选题：______________________________

选题描述：______________________________

选题理由：______________________________

学生五推荐选题：______________________________

选题描述：______________________________

选题理由：______________________________

学生六推荐选题：______________________________

选题描述：______________________________

选题理由：______________________________

二、最后的定题

最后选定为小组项目的选题：______________________________

选题的理由：______________________________

模块 2
项目管理的基本方法

学习目标

● **能力目标**

能运用资金时间价值方法进行计算；
能运用线性盈亏平衡方法求盈亏平衡点；
能进行单因素敏感性分析，确定敏感因素。

● **知识目标**

熟悉现金流量分析方法及资金等值换算的有关知识；
熟悉不确定分析方法；
熟悉敏感性分析方法；
了解影子价格及其有关规定。

学习重点与难点

资金时间价值；
财务评估方法；
单因素敏感性分析方法。

案例导入

美国一位出色的大企业家说："我宁愿利用 100 个人的 1%的价值而不愿用一个人的 100%的价值。"我们不禁要问，他为什么采取增加人力的方法去追求企业更大盈利呢？

诚然，这一观点的内涵是多方面的。例如，从政治影响考虑，可帮助解决就业问题；从工人数量与质量考虑，可充分利用每个人的体能、技能、智能因素最保险的部分；充分利用众多人的综合效应等。其与本模块内容直接相关的道理是该企业家对影子价格理论的应用。其企业中，增加百人为单位的人力资源所增加的成本（百人的工资）

一定小于这百人为单位人力资源所增加的影子价格（百人的影子工资）。利用影子价格使企业中的资源得到最佳配置；利用影子价格，可得出企业人力资源最多增加的人数，即得出在保证企业总盈利最大时，某一资源最多增加的限度；影子价格能用于企业生产产品的安排，用于新产品及投资项目的选择，用于企业内部成本与效益分析，用于企业经营决策中。例如，当企业所需要的某种资源的市场价格低于该种资源的影子价格时，企业决策人可买进该种资源；当企业拥有某种资源的市场价格高于该种资源的影子价格时，企业决策人可卖出该种资源以获取利润、减少储藏空间与保险金，并增加资金的时间价值。

资料来源：中国项目管理资源网.

理论知识

2.1 资金时间价值理论与计算方法

2.1.1 资金时间价值的含义

在商品货币经济中，资金是劳动资料、劳动对象和劳动报酬的货币表现。资金运动反映物化劳动和活劳动的运动过程。在这个运动过程中，劳动者在生产劳动过程中新创造的价值形成资金增值。这个资金增值采取了随时间推移而增值的外在形式，故称为资金时间价值。资金时间价值在商品货币经济中有两种表现形式：利润和利息。资金时间价值的实质是资金周转使用后的增加额。

在对项目进行经济评价时，为了计算投资方案的经济效益，通常把方案的耗费和收益表示为货币形态的支出和收入，并按国际惯例，将由于实施方案造成的资金支出称为现金流出，将因实施项目而带来的资金收入称为现金流入。某一时刻的资金收入和支出的数量统称为现金流量，两者之间的差额（矢量和）称为净现金流量。

由于资金存在时间价值，不同时点发生的现金流量不能直接进行比较，资金必须与时间结合，才能表示出其真正的价值。因此，对项目进行经济评价时，首先应对其收益与费用进行时间价值的等值交换，即将不同时点上的资金价值转换为相同时点（一个和多个）上的价值，使之具有时间可比性，这就是所谓的资金时间价值等值交换原理。

例如，人人都知道，假设 2019 年 2 月在银行存入 10 000 元，2020 年 2 月肯定能取出比 10 000 元多的钱，多出来的部分是 10 000 元本金在银行存了 1 年应得的利息。本金加上利息称为本利和。由于利息的因素，本利和随时间的延长而增大。处在生产经营过程中的资金，在不同时点有不同的价值，资金价值随着时间的变化而变化，这是客观事实，只要存在商品生产和资金交换，就必须考虑资金的时间价值。

2.1.2　影响资金时间价值的制约因素

从总体上讲，在资金投入的情况下，以将来较多的所得弥补现在较少所失的超额价值来表示“时间价值”；在资金闲置不用的情况下，以按闲置时间所计算的牺牲代价来表示“时间价值”。资金时间价值的大小受三个因素的制约，即资金投入量、资金投放方式、利率和利息计算方式。

1. 资金投入量

资金投入量就是本金，投入量越大，在相同的时间和计息方式条件下，得到的本利和越大。

2. 资金投放方式

资金投放方式按资金投入金额和投入间隔期可划分为图 2－1 所示的形式。

- 资金投入
  - 一次性投入
  - 分期投入
    - 按投入金额划分
      - 等额投入
      - 不等额投入
    - 按投入间隔期划分
      - 间隔相等的有序投入
      - 间隔不等的无序投入

图 2－1　资金投放方式

经组合，大致有五种投入方式：

（1）一次性投入。

（2）等额有序投入。

（3）不等额有序投入。

（4）等额无序投入。

（5）不等额无序投入。

其中，第四种方式可以分解为一次性投入和等额有序投入；第五种方式可以通过假定未投资即年投资额为零，将其化解为第三种投入方式。所以，前三种投入方式是最基本的。

3. 利率和利息计算方式

（1）利率的计算方法。

一般来说，代表资金时间价值的利息是以百分比，即利率来表示的。在商品经济条件下，利率是由以下三部分组成的：

1）时间价值：即纯粹的时间价值，随着时间的变化而发生的价值增值。

2）风险价值：现在投入的资金，今后能否确保回收。

3）通货膨胀：资金会由于通货膨胀而发生贬值。

（2）利息的计算方法。

利息计算方法有单利法和复利法两种。

1）单利法。

单利法是指利息由本金一次计算而得，其一般公式为：

$$F=P(1+n\times i)$$

其中，F 为本利和；P 为本金；i 为银行利率；n 为计息周期。

课堂讨论 2－1

某人年初购买国库券 1 000 元，当年利息是 8%，按照单利法计算，5 年后的本利和是多少？

$$F=1\,000\times(1+5\times8\%)=1\,400(\text{元})$$

2）复利法。

复利法是指利息由本金复合计算，即不仅对本金计息，还要对利息计息。其一般公式为：

$$F=P(1+i)^n$$

课堂讨论 2－2

某人年初购买国库券 1 000 元，当年利息是 8%，按照复利法计算，5 年后的本利和是多少？

$$F=1\,000\times(1+8\%)^5=1\,469(\text{元})$$

可见，用单利法计算的时间价值少于用复利法计算的时间价值。两者从理论上讲，复利法的原理更符合资金在社会再生产过程中的作用规律。但在实际操作时，当计息时间和利率都比较小时，为简便计算，有时用单利法代替复利法。本书主要采用复利法计算资金的时间价值。

2.1.3　资金等值换算的有关内容

目前广泛采用的计算资金时间价值的方法有三种：终值、现值、年金。

1. 终值

如前所述，复利计算的特点是“利上滚利”。复利是指按本金计算的每期利息在本期末加入本金，并在以后各期内再计利息，期末的本利之和简称为复利终值。复利终值的计算公式为：

$$F=P(1+i)^n$$

其中，F 为到 n 期为止的复利终值；P 为本金；i 为利率；n 为期数。

$(1+i)^n$ 又称为复利终值系数（或终值利率因子），它是指本金为 1，利率为 i，n 期以后的复利终值。复利终值系数适用于任何一种货币单位。在计算复利终值时，只要从复利终值系数表中查到复利终值系数后，再乘以任何本金所得的积，即为所要求的复利终值。一次性借入（贷款），在若干年后一次性还本付息的情况下，使用此计算方法。

课堂讨论 2－3

某汽车制造厂拟贷款 100 万元改建组装车间，贷款年利率 10%，每半年复利一次，五年后连本带利一次归还，问该汽车制造厂到期需归还银行多少钱？

根据所给条件得知，本金 P 为 100 万元，年利率 10%，半年利率 5%，期数 n 为 $5\times2=10$（因为每半年复利一次，五年复利 10 次）。从复利终值系数表中查出 $i=5\%$，n 为 10 的复利终值系数为 1.628 9。

$$F=P(1+i)^{n}=100\times(1+5\%)^{10}=162.89(\text{万元})$$

因此，五年后该汽车厂应该归还银行的本利和为 162.89 万元。

2. 现值

现值是指资金在瞬息时刻的价值，也即未来某一金额现在的价值。把未来金额折算成现值的过程称为贴现，贴现中所使用的利率称为贴现率或折现率。现值的计算公式为：

$$P=F(1+i)^{-n}$$

其中，P 为将来金额的现在值；F 为将来金额；$(1+i)^{-n}$为现值系数。

很显然，复利系数与现值系数互为倒数。计算复利时，利率越高，期限越长，复利值就越大；而计算现值时，利率越高，期限越长，现值反而越小。一笔若干年以后使用的资金，现在需要筹集多少钱先存入银行以备到期使用，这一类问题可根据现值公式计算。

课堂讨论 2-4

某船厂准备以承包方式修建一座船坞，总投资为 150 万元，计划分三次支付，承包合同签约时交付 50 万元，第三年支付 50 万元，第四年完工验收时再支付最后的 50 万元。为了确保资金的落实，要求签订合同时筹足全部资金，未支付款项存入银行，四年内银行平均年利率为 12%，半年复利一次，问该船厂签约时应筹款多少？

根据题意，总资金分成三部分：

$$P_n=P_1+P_2+P_3$$

其中，P_n为总资金；P_1为签约时支付资金；P_2、P_3为第三年、第四年所支付款项的现值。

P_1为第一年年初支付的 50 万元，不用折现。

$$P_2=F(1+i)^{-n}$$

其中，$F=50$ 万元，$i=12\%\div2=6\%$，$n=3\times2=6$，查复利现值系数表得知，现值系数=0.705 0。

$$P_2=50\times0.7050=35.25(\text{万元})$$

用同样方法计算 P_3。

$F=50$ 万元，$i=12\%\div2=6\%$，$n=4\times2=8$，查复利现值系数表得知，现值系数=0.627 4。

$$P_3=50\times0.6274=31.37(\text{万元})$$

$$P_n=P_1+P_2+P_3=50+35.25+31.37=116.62(\text{万元})$$

该船厂签订合同时，应该筹集 116.62 万元，50 万元当时付给承包方，66.62 万元存入银行，以备第三年和第四年时支付。

3. 年金

年金是指在一定时期内，每间隔相同时间支付或收入固定数额的款项。由于间隔期通常以年为单位，所以该固定金额被称为年金。

年金按其收、支所发生的时间可以分为普通年金（即期末年金）和期初年金。普通年金是指每期期末所发生的收入或支付的定额款项。期初年金又称即存年金，指每期期初所发生的定额款项。

年金的计算方式可以分为年金复利终值和年金现值两种。年金复利终值是指每经过相等间隔期支付或收入固定金额至最终期，并按复利计算的本息总值。年金现值是指一定时期内，每期的等额支出或收入款项的现在价值。

（1）普通年金的复利终值。

普通年金的复利终值的计算公式如下：

$$F=A(1+i)^0+A(1+i)^1+\cdots+A(1+i)^{n-2}+A(1+i)^{n-1}$$

即：$F_n=A\dfrac{(1+i)^n-1}{i}$

其中，F 为年金终值；A 为按期支付（或收入）的等额款项；$\dfrac{(1+i)^n-1}{i}$为年金终值系数。

课堂讨论 2-5

某公司准备建造职工宿舍，估计需要资金 2 500 万元，计划每年年底从利润留成中提取 430 万元，存入银行，年利率为 8%，试问第五年末能达到预计需要的数额吗？

根据题意，$A=430$，$i=8\%$，$n=5$。

从年金终值系数表中查得：$\dfrac{(1+8\%)^5-1}{8\%}=5.866\ 6$。

$$F=430\times5.866\ 6=2\ 522.64(\text{万元})$$

该公司每年提取 430 万，以年利率 8%存入银行，第五年末不仅可以筹足建造职工宿舍所需要的 2 500 万元资金，而且还会多出 22.64 万元。

（2）期初年金的复利终值。

期初年金由于是在期初发生的一定款项，在计算期初年金复利终值时，可以利用普通年金终值系数表，年金期数为 n，而利息却要多算一期即 $n+1$ 期。也就是说，先查（$n+1$）期的普通年金终值系数，然后从系数中减去 1 即为期初年金终值系数。

课堂讨论 2-6

某厂每年期初存入银行 5 万元，年利率为 10%，问第四年末累计的存储资金有多少？

根据题意，从年金终值系数表中查得（$n+1$）即（4+1）期的复利系数为6.105 1，从中减去 1，即 6.105 1－1＝5.105 1，因此可知：

$$5\times5.1051=25.5255(\text{万元})$$

该厂第四年末累计的存储资金为 25.525 5 万元。

（3）普通年金现值。

普通年金现值就是等额款项各期的现值之和。其计算公式为：

$$P_R=A\frac{1-\frac{1}{(1+i)^n}}{i}=A\left[\frac{(1+i)^n-1}{i(1+i)^n}\right]$$

其中，P_R为年金现值；A 为每期期末发生的等额款项；$\frac{(1+i)^n-1}{i\ (1+i)^n}$为期末年金现值系数。

课堂讨论 2－7

某企业原产品市场滞销，经研究准备购买一套旧设备，生产市场畅销的 A 产品，估计这套设备每年生产的产品能带来 35 万元纯收益。设备连续使用五年后将报废，残值与清理费相抵后尚可收回 5 万元。企业要求投资收益率不低于同行业的平均利润率 12%。试问该企业购买这套设备时能接受的最高价格是多少钱？

根据题意，购买设备时最高价格由两部分组成，即每年年末 35 万元纯收益的现值和 5 万元残值的现值。

$$P_R=35\times\left[\frac{(1+12\%)^5-1}{12\%\times(1+12\%)^5}\right]$$

查年金现值系数表得现值系数$\frac{(1+12\%)^5-1}{12\%\times(1+12\%)^5}=3.6048$。因此，有：

$$P_R=35\times3.6048=126.168(\text{万元})$$

$$P=5\times\frac{1}{(1+12\%)^5}$$

查表得$\frac{1}{(1+12\%)^5}=0.5674$。因此，有：

$$P=5\times0.5674=2.837(\text{万元})$$

$$P_R+P=126.168+2.837=129.005(\text{万元})$$

该企业为实现 12%的投资收益率，购买设备时能接受的最高价格为 129.005 万元。

（4）期初年金现值。

期初年金现值是各期期初所发生的等额款项的现值之和。期初年金第一期所发生的款项即为现值，不必折现。利用期末年金现值系数进行计算时，须作如下调整：n 期期初年金，查 $n-1$ 期的期末年金现值系数，然后再加上 1，即为所需要的期初年金现值系数。

课堂讨论 2-8

某国有企业向集体企业有偿转让一台闲置设备，经双方协商签约，集体企业准备分期付款，每年年初支付 4.6 万元，分三年付清，贴现率按 10%计算。后因国有企业急需资金，要求集体企业年初一次付清，并同意补贴 1 万元的毁约损失费。试问该集体企业应付给对方多少钱？

根据题意，n 为 3，i 为 10%，等额款项为 4.6 万元的期初年金现值。查表得知当$i=10\%$、$n=3-1=2$ 时的系数为 1.735 5，加上 1 后的和 2.735 5 即为该题所需的系数。

$$4.6\times2.7355=12.5833(\text{万元})$$

$$12.5833-1=11.5833(\text{万元})$$

该集体企业期初只需付给国有企业 11.583 3 万元，即可获得这台闲置设备。

（5）不等年金。

不等年金是指间隔相同的时间支付或收入金额不等的款项，它是年金的一种特殊形式。其计算方法要根据所给条件，按年金的不同种类分别计算。

课堂讨论 2-9

某汽车集团准备投资购买一套设备，付款方式有两个方案可供选择。第一方案，年初一次付清 62 万元；第二方案，分期付款，第 1、2、3 年年末各交 15 万元，第 4、5、6 年年末各交 10 万元，试问汽车集团选择哪一种方式更省些（折现率 8%）？

根据题意，先分段求出第 1～3 年、第 4～6 年的年金现值，然后将两段现值之和与一次性付款价相比，从中选择较少的。

第 1～3 年年金现值为：

查系数表可知，i 为 8%、n 为 3 的年金现值系数为 2.577 1，则：

$$P_R=15\times2.5771=38.6565(\text{万元})$$

第 4～6 年年金现值为：

$$P_R=10\times\left[\frac{(1+8\%)^6-1}{8\%\times(1+8\%)^6}-2.5771\right]$$

查系数表可知，i 为 8%、n 为 6 的年金现值系数为 4.622 9，所以，有：

$$P_R=10\times(4.6229-2.5771)=10\times2.0458=20.458(\text{万元})$$

两段支付的年金现值之和为：

$$38.6565+20.458=59.1145(\text{万元})<62(\text{万元})$$

经过计算比较，该汽车集团应选择分期付款的方式。从表面上看，分期付款六年共付 75 万元，但是按 8%折现率，折现为现值仅 59.114 5 万元，小于一次性付款的 62 万元。

（6）投资回收年金值。

投资回收年金值是指在固定折现率和期数的情况下，对一笔现值投资，每年回收的等额年金值。其计算公式为：

$$A=P\frac{1}{1-\frac{1}{(1+i)^n}}=P\frac{(1+i)^n}{(1+i)^n-1}$$

其中，A 为投资回收年金值；P 为现值投资额；$\frac{(1+i)^n}{(1+i)^n-1}$ 为投资回收年金系数，它与期末年金现值系数互为倒数，也可直接查系数表。

课堂讨论 2-10

某企业年初投资 36 万元开发新产品，当年投产见效。投资者要求四年内收回投资并保证 10%的投资收益率。试问该新产品投产后，每年必须获得多少纯利润才能达到投资者的要求？

根据题意：$P=36$ 万元，$i=10\%$，$n=4$。

查系数表可知，投资回收年金系数为 0.315 5，所以，有：

$$A=36\times 0.315\,5=11.358(\text{万元})$$

经计算得知，该产品每年要能提供 11.358 万元纯收益，才能保证达到投资者的要求。

（7）资金存储年金。

资金存储年金是指在固定贴现率和期数的情况下，对一笔终值投资每年存储的等额年金值。其计算公式为：

$$A=F\frac{1}{(1+i)^n-1}$$

其中，A 为资金存储年金；F 为终值投资（或收益）；$\frac{i}{(1+i)^n-1}$ 为资金存储系数，它与期末年金终值系数互为倒数，具体数值可查系数表。

课堂讨论 2-11

某房地产开发公司为配合市政建设拆迁用房需要，推出 8 年期“先住后付款”房屋，两室一厅每套 240 万元，用户从签约之日起分 8 年等额支付房款，利率 8%。试问购房者每年应支付多少房款？

根据题意：$F=240$ 万元，$i=8\%$，$n=8$。

$A=240\times\frac{8\%}{(1+8\%)^8-1}$，查系数表可知，系数为 0.094 0。

$$A=240\times 0.094\,0=22.56(\text{万元})$$

购得“先住后付款”房屋的人，每年支付 22.56 万元，8 年后即可将价值 240 万元的两室一厅房子买下。

综上所述，资金时间价值计算公式见表 2 - 1。

表 2 - 1　资金时间价值计算公式汇总表

投资方式	资金价值类别	符号	计算公式	系数的经济含义（在 i 折现率，n 期条件下）
一次性支付	复利终值 已知 P 求 F	$(F/P,\ i,\ n)$	$F=P\ (1+i)^n$	一元钱复利本利和
	复利现值 已知 F 求 P	$(P/F,\ i,\ n)$	$P=F\dfrac{1}{(1+i)^n}$	一元钱的复利现值
分期支付	期末年金终值已知 A 求 F	$(F/A,\ i,\ n)$	$F_R=A\dfrac{(1+i)^n-1}{i}$	每期末等额支付一元钱的复利本利和
	期末年金终值 已知 A 求 P	$(P/A,\ i,\ n)$	$P_R=A\dfrac{(1+i)^n-1}{i\ (1+i)^n}$	每期末等额支出一元钱的现值总和
	投资回收年金 已知 P_R 求 A	$(A/P,\ i,\ n)$	$A=P_R\dfrac{i\ (1+i)^n}{(1+i)^n-1}$	现值总和为一元钱的每期末等额支付值
	资金存储年金 已知 F 求 A	$(A/F,\ i,\ n)$	$A=F\dfrac{i}{(1+i)^n-1}$	终值本利和为一元钱的每期等额支付值

注：i 为贴现率；n 为期数；F 为复利终值；P 为复利现值；A 为每期收入或支付的等额款项；F_R 为年金终值；P_R 为年金现值。

2.2　影子价格理论及确定方法

价格是进行国民经济评估的重要尺度，在计算项目的投资、成本和效益时，都需要采用各类产品价格和投入资源（包括自然资源、物料和劳动力等）的价格。如果因采用的价格不合理而使这些价值指标不正确，就会影响项目经济评价的可靠性和真实性，导致决策的失误。因此，选择合理的经济评估价格是确定项目国民经济效益的关键问题。

就目前我国的市场价格状况而言，有不少商品价格存在背离价值的现象，不能客观地反映社会成本、供求关系和资源利用情况。为了能更好地反映项目的社会效益和国民经济实际收益，促进对自然资源、物资和劳动力的合理利用，有必要在经济评估中对项目的某些投入物及产出物的国内市场价格进行适当调整。

为了正确估算建设项目对整个国民经济真实的净效益，在进行国民经济评估时，对于在项目效益和费用中占比重较大，或者国内价格明显不合理的投入物和产出物，应以影子价格代替财务评估中所用的现行价格进行效益和费用的计算。

2.2.1 影子价格的特定含义

影子价格是指在项目经济评价中采用的部分货物经调整计算的价格，反映社会对这些货物真实价值的度量，是投资项目经济评价的通用参数。广义的影子价格还包括资金的影子价格（社会折现率）、土地的影子价格、工资的影子价格（影子工资）、外汇的影子价格（影子汇率）等。

从宏观角度讲，在一定的生产和技术条件下，可供利用的资源是有限的，资源存在一个最优分配问题。要实现资源的最优分配，就应该把稀缺资源优先分配给经济效益好的投资项目。资源在最优利用状况下，单位（资源的计量单位）效益增量价值便是资源的影子价格。资源稀缺程度与影子价格成正比，资源越稀缺，资源单位效益增量价值就越大，价格也就越高；反之，当资源可以满足全社会需求时，资源单位效益增量价值就越小，当供大于求时影子价格则为零。

影子价格的含义是科学的，但是它的确定却是极其困难的，只能用变通的办法，根据某种资源的机会成本估计，得到近似的影子价格。机会成本在西方又被称为“择一成本”，在项目管理中是指两个或两个以上备选项目，选中一项而放弃其他项目的最大代价数值。由于机会成本是在项目外部形成的，并未实际发生，因此只能通过分析人员的研究、比较才能确定。研究机会成本可以为决策者提供在各备选方案中选择最优方案的依据。

2.2.2 影子价格的确定方法

影子价格的确定，取决于社会折现率条件下国内生产价格体系、国际市场价格、影子汇率、货物稀缺程度或供求关系，以及国家的税收和补贴等因素，最终由国家的基本政策目标和资源可用量之间的相互作用确定。

在确定影子价格时，首先将项目的投入物和产出物划分为外贸货物、非外贸货物、特殊投入物三类。外贸货物是指能够进出口和替代进出口的货物；非外贸货物是指不能进出口和不允许进出口的货物；特殊投入物是指劳动力和土地。

国际上通常采用的确定方法是：凡能与国外进行贸易的货物，用国际价格对国内现行价格进行调整。出口货物按离岸价（FOB）调整，离岸价又称“船上交货价”，是指以卖方在指定的装运港将货物装上买方指定的货船为条件的价格。进口货物按到岸价（CIF）调整，到岸价是指买方所支付的货物抵达目的港的价格，由离岸价格、运费、保险费等几部分组成。凡不能与国外进行贸易的货物，则需要对产品成本进行剖析，如这些产品所用的原材料是可以与国外进行贸易的，可用原材料的国际价格进行调整，求出一个比较合理的价格。也可以由国家规定通用的换算系数，对现行价格进行必要的调整。我国计划委员会于1987年6月印发了《建设项目经济评价方法与参数》（1993年4月修改、补充后完成第二版，2006年7月修改并颁布了第三版），对一部分货物的影子价格的换算系数作了统一规定，这是实现投资项目决策科学化的重要基础工作。

下面分别对外贸货物、非外贸货物和特殊投入物影子价格的确定方法加以阐述。

1. 外贸货物影子价格的确定

（1）直接进口的货物（国外产品）。

影子价格＝货物到岸价格×影子汇率＋国内运费＋贸易费用

（2）间接进口的货物（以前进口过，现在仍大量进口的国内产品）。

影子价格＝货物到岸价格×影子汇率＋口岸到原用户的运费和贸易费用－供应厂到原用户的运费和贸易费用＋供应厂到拟建项目的运费和贸易费用

（3）减少出口的货物（以前出口过，现在仍可出口的国内产品）。

影子价格＝货物离岸价格(外币表示的价格×影子汇率)－供应厂到口岸的运输费用和贸易费用＋供应厂到拟建项目的运输费用和贸易费用

（4）直接出口的货物（外销产品）。

影子价格＝货物离岸价格(外币表示的价格×影子汇率)－国内运输费－贸易费用

（5）间接出口的货物（替代其他货物，使其他货物增加出口的内销产品）。

影子价格＝货物离岸价格(外币表示的价格×影子汇率)－原供应厂到港口的运输费用和贸易费用＋原供应厂到用户的运输费用及贸易费用－拟建项目到用户的运输费用及贸易费用

2. 非外贸货物影子价格的确定

凡不属可进口或出口的货物，均列入非外贸货物；有些外贸货物由于国内运费昂贵或受国内外贸易政策的制约，也可列入非外贸货物。这类货物的影子价格的确定方法有三种。

（1）利用换算系数确定。

影子价格＝国内现行价格×经济换算系数

（2）采用价格分解法确定。

即将生产或使用这类货物的主要投入物中的外贸货物的价格，逐项按影子价格调整，少量不能调整的仍按实际价格计算，然后加权汇总，确定出该类货物的影子价格。这种价格分解法计算起来比较复杂，只有对项目投资额中占很大比重的主要投入物才采用这一方法。

（3）采用替代法确定。

即根据与其相类似的或替代品的影子价格来确定。例如天然气的影子价格，可以根据其含热量换算成标准煤以后，用石油的影子价格作为天然气的影子价格。大部分非外贸货物都采用这一方法。

3. 特殊投入物影子价格的确定

(1) 劳动力的影子价格，即影子工资。

影子工资是指一个项目所用的人员，假定他不参加本项目工作，而在原来工作岗位上可能作出的贡献的代价。此外，还应包括社会为劳动力就业而付出的、但职工又未能得到的其他代价，如为劳动力就业而花费的培训费、交通费等。

按照我国相关规定，影子工资计算公式为：

影子工资=(财务评价中所用的工资+提取的职工福利基金)×工资换算系数

工资换算系数视职工来源而定，项目所需人员全为在岗人员调来，系数为 1；若为失业人员，系数为零。在建设期内大量使用民工的项目，民工的影子工资换算系数为 0.5。涉外项目的影子工资按实际支付的工资计算，如果工资以外汇支付，则按影子汇率调整为本国货币。

(2) 土地的影子价格。

土地是一种重要的资源，项目占用的土地无论是否支付费用，均应计算其影子价格。

项目所占用的农业、林业、牧业、渔业及其他生产性用地，其影子价格按照其未来对社会可提供的消费产品的支付意愿，以及因改变土地用途而发生的新增资源消耗进行计算。

项目所占用的住宅、休闲用地等非生产性用地，市场机制完善的，应根据市场交易价格估算其影子价格；无市场交易价格或市场机制不完善的，应根据支付意愿价格估算其影子价格。

土地影子价格确定的总体原则是应根据项目占用土地所处地理位置、项目情况以及取得方式的不同分别确定，具体应符合下列规定：

1) 通过招标、拍卖和挂牌等出让方式取得使用权的国有土地，其影子价格应按财务价格计算；

2) 通过划拨、双方协议方式取得使用权的土地，应分析价格优惠或扭曲情况，参照公平市场交易价格，对价格进行调整；

3) 经济开发区优惠出让使用权的国有土地，其影子价格应参照当地土地市场交易价格类比确定；

4) 当难以用市场交易价格类比方法确定土地影子价格时，可采用收益现值法或以开发投资应得收益加土地开发成本确定；

5) 当采用收益现值法确定土地影子价格时，应以社会折现率对土地的未来收益及费用折现。

投资项目使用生产性用地，即农村土地的影子价格的计算方法如下：

土地影子价格=土地机会成本+新增资源消耗

其中，土地机会成本按照投资项目占用土地而使国家为此损失的该土地“最好可行替代用途”的净国民经济效益计算。新增资源消耗主要包括拆迁费补偿和农民安置补助费用。

2.3 不确定性理论和分析方法

2.3.1 不确定性理论的基本内容和现实意义

进行项目财务评价和社会经济评价，是为了预测项目实施的价值，估计项目未来的获利能力。这种预测的可靠程度，对决策的正确性、科学性起着重要作用。现代项目类别很多，但有一个共同的特点，就是周期比较长，在项目的经济生命周期内，存在着许多不确定性因素，例如，投资软环境中社会、政治、文化等方面的不确定性和风险性；经济、技术发展本身给项目带来的不确定性和风险性；市场上供求数量变化、供求结构变化所造成的不确定性和风险性；自然条件、资源条件方面的不确定性和风险性；从事项目经济分析人员的任务水平、改革水平以及主观随意性所造成的不确定性和风险性等。尽管随着科学技术和预测科学的发展，预测的方法和手段日趋完善，然而项目周期中的事物变化是客观存在的，不确定性和风险性也是难免的。

所谓不确定性理论，就是分析研究可能的不确定因素对财务评价指标、社会经济评价指标的影响，从而推测项目可能承担的风险，进一步确认项目在财务上、社会经济上的可靠性。所以，不确定性理论有时又被称为可靠性理论。

不确定性分析的主要方法是盈亏平衡分析、敏感性分析和概率分析。盈亏平衡分析只能用于财务评价，而敏感性分析和概率分析则在财务评价和社会经济评价中均可采用。在这里我们重点介绍盈亏平衡分析和敏感性分析。

2.3.2 盈亏平衡分析及计算方法

盈亏平衡分析就是要确定一个项目投产以后，一定时期内产量、成本和利润之间的关系，找出一个平衡点，在这一点上收入和支出持平，净收益等于零，因而盈亏平衡分析又可称为盈亏临界分析、收支平衡分析、量本利分析。

项目投产以后，总成本一般可以分解为固定费用和可变费用两部分。固定费用是指在一定时期和一定产量的范围内，相对稳定，不随产量变动而变动的费用。即使产量为零，这笔费用也照样要支出，例如折旧费、车间和企业的管理费等。可变费用是与产量的增减成正比变动的费用，如原材料、燃料动力、工资支出等费用。盈亏平衡点通常是根据正常生产年份的产品产量或销售量、可变费用、固定费用、产品价格、税金等数据计算，一般用图示法和计算公式相配合。

盈亏平衡点有两种情况：一种情况是成本方程式和销售方程式是线性的，只有一个平衡点；另一种情况是成本方程式和销售方程式是非线性的，会有两个平衡点。

1. 直线性盈亏平衡点

直线性盈亏平衡点所对应的产量是销售额等于总成本时的产量，此时利润为零，支出等于收入，即保本，如图 2-2 所示。

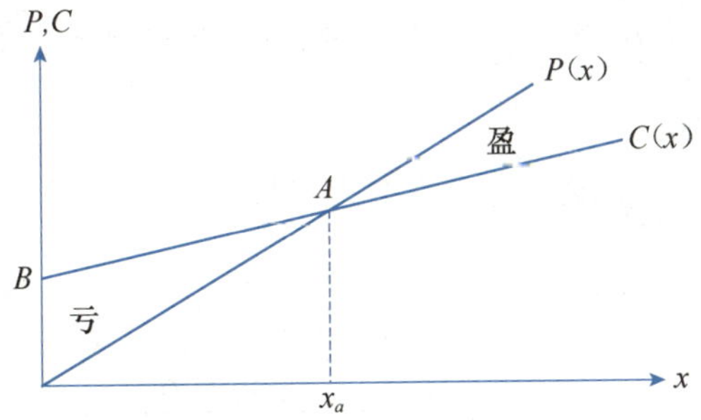

图 2－2　直线性盈亏平衡

图 2－2 中，x 为产量或销售量；P 为单位产品价格（元/件）；C 为总成本（元）；B 为固定成本（元）；x_a 为盈亏平衡点时的产量。

成本方程为：

$$C(x)=B+(d+t)x$$

其中，d 为可变成本，t 为单位产品税金。

销售收入方程为：

$$P(x)=Px$$

利润方程为：

$$R(x)=rx=P(x)-C(x)$$

其中，r 为单位产品利润（元/件）。

盈亏平衡点时利润为零，即 $R(x)=0$，由此可得 $P(x)=C(x)$，所以：

$$Px=B+(d+t)x$$

$$x_a=\frac{B}{P-d-t}$$

一般来说，盈亏平衡点越低（即对应的产量越低），拟建项目投产后适应市场的能力越强，抗风险能力越强。

课堂讨论 2－12

某集团拟建一新车间用于生产新产品，新产品的目标利润为 500 万元，现有 A、B 两个方案供选择，经预测，相关数据见表 2－2，试对两个方案进行盈亏平衡分析，并做出比较判断。

表 2－2　两个方案的相关数据

方案	固定费用 B（万元）	可变费用 d（元/件）	产品价格 P（元/件）	税金 t（元/件）	设计能力 Q（万件）
A	2 500	1 700	3 000	300	5
B	2 100	2 000	3 000	300	4

（1）先求出A方案的盈亏平衡点、设计能力利用率、目标利润产量、保本价格。

$$盈亏平衡点\ x_a=\frac{B}{P-d-t}=\frac{25\ 000\ 000}{3\ 000-1\ 700-300}=2.5(万件)$$

$$设计能力利用率\ BEP_Q=\frac{B}{Q(P-d-t)}\times100\%$$

$$=\frac{25\ 000\ 000}{50\ 000\times(3\ 000-1\ 700-300)}\times100\%=50\%$$

$$实现目标利润时产量：x_n=\frac{B+R(x)}{P-d-t}=\frac{25\ 000\ 000+5\ 000\ 000}{3\ 000-1\ 700-300}$$

$$=3\ (万件)$$

按设计能力生产，保本点的价格：

$$BEP_P=\frac{B}{Q}+d+t=\frac{25\ 000\ 000}{50\ 000}+1\ 700+300$$

$$=2\ 500(元/件)$$

（2）求出B方案的盈亏平衡点、设计能力利用率、目标利润产量、保本价格。

$$盈亏平衡点\ x_a=\frac{B}{P-d-t}=\frac{21\ 000\ 000}{3\ 000-2\ 000-300}=3(万件)$$

$$设计能力利用率\ BEP_Q=\frac{B}{Q(P-d-t)}\times100\%$$

$$=\frac{21\ 000\ 000}{40\ 000\times(3\ 000-2\ 000-300)}\times100\%=75\%$$

$$实现目标利润时产量：x_n=\frac{B+R(x)}{P-d-t}=\frac{21\ 000\ 000+5\ 000\ 000}{3\ 000-2\ 000-300}=37\ 143(件)$$

按设计能力生产，保本点的价格：

$$BEP_P=\frac{B}{Q}+d+t=\frac{21\ 000\ 000}{40\ 000}+2\ 000+300$$

$$=2\ 825(元/件)$$

（3）对比分析。从以上计算可以看出，A方案的各项主要指标都明显优于B方案，投产以后抗风险能力A方案强于B方案，所以应该选用A方案。

2. 非线性盈亏平衡点

现实生活中，成本方程和销售收入方程为非线性函数，此时两条曲线会产生两个交点，也即有两个盈亏平衡点，在这两个点之内为盈利的产量范围；在两个平衡点之外都是亏本的，如图2-3所示。

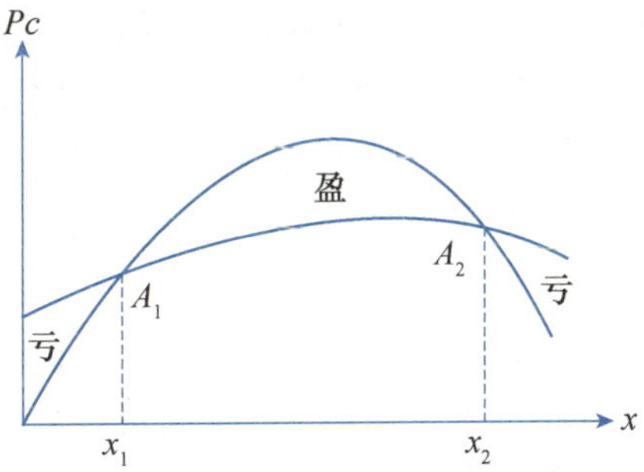

图 2-3　非线性盈亏平衡

课堂讨论 2-13

某项目投产以后，每年固定费用为 8.4 万元，单位产品可变费用基数为 25 元，每多生产一件降低 0.001 元；单位产品销售价格基数为 60 元，每销售一件降低 0.002 元。试求该产品的盈亏平衡点产量、最大利润时的产量及最大利润额。若投资者的目标利润为每年 20 万元，该项目是否值得投资？

根据题意，固定费用：$B=84\,000$（元）

单位可变费用：$d=25-0.001x$；单价：$P=60-0.002x$

成本方程：$C(x)=B+dx=84\,000+(25-0.001x)x$

销售收入方程：$P(x)=(60-0.002x)x$

盈亏平衡点产量 $P(x)=C(x)$

即：$84\,000+(25-0.001x)x=(60-0.002x)x$

将公式展开整理后得公式：$x^2-35\,000x+84\,000\,000=0$

解方程得：$x=\dfrac{35\,000\pm 29\,816}{2}$

因此，$x_1=2\,592$（件）；$x_2=32\,408$（件）

最大利润时产量：$x^*=17\,500$（件）

最大利润为：

$$\begin{aligned}R(x^*)=P(x^*)-C(x^*)&=(60-0.002\times 17\,500)\times 17\,500-84\,000\\&\quad-(25-0.001\times 17\,500)\times 17\,500\\&=222\,250(\text{元})\end{aligned}$$

盈亏平衡分析结论：该项目投产后最大利润为 22.225 万元，超过了投资者的目标利润，只要原材料有保障，市场销售量稳定，该项目就值得投资。

运用盈亏平衡分析计算简单，如果画图更是一目了然，但是未考虑资金时间价值的因素，因此不够准确，属于静态分析法。

2.3.3　敏感性分析及分析步骤

敏感性分析是当决策方案中一个或多个因素发生变化时，对整个项目的经济评价指标所带来的变化程度的预测分析。这种变化程度称为敏感度，幅度大表示敏感，幅度小表示不敏感。通过敏感性分析可以找出影响本项目成本和效益的主要因素，及时采取有效措施，弥补或缩小预测的误差，确保项目达到预期目标。项目对某种因素的敏感程度，可以表示为该因素按一定比例变化时，评价指标达到临界点时（如财务内部收益率等于财务基准收益率，经济内部收益率等于社会折现率），允许某因素变化的最大幅度，即极限变化。超过此极限，即认为项目不可行。敏感性分析能够帮助决策者对项目方案做出正确选择，还能帮助分析评价人员找到今后提高资料数量和质量的重点。敏感度高的因素，数据要全面、准确，需要多花一些时间去收集整理。敏感度低的因素，数据相对可以粗略一些。总之，项目经理、项目管理人员都应该掌握敏感性分析的理论和方法。

进行敏感性分析时要考虑资金的时间价值，采用现值分析法是一种动态分析。不同项目的敏感与非敏感因素是不完全相同的，但分析的步骤、方法是相同的。

（1）计算基本情况下，备选方案的净现值和内部收益率。

净现值就是该项目效益现值的总额减去投资成本现值总额后的余额。用公式表示为：

$$NPV=\sum_{n=1}^{k}\frac{P_n}{(1+i)^n}-\sum_{n=1}^{k}\frac{A_n}{(1+i)^n}$$

式中：P_n为每年的效益；A_n为每年的投资成本；n为期数；i为贴现率。

净现值用绝对值表示，以大于、等于、小于零来判别该项目的可取程度。如果净现值大于零，说明此项目有利可图，净现值数值越大，获利越多；净现值小于零，说明该项目投资成本大于效益，项目不可取。

内部收益率（内部报酬率）是项目效益现值总额等于投资成本现值总额时的贴现率，即当$\sum_{n=1}^{k}\frac{P_n}{(1+i)^n}=\sum_{n=1}^{k}\frac{A_n}{(1+i)^n}$时的$i$，即为内部收益率。

内部收益率的计算方法有试算法和内推法。试算法是先采用相当于机会成本的贴现率来试算。如果正巧净现值为零，该贴现率即为内部收益率；如果净现值不为零，则根据内部收益率与净现值成反比的关系，调整贴现率。首次试算的净现值为正值，就提高贴现率，再试算；如首次试算时净现值为负值，就降低贴现率再试算，直至为零或接近零，这时的贴现率即为内部收益率。

内推法是在试算的基础上，利用两个最接近零的正负净现值所对应的贴现率进行推算。计算公式为：

$$i=R_1+(R_2-R_1)\frac{NPV_1}{NPV_1+|NPV_2|}$$

式中：R_1为低贴现率；R_2为高贴现率；NPV_1表示与R_1对应的正净现值；$|NPV_2|$表示与R_2对应的负净现值的绝对值。

（2）列出影响项目投资效益的主要因素。建设项目一般要考虑投资成本、建设周期、生产成本、销售价格四类因素。

(3) 分别预测主要因素的变动幅度以及变动后对净现值和内部收益率的影响程度。

(4) 将某一项目（或同一项目的不同方案）的各种因素变动所造成的影响幅度进行比较汇总，某一因素变动前后计算结果的差别越大，说明该项目对此因素的反应越敏感，项目在这方面所承担的风险也越大。

(5) 根据项目性质以及对各种因素敏感度的次序，选择风险较小、较可靠的方案。

敏感性分析是不确定性分析中的一个重要方法，在充分肯定其作用的同时，也必须注意它的局限性。首先，这种分析是将几个影响因素割裂开来逐个分析的，如果几个因素同时作用，则不能单独依靠敏感性分析进行决策，还应配合其他方法进行。其次，每种影响因素的变化幅度是由分析人员主观确定的，如果事先未认真地进行调查研究，或收集的数据不全、不准，敏感性分析得出的预测很可能带有较大的片面性，甚至导致决策失误。例如，价格下降幅度，分析人员预测为 8%，实际只会在五年后才下降 5%，敏感性分析的结果可能就有净现值正值出现。因此，运用敏感性分析方法时，必须注意各种影响因素之间的相互关系，广泛开展调查研究，尽量使收集的数据客观、完整，这样才能克服预测中的主观片面性，为决策者提供可靠的依据。

思考与练习

一、复习思考

1. 什么是资金的时间价值？它在项目管理中有什么重要意义？

2. 什么是现值、终值与年金？它们各自的计算方法是什么？

3. 什么是影子价格？影子价格在项目评估中有什么重要作用？它是怎样确定的？

4. 不确定性理论的基本内容和意义是什么？

5. 不确定性分析的主要方法有哪些？它们各自有什么优点与缺陷？

二、能力训练

1. 某人每年年初存入银行 1 000 元，年利率为 10%，求 5 年后的本利和。

2. 某项目于 2011 年年初投资 10 万元，施工期 2 年，2013 年年初建成并投产。从 2013 年年末始，至 2017 年年末止，每年年末产生收益 5 万元，设年利率为 10%，求每年的收益相对于 2011 年年初的现值。

3. 某公司现将 123 600 元存入银行，希望能在 7 年后用此笔款项的本利和购买一台设备，该设备的预计价格为 240 000 元，设银行年复利率为 10%。问：该公司能否用该笔资金购买该设备？

4. 某公司 2015 年、2016 年年初对甲设备分别投资 50 000 元，该设备于 2017 年年初投产，2017 年年末、2018 年年末、2019 年年末、2020 年年末现金流入量均为 35 000 元。年利率为 9%。求：

(1) 按年金计算 2017 年年初投资额的终值；

(2) 按年金计算各年现金流入量 2017 年年初的现值。

5. 某公司计划进行项目投资，现有三种方案可供选择。方案 A 是于第一年年初一次性投资 760 万元；方案 B 是于第四年年末一次性投资 940 万元；方案 C 是从第一年开始的连续四年内，每年年初投资 200 万元。假定该项目第五年末完工投产，且投产后三种方案均不增加任何投资，而且投资收益相同。若年利率为 5%，考虑资金时间价值，计算分析哪种投资方案的投资额较低。

6. 某企业生产 A 产品，每件单价 10 元，单位变动成本 6 元，本期固定成本 12 000 元。回答下列问题：

(1) A 产品盈亏平衡点的销售量和销售额是多少？

(2) 当产品销售量为多少时，A 产品可实现利润 6 000 元？

(3) 当产品的销售量为多少时，A 产品的销售利润率可达 25%？

7. 有一个化肥厂建设项目，投资为 1.2 亿元，在三年建设期内按不同的数额支出，项目寿命期为 11 年，其销售收入、经营成本、净现金流量见表 2－3。现假设项目基准贴现率为 15%，请对项目就投资总额、销售收入、经营成本三方面进行敏感性分析。

表 2－3 某化肥厂建设项目相关数据 （单位：万元）

年份	投资额	销售收入	经营成本	净现金流量
1	2 000			−2 000
2	6 000			−6 000
3	4 000			−4 000
4		16 000	13 000	3 000
5		20 000	16 000	4 000
6～14		25 000	20 000	5 000
合计	12 000	261 000	209 000	40 000

资料来源：刘荔娟．现代项目管理学．天津：天津大学出版社，1996．

三、教学做一体化课业

中小型项目论证（财务评价部分）

【课业目标】

通过本课业，学生应：

- 掌握资金时间价值理论。
- 计算各项评价指标。
- 根据各项指标评出最优项目。

【课业方式】

通过教师所给资料，能够计算各项指标，并选择最优项目。

【课业条件】

- 相关知识条件：掌握项目管理三大理论。
  - 掌握资金时间价值理论：学会投资回收期、净现值、净现值率、现值指数以及财务内部收益率的计算。

  ■ 理解影子价格理论，学会国民经济评价。
  ■ 掌握不确定性理论：学会敏感性分析、盈亏平衡点分析。
- 项目的选择：通过各项指标的计算，能够选择出最优项目，或者判断单个项目的优劣。

【课业内容及步骤】

- 完成课业纸中的所有指标计算。
- 讨论各自项目所具备的条件，并有针对性地计算自己项目的各项财务评价指标。
- 判断自己的项目是否具有可行性。

【课业评价】

项目	优秀（15 分）	良好（12 分）	合格（9 分）	不合格（6 分以下）	个人得分
中小型项目论证（财务评价部分）	课业指标计算正确，财务评价结论正确	课业指标计算正确率达 80%，财务评价结论正确	课业指标计算正确率达 60%，财务评价结论正确	课业指标计算正确率 60% 以下，财务评价结论错误	

课业内容

班级小组组长：______________________________

组员：______________________________

根据财务现金流量表（全部投资）计算以下财务评价指标：

财务内部收益率（税前、税后）；

净现值（税前、税后）；

投资回收期（税前、税后）；

投资利润率；

投资利税率；

盈亏平衡点；

得出财务评价结论：______________________________。

其他数据：

总投资：7 819.69 万元；年销售收入：14 000 万元；销售税金及附加：1 361 万元；行业设定的基准收益率为 12%。

利润总额：3 883 万元；所得税：971 万元。

年总成本：7 964 万元；经营成本：7 030 万元；固定成本：2 211 万元；可变成本：5 753 万元。

财务现金流量表（全投资）

（单位：万元）

序号	项目	合计	年份										
			1	2	3	4	5	6	7	8	9	10	11
			生产负荷										
				50%	80%	100%	100%	100%	100%	100%	100%	100%	100%
1	现金流入			7 000	11 200	14 000	14 000	14 000	14 000	14 000	14 000	14 000	15 395
1.1	销售收入	130 200		7 000	11 200	14 000	14 000	14 000	14 000	14 000	14 000	14 000	14 000
1.2	回收固定资产余值	648.794											648.794
1.3	无形及递延资产余值												
1.4	回收流动资金	746.053											746.053
2	现金流出	101 014	7 595.90	5 062.70	7 939	10 074	10 042.70	10 043	10 051	10 051	10 051	10 051	10 051
2.1	建设投资	7 595.88	7 595.88										
2.2	流动资金	223.816		139.76	50.43	33.60							
2.3	经营成本费用	70 299.60		4 398	6 234	7 458	7 458	7 458	7 458	7 458	7 458	7 458	7 458
2.4	销售税金及附加	11 732.4		116	728	1 361	1 361	1 361	1 361	1 361	1 361	1 361	1 361
2.5	资源税												
2.6	营业外净支出												
2.7	企业所得税	9 706.28		355.56	805.70	1 062	1 063.65	1 063.60	1 071.10	1 071	1 071	1 071	1 071
2.8	公益金	1 455.94		53.30	120.90	159.30	159.50	159.50	160.70	160.70	160.70	160.70	160.70
2.9	其他流出												
3	净现金流量：税前		−7 596	2 346	4 188	5 147	5 180.49	5 180.50	5 180.50	5 180	5 180	5 180	6 575
	税后		−7 596	1 937	3 261	3 926	3 957.3	3 957.30	3 948.7	3 949	3 949	3 949	5 344
4	累计净现金流量：税前		−7 596	−5 250	−1 062	4 085	9 265.39	14 446	19 626	24 807	29 987	35 168	41 743
	税后		−7 596	−5 659	−2 397	1 528	5 485.33	9 442.6	13 391	17 340	21 289	25 237	30 581

模块 3
项目投资前管理

学习目标

● **能力目标**

能估算项目总投资、总成本费用；

掌握项目资金来源和主要筹资方式；

能计算净现值、内部收益率与静态投资回收期等财务评价指标；

能运用财务评价指标在项目投资决策和方案比选中进行分析比较。

● **知识目标**

熟悉项目可行性研究的作用、内容、程序和方法；

了解政府采购与招投标过程。

学习重点与难点

投资与费用的估算；

财务评价指标的计算及互斥方案的比选。

案例导入

中标通知书发出后又推倒重来

2017 年 4 月，广东省某市某学校（下称采购人）的监控保安设备采购项目，经市财政局政府采购监管科批准采用竞争性谈判采购方式，采购人委托某国际招标有限公司（下称招标代理机构）进行招标，到谈判截止时间 2017 年 4 月 13 日上午 10:00，共有 4 家供应商（分别为广视通教学设备厂、奥胜信息技术有限公司、美视科技有限公司和大鹏科技发展有限公司）按时在招标代理机构开标室递交了谈判文件。谈判小组按照评标方法和政府采购程序进行评审和谈判，最终确定二次报价最低的大鹏科技发展有限公司（下称中标人）为本项目预中标单位。《谈判结果确认函》经采购人确认后，于 2017 年

4 月 14 日由招标代理机构发出中标通知书。之后，采购人称对本项目中标人不了解，其方案设计、设备性能、日常维护、售后服务等能否满足学校的需求，是否符合招标文件的采购要求存在不确定性。因此，要求中标人在签订合同期间，携带主要设备来校现场演示，并得到中标人同意。2017 年 4 月 23 日上午 11:30，中标人应要求在该校进行了演示，演示结束后，采购人对结果不满意。2017 年 5 月 15 日，招标代理机构重新组织原谈判专家小组对采购人提出的意见进行复议，在复议过程中，中标人派出专人到现场进行答辩，结果原谈判小组成员一致同意取消中标人的中标资格，同时正式宣布该项目招标失败。2017 年 5 月 18 日，招标代理机构下发了《某市某学校监控保安设备采购项目复议结果》，认为“经过谈判小组复议，大鹏科技发展有限公司的编码器输出格式和环球无线网络摄像机集成程度均不符合采购要求，原谈判小组一致同意取消上述单位的中标资格”。

2017 年 6 月 2 日，财政局转来中标人的举报信，政府采购监管科立即组成调查小组进行调查，调查小组分别对本项目负责人、谈判小组成员、采购人的相关经办人员进行了询问和笔录。调查后，政府采购监管科做出了维持“原判”的决定。某市从 2013 年 8 月开始，暂不设市政府采购中心，全市政府采购执行职能由政府采购招标代理机构履行。政府采购监管科审批采购方式后，由采购人选择，并委托在某市设有办事处的招标代理机构进行政府采购。监管部门认为，本次政府采购活动自发出《中标通知书》时止的采购程序，符合我国《政府采购法》的有关规定，但在发出《中标通知书》后，招标代理机构过分迁就采购人，召集原谈判小组对本项目进行复议，并取消中标人的中标资格，缺乏相应的法律依据。为此，维持“原判”以保护中标人的正当利益。

在此案例中，笔者认为有几点值得深思：

首先，在本次政府采购活动中，中标人（也是举报人）采取“惯用”的举报信的方式，举报招标代理机构和采购人的某工作人员有贪污受贿的嫌疑，并且到处散发举报信，影响极坏。从这件事可以看出，必须大力宣传政府采购的有关法律、法规和政策，让供应商知道采用先询问、质疑，答复不满意后再投诉的政府采购救济措施来维护其合法权益。

其次，招标代理机构在发出《中标通知书》后，如果把有关情况及时反馈给监督管理部门，就不会出现如此低级的错误，既损害了自己的形象，又砸了自己的招牌。由此，招标代理机构应从中吸取教训，举一反三，加强学习，提高自身业务水平。

资料来源：http://www.chinabidding.org.cn/szxzx.asp?id=7988.

理论知识

3.1 项目可行性研究

3.1.1 可行性研究与项目管理的关系

可行性研究是指通过对项目主要内容和配套条件，从技术、经济、工程等方面进行调查研究和分析比较，并对项目建成后可能取得的财务、经济效益及社会、环境影响进行预测，从而提出项目是否值得投资和如何进行建设的分析评价意见，在项目管理中是极其重要的环节，是项目投资决策的关键。它的重要作用如下：

(1) 可行性研究为投资决策者提供科学依据。可行性研究对项目建设的可能性、可靠性及项目建成后的经济效益进行研究，并对资源、市场条件、厂址选择、工艺技术、投资效益等进行调查研究及分析论证，并采用一系列科学方法提供各种数据，使数据符合客观实际，以便决策者进行决策。

(2) 可行性研究使项目获得最佳经济效益。可行性研究的目的是使项目获得最佳的经济效益，它可以在多种方案中反复进行论证，筛选掉那些投资效益差的方案，这样就可以保证项目的最优化，同时保证项目实施过程的顺利进行，防止重大方案的变动或返工。

(3) 可行性研究是编制下一步计划、设计的基础。一个项目的建设是十分复杂的，可行性研究的进行只是其中重要的一部分，今后的工作计划、设计及设备的选择、采购、安排等都将一一进行。有了可行性研究，就可按一定的步骤进行，避免工作的盲目性和无计划性。

(4) 可行性研究是筹措资金、银行借贷、签订协议的依据。项目的进行一方面需要大量的资金，需通过国家拨款或银行贷款或自有资金的筹措；另一方面，它也必定要与各有关部门进行协商或协作，申请执照，签订各种合同，承担各种责任。有了可行性研究，就可作为与有关部门建立联系的依据。

综上所述，可行性研究的作用是十分重要的。国内外的项目建设都很重视，它可使项目顺利实现，并达到预期的效果。

3.1.2 可行性研究的阶段

可行性研究包括三个阶段，即机会研究、初步可行性研究、详细可行性研究。

1. 机会研究

机会研究也称投资机会鉴定，是指寻求投资的机会与辨别投资的方向。它的主要任务是对项目的投资进行初步鉴定，在一个指定的地区或部门内，对资源情况、市场需求情况、项目工艺技术路线和经济效益做一些粗略的分析研究，寻找最有利的投资机会。这种研究一般靠经验数据估计，其精确度一般为30%，时间较短，一般为几个月，费用也较少。如果这一研究能引起投资者的兴趣，就可以转入下一个阶段，否则就此停止。

2. 初步可行性研究

初步可行性研究是进一步分析和判断投资项目是否有生命力、是否有利可图、是否值得进行下一步的可行性研究，对投资项目的关键性问题需要进行专门的调查研究，如市场情况、资源条件、产品方案、工艺路线、技术设备及经济效益的评价等，需要取得较精确的数据。初步可行性研究一般要用半年左右的时间，投资估算精确度为20%，而所需费用一般占投资总额的1%左右，如果对项目的各个主要专题研究结果感到可行，就可转入下一阶段，进行详细可行性研究。有些项目在有较大的把握时，就可不再进行初步可行性研究，而直接从机会研究阶段进入详细可行性研究阶段。

3. 详细可行性研究

这是一个关键阶段，也是投资前期最重要的阶段。一般的可行性研究就是指这一阶段。它需要对研究项目进行深入详细的技术经济论证，提供项目所需的各种依据，并做出全面、详细、完整的经济评价，可以列出不同的方案，从最优目标出发，对项目的原材料、工艺、品种、厂址、投资情况及项目工期等进行比较论证，从中选择投资少、进度快、效益高的最优方案。这一阶段的工程造价和成本估算的精确度应在10%以内，所需时间一年左右，或更长时间，其费用一般占投资总额的1%～3%。

上述三个阶段是密切相关的。机会研究是对项目的设想进行鉴别，确定投资方向；初步可行性研究是为投资项目能否进行提供依据；详细可行性研究则是对项目的实施提供较详细的依据。一个项目的建设，一般都要经过这几个阶段，但有时也可省略机会研究或初步可行性研究。

3.1.3 可行性研究的主要内容

可行性研究的内容，因项目的建设用途不同而各有差异，应依据项目的各自特点来决定。就一般工业建设项目来说，要求具备以下几个方面的内容。

1. 总论

你选择的项目适应政策吗?

（1）项目提出的背景（改建扩建项目要说明企业现况）、投资的必要性和经济意义。

（2）研究工作的依据和范围。

2. 需求预测和拟建规模

（1）国内外需求情况的预测。

（2）国内现有工厂生产能力的估计，包括生产能力、产品质量、销售情况；本企业的产品在国内市场的占有率及发展趋势预测。

你选择的项目有市场前景吗?

（3）国内外市场产品价格及变化趋势。

（4）主要产品的品种、规格、产量；副产品的品种、数量。

3. 原材料、能源及公用设施

（1）确定所需的原材料（包括辅助材料、外购件、协作件等）的种类，估算其年需要量及年费用值。

（2）确定所需的能源（包括煤、汽油、电等）的种类，估计其年需要量及年费用值。

（3）落实所需的原材料及能源。

（4）所需公用设施的数量、供应方式和供应条件。

4. 工艺技术和设备的选择

这部分是可行性研究的重头，也是全部可行性研究的基础，是项目经济技术分析中的主要技术问题。

（1）有哪些工艺技术方案可采用。对各方案进行比较，论述各方案的优缺点，给出推荐方案并说明理由。

（2）有哪些工艺流程可供选择。详细分析各种方案的优缺点，给出推荐方案并说明理由。

（3）列出选定的主要设备与辅助设备名称、型号、规格、数量，并说明选用理由。若是引进设备，应说明必须引进的理由、国别；若是改扩建项目，则应说明对原有固定资产利用情况。

（4）根据工艺方案、工艺流程、设备种类及数量，确定项目土建工程的构成及方案，绘出工厂平面布置图、车间平面布置图及车间剖面图等。

5. 厂址选择

（1）选定的厂址、厂址面积及用地范围（附城市规划部门同意选址的证明文件）。

（2）选址范围内的现状，土地种类（水田、菜地、棉田、荒地等）。

（3）建厂地区的地理位置，与原料产地、市场的距离，地区环境情况，现有铁路、公路、内河航道、港口码头的运输能力和实际负荷及发展规划情况。

（4）该地区现有供水、排水、供电、煤气等的能力和实际负荷及发展规划情况。

（5）厂址比较与选择意见。

6. 环境保护

（1）对建厂具体地区历史和现在的环境调研，以及建设项目投产后对环境影响的预测。

（2）制订环境保护措施和“三废”治理方案。如防止公害的主要措施，“三废”处理的主要方法。

（3）编制审批环境影响报告书（附持有建设项目环境影响评价资格证书的单位所完成的《环境影响报告书》）。

7. 企业组织、劳动定员和人员培训

（1）全厂生产管理体制及机构设置的论述。

（2）在项目进展的各个不同时期，需要的各种级别管理人员、工程技术人员、工人及其他人员数量、水平以及来源。

（3）人员培训规划和费用的估算。

8. 项目实施进度的建议

（1）项目建设的基本要求和总安排。

（2）勘察设计、设备制造、工程施工、安装、调试、投产、所需时间与进度要求。

（3）论述最佳实施计划方案的选择，并用线条图或网络图来表述。

9. 投资费用、产品成本与资金筹措

（1）主体工程和协作配套工程所需的投资。

（2）生产流动资金的估算。

（3）产品成本估算。

（4）叙述资金来源及依据、筹措方式、资金数额以及贷款偿付方式。

10. 项目财务评估

微观的财务评估是建设项目经济评估的重要组成部分。财务评估是根据国家现行财税制度和现行价格，分析测算项目的效益和费用，预测项目的获利能力、清偿能力及外汇效益等财务状况，从企业财务角度来分析、判断建设项目是否可行，为投资决策提供可靠的依据。

11. 项目国民经济评估

宏观的国民经济评估是项目经济评估的核心部分，它是从国家整体角度考察项目的效益和费用，用影子价格、影子工资、影子汇率和社会折现率来计算分析项目给国民经济带来的净收益，评价项目经济上的合理性。这是决定项目或方案取舍的主要依据。

12. 项目社会评估

社会评估是识别和评价项目的各种社会影响，分析当地社会环境对拟建项目的适应性和可接受程度，分析项目对社会和谐稳定可能产生的风险，评价项目的社会可行性。

13. 不确定性和风险分析

不确定性包括敏感性分析、临界点分析和盈亏平衡分析。风险分析包括风险识别、风险估计和风险评估。

14. 结论与建议

（1）运用各种数据，从技术、财务、经济方面论述建设项目的可行性。

（2）存在问题。

（3）建议。

如何来评价项目的可行性

3.1.4 可行性研究的活动程序

可行性研究是一个涉及面广、程序性很强的工作，要分析各方面的因素。因此，要按一定的步骤进行。当然，各步骤之间有时会有些交叉，但基本程序如下所述。

1. 确定研究目标

任何一个项目都有一定的目标，项目目标往往体现在技术、经济、社会及政治方面，而这一目标经常还可以分为基本目标和期望目标。基本目标是一定要实现的或者说是最起码的目标；期望目标则是争取要达到的目标。在确定目标时，往往提出一些考核指标，如技术指标、经济指标、社会指标等，据以考核目标完成情况。工作目标是对工作者的具体要求。

项目目标的确定是可行性研究的首要环节，如果目标错了，就会影响整个研究乃至工程的进行。目标的确定是一项复杂而细致的工作，需要慎重研究。

2. 调查研究

调查研究是一种常用的方法，也是最迫切需要进行的工作。它包括实地调查和技术、经济研究。市场调查一般从需要量、价格、产品结构、竞争等几个方面进行；原材料、燃料、动力方面的调查一般从供给地点、供给量等方面研究；对工艺的调查一般从工艺要求、技术力量、能源等方面选择工艺路线、确定工艺设备等。所有这些方面都是十分重要而又相互关联的，要分别调查、评价，最后得出结论。

常用的调查研究方法有询问法、观察法、实验法等。询问法是以询问方式（包括书面询问、当面询问或电话询问等）进行调查，了解项目所需的各种数据和资料。观察法是通过对被调查的人或事的行为、规律进行观察，从侧面了解情况，而被调查者往往并不知道他正在被调查。实验法是通过一定的实验取得必要的资料。

3. 选择方案

在上述调查研究的基础上，可列出各种可供选择的方案。列出的方案要尽量做到完整，不使最优方案有遗漏的可能，同时又必须在一定范围内筛选掉一部分明显不符合条件的方案。方案的比较是寻求合理的经济和技术决策的必要手段，要从各方案的产品、工艺流程、主要设备选择、原材料和燃料供应方式、厂区和厂址选择、工厂布置以及资金筹措等方面，根据实际情况进行筛选。在这一阶段，要把各种方案的技术、经济、社会等评价全部列出，最后通过国民经济评估来确定。方案比较一般用净现值法或差额内部收益率法，以供决策者从中选择最优方案，充分讨论和反复估算比较是十分必要的。

4. 对优选方案的评估

这一步实际上是对已选择的方案进一步地详细说明和论证，具体包括对技术上的先进性（包括产品性能先进性、工艺技术先进性及购置设备的先进性）、适用性进行分析；对标准化、专业化等组织技术的先进性进行分析；对方案的企业经济效益进行分析，并对国民经济效益进行综合分析，一般包括财务评估及国民经济评估，如投资和经营费用估算、销售收入估算、资金平衡分析及资金回收指标分析，对国民经济的社会效益进行分析。另外，还要对政治、社会、环境效果进行分析。总之，要在技术、经济、社会等诸方面进一步分析论证。

5. 编制可行性研究报告

通过上述最优方案的分析论证之后，即可编制可行性研究报告，然后根据可行性研究报告实施各种计划。

如何撰写可行性研究报告?

3.1.5 投资及其估算

1. 投资的构成

项目投资是指从项目筹建开始到项目全部建成投产为止的全过程所发生的费用总和。一般项目总投资的构成有四部分：工程造价、增值税、资金筹措费和流动资金。

（1）工程造价是指工程项目在建设期预计或实际支出的建设费用，包括工程费用、工程建设其他费用和预备费。

1）工程费用是指直接构成固定资产的各项投资，包括主要生产工程、辅助生产工程、公用工程、服务性工程、生活福利设施、“三废”治理工程及厂外工程。工程费用按性质可分为建筑工程费、设备购置费及安装工程费。

2）工程建设其他费用是指与工程费用相联系而发生的其他费用，包括可行性研究费、规划勘察设计费、研究试验费、建设单位管理费、外事费、专利费、职工培训费及其他独立费用。

3）预备费是指为保证工程顺利进行，避免不可预见因素造成投资估计不足而预先安排的费用，故又称不可预见费，如漏项、物价上涨、设计变更等费用。

（2）增值税是指应计入建设项目总投资内的增值税额。

（3）资金筹措费是指在建设期内应计的利息和在建设期内为筹集项目资金发生的费用，包括各类借款利息、债券利息、贷款评估费、国外借款手续费及承诺费、汇兑损益、债券发行费用及其他债务利息支出或融资费用。

(4) 流动资金是项目运营期内长期占用并周转使用的营运资金，由现金、应收款与预付款、存货等项组成。

1) 现金是指企业库存的现金，包括人民币和外币。现金可以立即投入流通领域、购买物资、支付有关费用、偿还债务或存入银行。

2) 应收款与预付款。应收款是指企业对外销售商品、提供劳务等所形成的应收而尚未收回，被购货单位、接受劳务单位占有的本企业资金。预付款是指为购买原材料、燃料、设备等而事先支付给外单位的资金。

3) 存货是指企业在生产经营过程中为销售或耗用而储存的物资，主要包括外购原材料、半成品、在制品、产成品。

项目投资的构成如图 3-1 所示。

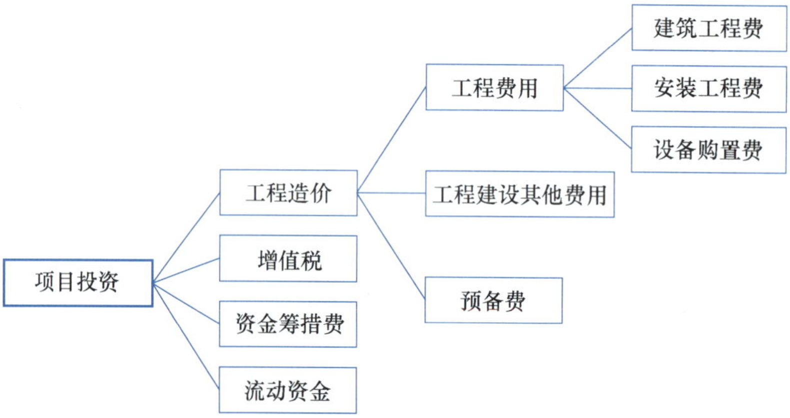

图 3-1　项目投资的构成

2. 投资估算

无论是建设一个新项目，还是对现有项目进行技术改造，投资额需要多少是工程项目或技术方案决策前进行经济评价不可缺少的数据，也是项目资金筹措的依据。

(1) 工程造价估算。

估算是在投资项目可行性研究阶段进行的，一般采用模拟已建成的同类项目或参照经验指标或采用编制概算等方法来估算项目所需的全部投资费用。这里介绍的工程造价估算是在项目决策以前，因此它是在资料很不充分的情况下进行的，其精确度较低。常用的估算方法包括类比估算法和概算指标估算法两类。

1) 类比估算法。

类比估算法是根据已建成的与拟建项目工艺技术路线相同的同类项目的投资，来估算拟建项目投资的方法。常用的有单位生产能力法、生产能力指数法和系数估算法等。

①单位生产能力法。

单位生产能力法投资额估算公式为：

$$Y_2=\frac{Y_1}{X_1}\times X_2\times CF$$

式中：　Y_2——拟建项目的投资额；

Y_1——已建类似项目的投资额；

X_1——已建类似项目的生产能力；

X_2——拟建项目的生产能力；

CF——不同时期、不同地点的定额、单价、费用变更等的综合调整系数。

单位生产能力法把项目的固定资产与其生产能力的关系视为简单的线性关系，估算结果的精确度不够理想。使用时要注意拟建项目的生产能力和类似项目的可比性，同时其他条件也应相似，否则误差会很大。由于实际工作中不易找到与拟建项目完全类似的项目，通常是把项目按其所属车间、设施和装置进行分解，分别套用类似车间、设施和装置的单位生产能力投资指标计算，然后相加，求得项目固定资产投资总额；或根据拟建项目的规模和建设条件，将已建项目单位生产能力固定资产投资适当调整后，估算拟建项目固定资产投资总额。

类比估算法在实际中常常被应用于建筑物的单方造价、铁路和公路的每千米投资、水力和火力发电站的每千瓦装机容量的造价等估算。

课堂讨论 3-1

已知 2012 年建设污水处理能力 10 万立方米/日的污水处理厂的工程造价为 16 000 万元，2020 年拟建污水处理能力 16 万立方米/日的污水处理厂，工程条件与 2012 年已建项目类似，调整系数 CF 为 1.25，试估算该项目的工程造价。

该项目的工程造价为：

$$Y_2=\frac{Y_1}{X_1}\times X_2\times CF=\frac{16\,000}{10}\times 16\times 1.25=32\,000(\text{万元})$$

②生产能力指数法。

生产能力指数法投资额估算公式为：

$$Y_2=Y_1\times\left(\frac{X_2}{X_1}\right)^n\times CF$$

式中： n——生产能力指数。

这种方法由于不是简单的线性关系，而是根据实际资料求得的指数关系来估算拟建项目的设备投资额，所以比较精确。另外应注意的是，技术改造项目固定资产的估算，往往因涉及与原项目投资的关系而比较复杂，难度更大。

课堂讨论 3-2

已知建设年产 15 万吨聚酯项目的装置投资为 20 000 万元，现拟建年产 60 万吨聚酯项目，工程条件与上述项目类似，生产能力指数 n 为 0.8，调整系数 CF 为 1.1，试估算该项目的装置投资。

该项目的装置投资为：

$$Y_2=Y_1\times\left(\frac{X_2}{X_1}\right)^n\times CF=20\,000\times\left(\frac{60}{15}\right)^{0.8}\times 1.1=88\,880(\text{万元})$$

③系数估算法。

a. 朗格系数法。

该方法以设备购置为基础，乘以适当系数来推算项目的工程造价。计算公式为：

$$C = E(1 + \sum K_i)K_c$$

式中：C——工程造价；

E——设备购置费；

K_i——管线、仪表、建筑物等项费用的估算系数；

K_c——包括管理费、合同费、应急费等间接费在内的总估算系数。

工程造价与设备购置费之比为朗格系数 K_L。即：

$$K_L = (1 + \sum K_i)K_c$$

运用朗格系数法估算投资比较简单，但由于没有考虑项目（或装置）规模大小、设备材质的影响以及不同地区自然、地理条件差异的影响，所以估算的准确度不高。

b. 设备及厂房系数法。

该方法在拟建项目工艺设备投资和厂房土建投资估算的基础上，其他专业工程参照类似项目的统计资料，与设备关系较大的按设备投资系数计算，与厂房土建关系较大的则按厂房土建投资系数计算，两类投资加起来，再加上拟建项目的其他有关费用，即为拟建项目的工程造价。

2）概算指标估算法。

这是较为详细的估算投资的方法。该方法把整个建设项目依次分解为单项工程、单位工程、分部工程和分项工程，按下列内容分别套用有关概算指标和定额编制投资概算，然后在此基础上再考虑物价上涨、汇率变动等动态投资。

①建筑工程费用。指建筑物、构筑物及与其配套的线路、管道等的建造、装饰费用。安装工程费用是指设备、工艺设施及其附属物的组合、装配、调试等费用。建筑工程费用和安装工程费用包括直接费用、间接费用和利润，可按建筑工程量和当地建筑工程概算综合指标计算。间接费用包括施工管理费用和其他间接费用，一般以直接费用为基础，按间接费率计算。计划利润以建筑工程的直接费用与间接费用之和为基数。税金包括营业税、城市维护建设税和教育费附加。

②设备及工器具购置费用。包括需要安装和不需要安装的全部设备、工器具及生产用家具等购置费用。

③安装工程费。包括设备及室内外管线安装费用。

④其他费用。是指根据有关规定应计入固定资产投资的除建筑、安装工程费用和设备、工器具购置费以外的一些费用，包括土地征用费、居民迁移费、生产职工培训费、联合试运转费、场区绿化费、勘察设计费等。

⑤基本预备费。是指事先难以预料的工程费用，其用途主要为：进行初步设计、技术设计、施工图设计和施工过程中在批准的建设投资范围内所增加的工程费用；由于一般自然灾害所造成的损失和预防自然灾害所采取的措施费用；验收委员会为确定工程质

量必须开挖和修复隐蔽工程的费用。基本预备费可以“单项工程费用”总计或以工程费用和工程建设其他费用之和为基数，按照规定的预备费率计算。

(2) 流动资金投资估算。

流动资金投资常用的估算方法包括类比估算法和分项估算法。

1) 类比估算法。

类比估算法是一种根据已投产的类似项目的统计数据总结得出的流动资产投资与其他费用之间的比例系数，来计算拟建项目所需流动资金投资的方法。这里的其他费用可以是固定资产投资，也可以是经营成本、销售收入或产值等。

①销售收入流动资金率估算法。

销售收入流动资金率是指实现每百元销售收入需占用的流动资金量。其计算公式为：

流动资金需要量=预计年销售收入×销售收入流动资金率

②经营成本流动资金率估算法。

经营成本流动资金率是指每百元经营成本所占用的流动资金量。其计算公式为：

流动资金需要量=预计年经营成本×经营成本流动资金率

③固定资产投资流动资金率估算法。

固定资产投资流动资金率是指每百元固定资产投资需要配备的流动资金量。其计算公式为：

流动资金需要量=固定资产投资额×固定资产投资流动资金率

④单位产量流动资金率估算法。

单位产量流动资金率是指生产单位产品需要占用的流动资金量。其计算公式为：

流动资金需要量=设计年产量×单位产量占用流动资金率

2) 分项估算法。

分项估算法是对流动资产和流动负债主要构成要素，即存货、现金、应收账款、预付账款、应付账款、预收账款等项内容分项进行估算，最后得出项目所需的流动资金数额。计算公式为：

流动资金=流动资产-流动负债

流动资产=应收账款+预付账款+存货+现金

流动负债=应付账款+预收账款

流动资金本年增加额=本年流动资金-上年流动资金

你需要为你的项目准备多少资金?

3.1.6　成本与费用

1. 成本的构成

成本通常是指为获得商品和服务所需的各种资源消耗；费用也是各种资源的耗费。因此，从资源消耗来看，成本与费用是统一的。正因为如此，在项目的经济评价中，费用有时计入成本之中，这就构成了广义上的成本，不过在不同的情况下，需要不同的成本概念。在本节中将讨论投资决策过程中所需要用到的一些主要的成本概念。

（1）成本。

成本是会计记录在企业账册上的客观的和有形的支出，包括生产、推销过程中发生的原料、动力、工资、租金、广告、利息等支出。按照我国的财会制度，总成本费用由生产成本、管理费用、财务费用和销售费用四部分组成，用公式表示为：

总成本＝生产成本＋销售费用＋管理费用＋财务费用

其中，管理费用、财务费用和销售费用称为期间成本（期间费用）。总成本的构成如图 3－2 所示。

- 总成本
  - 生产成本
    - 直接成本
      - 直接材料费
      - 直接工资
      - 其他直接支出
    - 制造费用
  - 期间费用
    - 管理费用
    - 财务费用
    - 销售费用

图 3－2　总成本的构成

（2）机会成本。

机会成本是指由于将有限资源使用于某种特定的用途而放弃其他用途的最高收益。机会成本概念的产生来源于这样一个现实：资源是稀缺的。资源的稀缺性决定了人们只有充分考虑了某种资源用于其他用途的潜在收益后，才能做出正确的决策，使有限资源得到有效的利用。由此可见，机会成本并不是实际发生的成本，而是在方案决策时所产生的观念上的成本，因此，它在会计账本上是找不到的，但它对决策非常重要。

例如，某企业有一台多用机床，可以自用也可以出租，出租可以获得 7 000 元的年净收益，自用可产生 6 000 元的年净收益。当舍弃出租方案而采用自用方案时，其机会成本为 7 000 元，利益为－1 000 元；当舍弃自用方案而采用出租方案时，其机会成本为 6 000 元，利益为 1 000 元。很显然，应采用出租方案。

（3）沉没成本。

沉没成本是指过去已经支出而现在无法得到补偿的成本。它主要表现为过去发生的事情，费用已经支付，事后尽管可能认识到这项决策是不明智的，但木已成舟，今后的任何决策都不能取消这项支出。

例如某企业一个月前以 3 000 元/吨的价格购入钢材 500 吨（这是不能改变的事实，3 000 元/吨是沉没成本），现该规格的钢材市场价格仅为 2 800 元/吨，该企业在决策是否出售这批钢材时，不应受 3 000 元/吨购入价格这一沉没成本的影响，而应分析钢材价格的走势。若预计价格将上涨，则继续持有，并且如有剩余资金，可逢低吸纳；若预计价格将继续下跌，则应果断出货。

2. 总成本的估算

产品的成本是对技术方案进行财务评价和国民经济评价的基础数据之一，是反映技术方案经济效益的重要方面。一个建设项目的盈利能力，不仅取决于总投资费用的多少，而且也取决于产品成本费用的高低。项目建成投产后，在产品销售价格一定的条件下，成本费用越低，企业净收益越高，反之则越低。显然，成本费用的高低直接影响着项目盈利能力的大小，因而关系到技术方案和投资决策的选择。可见，建设项目产品成本费用估算的准确与否关系重大，是技术方案评价的极其重要的经济要素之一。

总成本费用的构成及估算通常按照以下两种方法进行，其中生产要素估算法是项目评价中通常采用的方法。

（1）生产成本加期间费用法。

总成本可由单位产品制造成本与设计年生产规模相乘计算出的生产成本总额，再加上管理费用总额、财务费用总额、销售费用总额得到。即：

总成本＝生产成本＋期间费用

生产成本＝直接材料费＋直接燃料和动力费＋直接工资
＋其他直接支出＋制造费用

期间费用＝管理费用＋销售费用＋财务费用

管理费用和销售费用可按会计制度常规的取费标准，或参照历史资料计算；财务费用按流动负债率的应计利息计算。

（2）生产要素估算法。

其计算公式为：

总成本＝直接材料费＋工资及福利费＋修理费＋折旧费＋摊销费
＋利息支出＋其他费用

式中各项费用的计算如下：

1）直接材料费，就是外购原材料、燃料及动力等费用，要按不同生产负荷时的产量、单位消耗量及单价分别计算确定。

2）工资及福利费，要按职工人数和人均工资及福利费计算确定。福利费按工资总额乘以规定的计提比例。

3）折旧费，这是对固定资产的磨损计提的补偿费用。固定资产折旧既可以分类计算，也可以综合计算。

4）修理费，可按折旧费的45％～55％的比例计取。

5）摊销费，主要包括无形资产摊销和递延资产摊销。无形资产应按规定期限分期摊销，没有规定期限的，按不少于10年的期限进行分期摊销；递延资产中的开办费用按不少于5年的期限进行分期摊销。

6）利息支出，是指生产经营期临时性短期借款和流动资金借款的利息支出。计算借款利息时一律按年计息，并将年名义利率按计息时间换算为年实际利率。其计算公式为：

$$年实际利率=\left(1+\frac{r}{n}\right)^n$$

式中：　r——名义利率；

　　　　n——计息次数。

利息的简化计算方法，即假定借款发生当年为年中支出，按半年计息，而其后年份则按全年计息，故每年应计利息的近似值计算公式为：

$$每年应计利息=\left(年初借款本息累计+\frac{本年借款额}{2}\right)\times年实际利率$$

7）其他费用，是指从制造费用、管理费用、财务费用和销售费用中扣除工资及福利费、折旧费、修理费、摊销费、利息支出后的费用。计算其他费用，可参照同类项目的实际资料，按一定的比例计取。为了简化计算，该项费用也可按工资及福利费的 2～3 倍计算。

3.2 项目的招标与投标

3.2.1 招投标概述

1. 招投标的概念与特征

招投标是一种因招标方的要约，引发投标者的承诺，经过招标方的择优选定，最终形成协议和合同关系的平等主体之间的经济活动过程，是双方之间诺成有偿的、具有约束力的法律行为。

招投标是商品经济发展到一定阶段的产物，是一种特殊的商品交易方式。招标方与投标方交易的商品统称为“标的”。在项目工程建设中，这种“标的”指的是项目的工程设计、土建施工、成套设备安装调试等内容。招投标具有下述基本特征：

（1）平等性。

招投标的平等性，应从商品经济的本质属性来分析，商品经济的基本法则是等价交换。招投标是独立法人之间的经济活动，按照平等、自愿、互利的原则和规范的程序进行，双方享有同等的权利和义务，受到法律的保护和监督。招标方应为所有投标者提供同等条件，让投标者展开公平竞争。

（2）竞争性。

招投标的核心是竞争，按规定每一次招标必须有三家以上企业投标，这就形成了投标者之间的竞争，它们以各自的实力、信誉、服务、报价等优势，战胜其他的投标者。此外，在招标方与投标者之间也展开了竞争，招标方可以在投标者中间择优选择，有选择就有竞争。

（3）选择性。

正规的招投标活动，必须在公开发行的报纸杂志上刊登招标公告，打破行业、部门、地区甚至国别的界限，打破所有制的制约，在最大范围内让所有符合条件的投标者前来投标，进行自由的竞争。

2. 招标的方式

目前国内外采用的招标方式有以下五种：

（1）公开招标。

公开招标是由招标单位通过报刊、广播、电视等宣传工具发布招标公告，凡对该招标项目感兴趣又符合投标条件的法人，都可以在规定的时间内向招标单位提交意向书，由招标单位进行资格审查，核准后购买招标文件，进行投标。公开招标的方式可以给一切合格的投标者以平等的竞争机会，能够吸引众多投标者，故称为无限竞争性招标。为世界银行贷款项目实行的国际（国内）竞争性招标，就属于公开招标。

（2）邀请招标。

邀请招标是由招标单位根据自己积累的资料，或根据权威的咨询机构提供的信息，选择一些合格的单位发出邀请，应邀单位（必须有三家以上）在规定时间内向招标单位提交投标意向，购买投标文件进行投标。

邀请招标是一种有限竞争性招标，又称选择招标。这种方式的优点是应邀投标者在技术水平、经济实力、信誉等方面具有优势，基本上能保证招标目标顺利完成。其缺点是在邀请时如带有感情色彩，就会使一些更具竞争力的投标单位失去机会。

（3）两段招标。

两段招标是将公开招标和邀请招标结合起来的招标方式。这种方式一般适用于技术复杂的大型招标项目。招标单位首先采用公开招标的方式广泛地吸引投标者，对投标者进行资格预审，从中邀请三家以上条件最好的投标者，进行详细的报价、开标、评标。

（4）协商议标。

对受客观条件限制或不易形成竞争局面的招标项目，例如专业性很强，只有少数单位有能力承担的项目，或时间紧迫来不及按正规程序招标的项目，可以由主管部门推荐或自行邀请3～4个比较知底的单位进行报价比较，由招投标双方通过协商确定有关事宜。协商议标实质上是一种非竞争性招标，严格来讲不能称为招标。因为招投标行为的核心是竞争，没有竞争也就失去了招标的原有意义。

（5）国际招标。

如果将招标范围放宽到国外，上述四种招标方式就可称为国际性招标。这种招标方式简称为ICB，一般重大工程建设项目、高科技项目、技术引进项目以及国际复兴开发银行、国际开发协会、亚洲开发银行贷款兴建的工程项目都采用ICB方式。

3. 招投标的一般程序

招投标活动一般分为四个阶段，现以建设工程施工项目为例进行分析。

（1）招标准备阶段。

招标准备阶段基本分为以下几个步骤：具有招标条件的单位填写《建设工程招标申请书》，报有关部门审批；获准后，组织招标班子和评标委员会；编制招标文件和标底；发布招标公告；审定投标单位；发放招标文件；组织招标会议和现场勘察；接受投标文件。

（2）投标准备阶段。

根据招标公告或招标单位的邀请，选择符合本单位施工能力的工程，向招标单位提交投标意向，并提供资格证明文件和资料。资格预审通过后，组织投标班子，跟踪投标项目，购买招标文件，参加招标会议和现场勘察，编制投标文件，并在规定时间内报送给招标单位。

（3）开标评标阶段。

按照招标公告规定的时间、地点，由招投标方派代表并在有公证人在场的情况下，当众开标；招标方对投标者进行资格后审、询标、评标；投标方做好询标解答准备，接受询标质疑，等待评标、决标。

（4）决标签约阶段。

评标委员会提出评标意见，报送决定单位确定。评标委员会依据决标内容向中标单位发出《中标通知书》。中标单位在接到通知书后，在规定的期限内与招标单位签订合同。

3.2.2　招标的程序与工作内容

1. 招标的程序框架图

具备招标条件的单位一般按图 3－3 所示的程序开展工作。

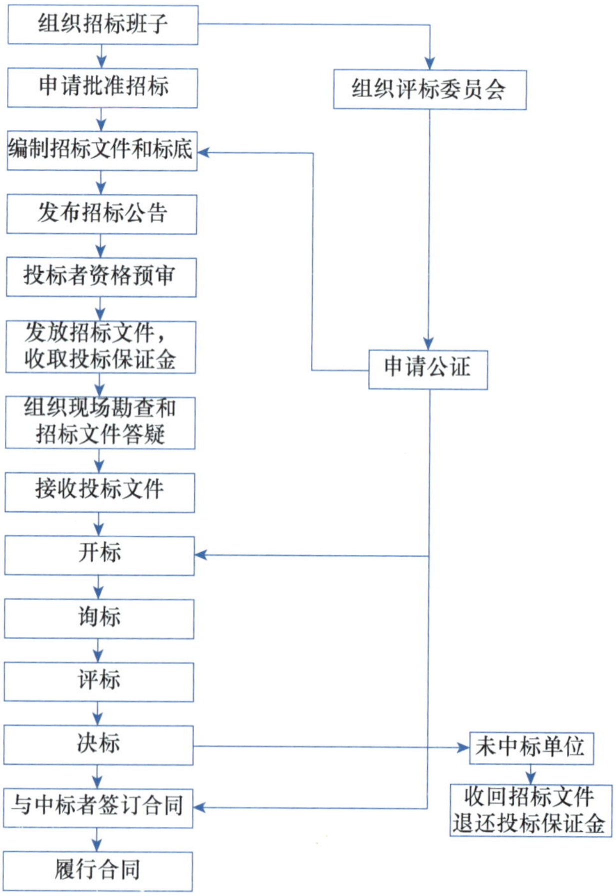

图 3－3　招标的程序框架图

2. 招标项目的条件与招标工作班子的组建

（1）实施施工招标的建设工程应具备以下条件：

1）建设工程已经列入上级主管部门年度固定资产投资计划。

2）有持证设计单位设计的施工图纸和有关设计文件。

3）建设资金、主要材料和设备协作配套条件已经落实。

4）拆迁工作基本完成，建设工程施工范围内的三通一平（水通、电通、路通、场地平整）和障碍物清除已经完成或一并列入施工招标范围。

（2）招标工作班子的组建。

1）有建设单位法人代表或其委托的代理人参加。

2）有与工程规模相适应的技术、预算、财务和工程管理人员。

3）有对投标企业进行资格评审的能力。

不具备上述条件的建设单位，可由其上级主管部门帮助组织招标工作班子，也可以委托招标公司或具有法人资格的咨询服务单位代理招标工作。

大型、重要的招标项目一般还要由主管部门、招标单位、设计单位、建设银行或投资金融单位及有关专家组成招标领导小组。

开展国际竞争性招标，必须委托具有资格的招标公司或具有招标能力的外贸公司代理招标。

3. 编制招标文件和标底

（1）招标文件的作用和内容。

招标文件是标明招标工程数量、规格、要求和招投标双方责权利关系的书面文件。

项目招标需要有一份内容明确、考虑细致周密、兼顾招标投标双方权益的招标文件。招标文件的作用，首先是向投标人提供招标信息，以指引承包商根据招标文件提供的资料，进行投标分析与决策；其次，招标文件是承包商投标和业主评标的依据；最后，招标、投标成交后，招标文件是业主和承包商签订合同的主要组成部分。基于此，各国对招标文件的编制都比较重视。

招标文件的内容和篇幅大小，与项目的规模和类型有关，一般货物采购的招标文件要简单些，工程建设的招标文件要复杂些，特别是一些大型项目，其招标文件的篇幅可能长达数千页，内容全面，且要求前后连贯。不同工程的招标文件内容虽有繁简详略之分，但招标文件一般都包括以下几个部分：

1）招标邀请书，投标人须知。

2）合同的通用条款、专用条款。

3）业主对工程与服务方面的要求一览（表格式）、技术规格（规范）、图纸。

4）投标书格式、资格审查需要的报表、工程量清单、报价一览表、规格的响应表、投标保证金格式及其他补充资料表。

5）双方签署的协议书格式、履约保证金格式、动员预付款保函格式等。

从每个招标文件各组成部分的用意来看，大体可分为三大部分：第一部分，投标者为了投标需要了解并遵循的规定，即上述1)～3）所包含的内容；第二部分，承包商必须按规定填报的投标书格式，即上述4）所指内容；第三部分，中标的承包商应办理的文件格式，即上述5）的内容。

（2）编制标底。

标底又称底价，是招标人对招标项目所需费用的自我测算的期望值，它是评定投标价的合理性、可行性的重要依据，也是衡量招投标活动经济效果的依据。标底应具有合理性、公正性、真实性和可行性。

影响标底的因素很多，在编制时要充分考虑投资项目的规模大小、技术难易、地理条件、工期要求、材料差价、质量等级要求等因素。从全局出发，兼顾国家、建设单位和投标单位三者的利益。标底的构成包括三部分：项目成本（含主体工程费用、临时工程费用及其他工程费用）、投标者合理利润、风险系数。我国规定标底不得超过经批准的工程概算或修正概算。

标底直接关系到招标人的经济利益和投标者的中标率，应在合同签订前严加保密。如有泄密情况，应对责任者严肃处理，甚至追究其法律责任。

4. 发布招标公告

招标文件编制好后，即可根据既定的招标方式，在主要报刊上刊登招标公告或发出投标邀请通知。

招标公告和投标邀请通知的主要内容：项目名称，项目建设地点，项目内容概述，投资来源，招标内容和数量，工期要求，发放招标文件的日期和地点，招标文件的价格，投标地点，投标截止日期（必须具体到年、月、日、时）和开标时间（一般与投标截止日相差1～24小时），招标单位的地址、电话、邮编等。

5. 投标者资格预审

资格预审是对申请投标的单位进行事先的资质审查，合格者方可发放招标文件，这样可以确保招投标活动按预期要求进行。投标者都是有实力、有信誉的法人，通过预审筛选出一部分不合格者，也可减少开标、评标的工作量。

资格预审的主要内容有：投标者的法人地位、资产财务状况、人员素质、各类技术力量及技术装备状况、企业信誉和业绩等。

6. 勘查现场和文件答疑

（1）勘查现场。

业主在招标文件中要注明投标人进行现场勘察的时间和地点。按照国际惯例，投标人提出的标价一般被认为是在审核招标文件后，并在现场勘查的基础上编制出来的。一旦标价提出以后，投标人就无权因为现场勘查不周、情况了解不细或其他因素考虑不全面而提出修改标价、调整标价或给予补偿等要求。因此，投标人应派出适当的负责人员参加现场勘查，并做出详细的记录，作为编制投标书的重要依据。

通常招标人组织投标人统一进行现场勘查，并对工程项目进行必要的介绍。投标人现场勘查的费用由投标人自行承担。

（2）文件答疑。

标前会议是业主给所有投标者提供的一次质疑机会。在勘查现场前，投标人应消化招标文件中提到的各类问题，整理成书面文件，寄往招标单位指定地点要求答复，或在答疑会上要求澄清。业主在回答问题的同时，展示工程勘探资料，供投标单位参考。答疑会上提出的问题和解答的概要情况，应记录并作为招标文件的组成部分发给所有投标人。

7. 开标、初审与询标、评标

（1）开标。

开标是在招标公告事先确定的时间、地点，召集评标委员会全体成员、所有投标方代表和有关人士，在公证人员监督下，将密封的投标文件当众启封，公开宣读投标单位名称、投标项目、报价等，并一一记录在案，由招投方法定代表签字认可。

投标文件启封的顺序按递送投标文件的先后次序逐个进行。

（2）初审与询标。

开标程序很短，结束后即转入内部评审阶段，由招标工作班子和评标委员会对投标文件进行详细审阅、鉴别。首先进行初步审查，其内容包括：投标文件是否符合招标文件的要求；应该提交的技术资料、证明文件是否齐全；报价的计算是否正确；全部文件是否按规定签名盖章；有否提出招标人无法接受的附加条件；其他需要询问质疑的问题。

经过初步审查，对不符合招标文件的投标文件，按废标处理；对基本符合要求，但存在尚需投标者给予澄清的问题，招标工作班子应认真地整理出来，通知投标者进行书面回答，或当面会谈，进行询标质疑，相当于对投标文件进行答辩，国际上称为投标“澄清会议”。

在询标过程中，招标人的质疑、投标者的澄清均应书面记录，经双方法定代表人签字后成为招标、投标文件的补充条款。

（3）评标。

评标是一件复杂而又重要的工作，评标委员会应该坚持公正的态度，按预先确定的评标原则，一视同仁地对待每份合格的投标文件，从技术、工期、管理、服务、商务、法律等方面进行分析、评价。对每份投标文件都要写出书面分析资料和评价意见，拟写评价对比表和分析报告，选出2～3家预中标者的建议，供决标参考。

8. 决标、授标与签约

（1）决标。

世界银行等国外公开招标通用的决标办法是，只要投标文件是符合要求的，就选择评标价最低者中标。然而，单以报价定标会导致许多风险和后患，影响项目的顺利实施，我国颁布的相关法律中均规定要选出报价低而又合理的投标者中标。

评标委员会在听取招标工作班子口头汇报和分析初审时的评价对比表、分析报告的基础上，获取各种决标依据，评出一个技术合适、标价合理、服务优惠、质量和工期都有保证的最佳投标者为中标人。同时选定第二、第三位中标人作后补，以防第一中标人发生变故，依次顶替。

《投标者须知》中通常还有一条规定，即下列情况允许招标人拒绝全部投标：投标者少于三家，无竞争性；所有投标文件均未按招标文件要求编制；所有报价均大大偏离标底（一般比例为20%）。如果发现招标人出于私利故意拒标，应当追究其经济责任。

评标必须在投标文件有效期内结束，一般规定从开标到确定中标单位间隔时间不超过30天，如因故不能在预计时间内完成，需征得各投标者的同意。

（2）授标与签约。

招标人向中标人发出书面《中标通知书》被称为授标。招标单位应在评标委员会确定中标单位后两日内发出中标通知书，并在发出通知书之日起 15 日内与中标单位签订合同。合同价等于中标价。中标人如逾期未签或拒签合同，招标人有权没收其投标保证金，以补偿自己的损失。同时，通知第二中标人前来签约。

对未中标的单位，由招标单位通知其退回招标文件及有关资料，并退还其投标保证金，另外付给一定数额（300～1 000 元）的标书编制补偿费。标书编制补偿费在招标单位管理费中列支。如因招标单位的责任未能如期签约的，招标单位应双倍返还保证金，并保留中标单位的中标权。

招标项目的合同文本中应包括招标文件、投标文件、双方签字的开标记录、询标记录、来往函电资料。合同经双方法定代表签字、单位盖章后生效。至此招标工作结束，进入履约实施阶段。

3.2.3 投标的程序与工作内容

1. 投标的程序框架图

投标的基本程序如图 3－4 所示。

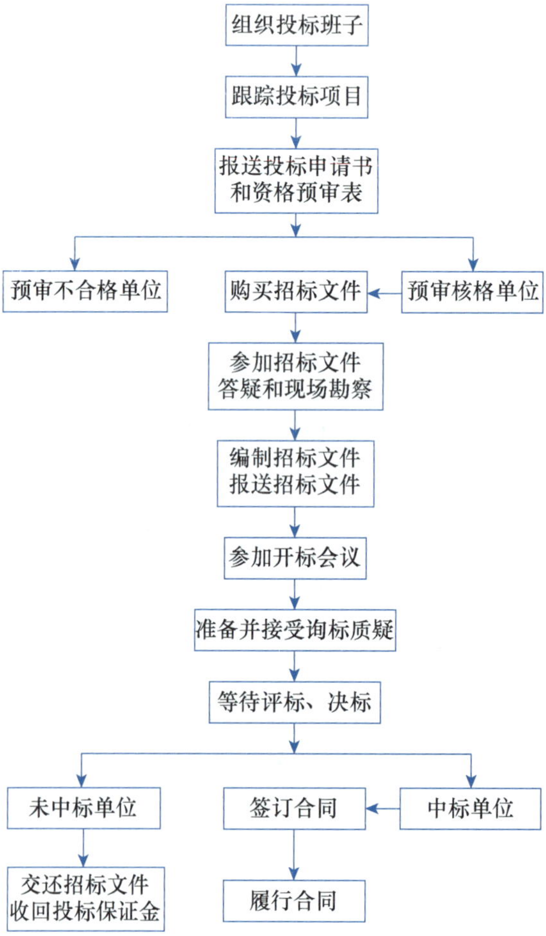

图 3－4 投标的程序框架图

2. 投标项目的选择和跟踪

投标是在竞争中承接任务的一种经济手段，在面临很多投标机会而本单位又无力全部参加时，究竟选择哪一个项目参加投标竞争，是投标前期的一项重要的工作。能否正确地选择投标项目，将直接影响到企业的利益、信誉、生存和发展。通常要进行投标可行性评价，慎重地选择那些能发挥本企业特长和优势，有一定利润率，能保证工期和满足质量要求的，并具有中标可能性的项目进行投标。

投标项目选定后，就要组织力量对该项目进行跟踪，了解项目的特点，摸准招标人对招标项目的特殊要求和意向，研究招标项目所在国家、地区的法律、税务和相关环境，及时了解其他投标者的竞争力和动向。在与招标人的交往中，应积极主动向对方宣传介绍本单位的优势，使招标方全面了解本单位的技术、管理、质量、服务、资信等方面的实力，以提高中标的概率。

3. 投标申请与购买招标文件

投标单位一旦决定了投标目标，就要向招标单位提出投标申请，报送资格预审表，并同时提供一套资料。如参加建筑安装投标的申请资料包括以下内容：营业执照，企业资质证书（外省市建筑安装企业还须出示施工许可证）；企业简历；自有资金情况；包括技术人员、技术工人数量的全员人数、平均技术等级；自有主要施工机械情况；近三年承建的工程及质量情况说明；现有主要施工任务一览表，包括在建和拟建工程项目。

投标者只有接到招标单位的资格预审通知或投标邀请时，才真正具备了参加该项目投标竞争的资格。投标者可以按招标公告上规定的时间、地点去购买招标文件。

4. 现场勘查

投标竞争是一项十分细微、复杂的工作。投标文件必须根据文件中规定的期限编制完成、送到指定地点，否则将被当作废标而失去中标机会。投标必须严格按照招标文件规定的内容、格式进行填写，其中实质性的报价必须确定得科学合理而又有竞争力。投标项目建设现场及其周围的地理、经济、政治、法律环境，往往在招标文件中表述不详，而这些因素又直接影响报价的高低，所以投标人有权要求招标人组织现场勘查。

只有在详细掌握了这些情况以后，才能采取有力措施，确定合理报价，参加投标竞争。

5. 投标文件的编制

（1）投标文件的基本内容。

不同类型的投标项目，投标文件的具体内容也不同，一般有以下几个方面的基本内容：法人代表授权委托书和营业执照副本；根据招标文件提供的格式填写的“投标书”；各种证明文件，如证明投标者具备投标资格并有能力履行合同的文件；货物或工程合格文件；根据招标文件提供的格式所填写的报价单和投标保证书；投标者认为要说明的事项。

（2）标价与报价的确定。

标价是指投标者对所要承接的任务，根据招标要求并参照概算所编制的内部价格。标价的产生一般要由粗到细分三步进行：第一步，根据招标文件的要求，凭经验做出估算；第二步，根据项目实际进行成本计算，含直接费、间接费、需分项计算的独立费以及其他费用等；第三步，找出保本点，找出风险系数及利润期望值，最后确定标价。

标价是投标报价的基础，但由于它没有考虑竞争因素，因此，还不能直接用作投标的报价。投标决策人应当估计、研究、分析招标单位标底范围和投标竞争对手报价范围，并根据本单位参与投标竞争的基本目标是盈利还是抢占市场，是为扩大影响、提高声誉，还是为今后扩大生产经营规模服务，来最后决定投标的报价。它是投标单位向招标单位申报的全部价款，是一种竞争价格，一经报出，不得更改。中标后报价则是向建设单位收取款项的依据。任何报价都是由项目成本、风险费和预期投标利润三部分组成。报价高低总体上受价值规律所支配。

（3）编制、报送投标文件的注意事项。

投标文件是表达投标者意志，体现投标单位总体素质、技术和管理水平的法律文件，是评标、决标的主要依据，必须精心编制。

1）严格按招标文件中规定的内容、式样和评标原则进行编制，争取投其所好。

2）内容完整，资料、证明文件要齐全，优质服务的措施要具体。

3）投标文件是面向招标人的宣言书，无论对方是否要求，都应主动宣传介绍本单位的历史，在资金、技术、管理、服务上的优势，介绍以往的业绩，提供嘉奖证明。

4）投标文件文字要整洁，装订要整齐，规格统一，要有汇总目录和分册目录，使人一目了然，有一个好印象。

5）采用双封套（内封套和外封套），在投标截止日期以前邮寄或派专人送到指定地点，过期到达的投标文件被视为无效。

投标文件一经送出就不能收回，如要撤回或修改，必须在投标截止日期之前将书面的撤回要求或修改内容送达接标人。在截止日期之后和投标有效期内，任何投标文件不得修改或撤回，否则将被没收投标保证金。

6. 询标答辩

在评标过程中，招标班子或评标委员会通常会要求投标者对投标文件中的技术、商务、报价计算等问题进行澄清和答辩。投标者若能充分利用这次机会，不仅能圆满回答招标方的问题，还能主动弥补投标文件的不足，因此，询标答辩是直接影响能否夺标的最后一搏。

（1）组织专而精的答辩小组。由于询标涉及承接项目技术、商务、售后服务等深层次的实质性的问题，应该挑选专业对口、业务精通的专业人员为宜，他们要既懂工程技术，又懂经济、法律，知识面广，能言善辩，并且要授予其拍板权，全权处理技术、商务、价格、交货期等问题。

（2）拟订答辩提纲。知己知彼方能应战自如。答辩小组成员应根据开标记录和项目跟踪时收集的情报，认真研究竞争对手的报价、特点、优势，预测招标人可能提出的问题，本单位投标文件的优势和劣势，拟订答辩提纲。其主要内容包括：进一步突出重点地介绍自己的优势；针对招标人可能提出的问题的解答方案；根据投标文件中的可变因素和留有的余地，在投标总价原则不变的前提下，做出分项目的调整或相应提价或降价；多种具体应变的方案，以备答辩过程中灵活掌握应用。

（3）随机应变，沉着应战。答辩中必须用词精炼、准确，要口齿伶俐，既机智应变，又谦虚诚恳。通过答辩为本单位树立人才辈出、经营有方、可以依赖的良好形象，以赢得招标人、业主、评标委员们的好感，从而奠定中标的基础。

3.3 经济效果评价指标与项目方案的选择

通常情况下，备选方案的相互关系可分为如下三种类型：

（1）互斥型。其特点是诸方案之间具有互斥性，在多方案当中只能选择一个，其余方案必须放弃，不能同时存在。互斥型诸方案的效果之间不具有加和性。

（2）独立型。作为评价对象的各个方案的现金流是独立的，不具有相关性，且任一方案的采用与否都不影响其他方案是否采用的决策。独立型方案的效果之间具有加和性。

（3）混合型。这是互斥型与独立型的混合情况。即在有限的资源约束下有几个相互独立的投资方案，在这些方案中又分别包含着若干互斥型方案。

在不同的方案类型中，经济比较的宗旨只有一个：最有效地分配有限的资金，以获得最大的经济效益。重要的是根据不同的方案类型，正确地选择和使用评价指标。

3.3.1 经济效果评价指标

经济效果评价指标是多种多样的，它们从不同的角度反映项目的经济性。这些指标主要可以分为三大类：第一类是反映货币量大小的价值型评价指标，例如净现值、净年值、费用年值等绝对经济指标；第二类是反映资金使用效率的效率型评价指标，如投资利润率、投资利税率、资本金利润率、内部收益率、净现值率等相对经济指标；第三类是反映时间长短的时间型评价指标，如静态投资回收期、动态投资回收期等。这三类指标从不同的角度说明项目的经济性，各自有应用范围和条件，不能随便乱用。我们可以根据实际的投资条件，选用合适的评价指标，从而使经济效果的评价更科学、更准确。

经济效果评价指标按照是否考虑资金的时间价值，可以分为静态评价指标和动态评价指标两种。不考虑资金时间价值的评价指标称为静态评价指标；考虑资金时间价值的评价指标称为动态评价指标。静态评价指标的计算简单、直观，但由于评价时没有考虑资金的时间价值，因而精确性较差。这种指标一般用于技术经济数据不完备、不需要精确计算的项目初选阶段。动态评价指标的计算，由于考虑了资金的时间价值，因而计算科学、精确，这种指标用于项目最后决策前的可行性研究阶段。

下面根据不同条件下的投资方案所采用的不同的评价指标进行介绍。

1. 静态评价指标

对投资项目进行财务评价时，若不考虑资金的时间价值，称为静态经济效果评价。常用的静态评价指标主要有静态投资回收期、投资利润率、投资利税率、资本金利润率、年费用等。这里重点介绍前两种评价指标。

（1）静态投资回收期。

静态投资回收期是指用项目的净收益回收全部投资所需要的时间。它是在财务上考察项目投资回收能力的主要静态评价指标。静态投资回收期（以年表示）一般从建设开始之年算起，如果从投产之年算起，应予以注明。其表达式为：

$$\sum_{t=0}^{P_t}(C_I-C_O)_t=0$$

其中：C_I 为年现金流入；C_O 为年现金流出；$(C_I-C_O)_t$ 为 t 年的净现金流量；P_t 为静态投资回收期。

静态投资回收期可根据财务现金流量表中累计净现金流量计算求得。其计算公式为：

$$\text{静态投资回收期}=(\text{累计净现金流量开始出现正值年份数}-1)+\frac{\text{上年累计净现金流量绝对值}}{\text{当年净现金流量}}$$

在财务评价中，把求出的静态投资回收期（P_t）与行业的基准投资回收期（P_c）比较，如果 $P_c \geqslant P_t$，表明能在规定的时间内收回投资，项目可行；如果 $P_c < P_t$，表明不能在规定的时间内收回投资，项目不可行。

课堂讨论 3-3

某建设项目的各年现金流量见表 3-1，如果基准投资回收期为 10 年，问此项目是否可行？

表 3-1　某项目的现金流量　（单位：万元）

t	0	1	2	3	4	5	6	7	8	9	10
R	−180	−240	−330	50	100	150	150	150	150	150	150

解：该项目的累计净现金流量见表 3-2。

表 3-2　某项目的累计净现金流量　（单位：万元）

t	0	1	2	3	4	5	6	7	8	9	10
R	−180	−240	−330	50	100	150	150	150	150	150	150
累计	−180	−420	−750	−700	−600	−450	−300	−150	0	150	300

由表 3-2 可知，项目投资回收期为 8 年，小于基准投资回收期 10 年，项目可行。

静态投资回收期是反映项目财务清偿能力的重要指标。它概念清晰、简单易用，是项目评价中广泛应用的辅助性指标。但是，由于没有考虑资金的时间价值，又舍弃了回收期以后的收入和支出的资料，因而投资回收期不能全面反映项目在寿命期内的真实效益，如果采用静态投资回收期作为评价指标，可能导致错误的结论。

（2）投资利润率。

投资利润率是指项目达到生产设计能力后的一个正常生产年份的年利润总额与总投资额的比率。它是考察项目单位投资盈利能力的静态指标。对生产期内各年的利润总额变化较大的项目，可计算生产期内年平均利润总额与项目总投资额的比率。其计算公式为：

$$投资利润率=\frac{年利润总额或年平均利润总额}{项目总投资额}\times 100\%$$

投资利润率可根据损益表中的有关数据计算求得。在财务评价中，将投资利润率与行业平均利润率相比，以判别项目单位投资盈利能力是否达到本行业的平均水平。

2. 动态评价指标

动态经济效果评价方法不仅考虑资金的时间价值，而且以项目的整个寿命期作为经济分析的对象，因此，动态评价方法比静态评价方法更精确、更科学。动态评价指标有动态投资回收期、净现值和净现值率、净年值和净年值率、内部收益率、费用现值和费用年值等。这里我们重点介绍以下几种指标：

（1）动态投资回收期。

动态投资回收期弥补了静态投资回收期没有考虑资金的时间价值这一缺点，使其更符合实际情况。动态投资回收期一般从建设开始年算起，其表达式为：

$$\sum_{t=0}^{P'_t}(C_I-C_O)_t(1+i)^{-t}=0$$

其中，P'_t为动态投资回收期。

$$动态投资回收期=(累计净现金流量折现值开始出现正值年份数-1)+\frac{上年累计净现金流量折现值的绝对值}{当年净现金流量折现值}$$

设基准动态回收期为 P_c，如果 $P'_t<P_c$，则项目可行；否则不可行。

动态投资回收期是反映项目在财务上偿还能力的重要经济指标，除特别强调项目偿还能力的情况外，一般只作为方案选择的辅助指标。

（2）净现值。

净现值（NPV）指标是对方案进行动态评价的重要指标之一。计算方案寿命期内每年发生的现金流量，并按一定的折现率将各年的净现金流量折现到同一时点（通常为期初）后各年现值的代数和就是净现值。其表达式为：

$$NPV=\sum_{t=0}^{n}(C_I-C_O)_t(1+i_c)^{-t}$$

式中：C_I 为年现金流入；C_O 为年现金流出；$(C_I-C_O)_t$为 t 年的净现金流量；n 为方案寿命期；i_c为基准折现率（基准收益率）。

$NPV>0$ 表示方案不仅实现了基准收益率，回收了投资，而且还有额外盈余，方案可行；$NPV=0$ 表示投资方案实现了基准收益率，回收了投资，达到了预定的目标，方案也可行；$NPV<0$ 表示投资方案实现不了基准收益率，不但不能回收原有的投资，而且还有亏损，方案不可行。

因此，就单个方案而言，方案评价的标准为：$NPV\geqslant0$，方案可行；$NPV<0$，方案不可行。

课堂讨论 3-4

某建设项目的各年现金流量见表 3-3，如果基准收益率为 10%，问此项目在经济上是否可行？

表 3-3 某项目的现金流量 （单位：万元）

t	0	1	2	3	4	5	6	7	8	9	10
R	−100	−500	−200	150	200	200	200	200	200	200	200

该项目的净现值为：

$$NPV=200(P/A,10\%,7)(P/F,10\%,3)-100-500\times0.9091$$
$$-200\times0.8624+150\times0.7513=125.06(\text{万元})$$

由于 $NPV=125.06>0$，所以项目可行。

（3）净现值率。

净现值率（$NPVR$）又称净现值比、净现值指数，它是净现值与投资现值之比，表示单位投资所得的净现值。净现值率小，单位投资的收益就低；净现值率大，单位投资的收益就高。其计算公式为：

$$NPVR=\frac{NPV}{I_p}$$

其中，I_p为投资额 I 的现值。

判断方案是否可行的依据跟净现值法一样。$NPVR\geqslant0$，方案可行；$NPVR<0$，方案不可行。

（4）内部收益率。

在所有的经济评价指标中，除了净现值之外，内部收益率是另一个最重要的评价指标。它是指使项目净现值为零时的折现率，记为 IRR，其表达公式为：

$$\sum_{t=0}^{n}(C_{\mathrm{I}}-C_{\mathrm{O}})_t(1+IRR)^{-t}=0$$

内部收益率是方案自己所固有的，它是反映方案投资盈利能力的一项重要经济指标，在方案投资和收益确定后，方案的内部收益率也确定了下来。内部收益率越大，方案的盈利能力就越大。

应用 IRR 对单个项目进行经济评价的判别准则是：若 $IRR\geqslant i_c$，则认为项目在经济上是可以接受的；若 $IRR<i_c$，则项目在经济上应予以拒绝。

课堂讨论 3-5

已知某方案第一年年初和第一年年末分别投资 1 000 万元、800 万元，第二、三、四年年末均获净收益 500 万元，第五年年末净收益为 800 万元，试计算方案的内部收益率（折现系数取三位小数）。

解：采用试算法。

先取 $r_1=12\%$，则有：

$$NPV_1=-1\,000-800\times(1+12\%)^{-1}+500\times(1+12\%)^{-2}+500\times(1+12\%)^{-3}+500\times(1+12\%)^{-4}+800\times(1+12\%)^{-5}=46.98(\text{万元})$$

由于 $NPV_1>0$，故提高折现率，令 $r_2=14\%$，则有：

$$NPV_2=-1\,000-800\times(1+14\%)^{-1}+500\times(1+14\%)^{-2}+500\times(1+14\%)^{-3}+500\times(1+14\%)^{-4}+800\times(1+14\%)^{-5}=-59.34(\text{万元})$$

应用线性插值公式，有：

$$\text{IRR}=r=r_1+(r_2-r_1)\frac{NPV_1}{NPV_1+|NPV_2|}$$

$$=12\%+(14\%-12\%)\times\frac{46.98}{46.98+|-59.34|}=12.88\%$$

3.3.2　互斥方案的比较与选择

互斥方案的评价包括两部分内容：一是考察哪个方案相对最优，用增量分析法进行相对效果检验；二是考察相对最优方案自身的经济效果，进行绝对效果检验。

你的项目能盈利吗?

1. 寿命期相等的互斥方案比选的增量分析法

（1）增量分析法。

投资方案比选的实质是判断增量投资（差额投资）的经济合理性，即投资大的方案相对于投资小的方案多投入的资金能否带来满意的增量收益。

增量分析法是通过计算增量净现金流量评价增量投资经济效果的方法。它将各互斥方案按照从小到大的顺序排列，从投资最小的方案开始，求出它与其紧后的投资较大的方案的净现金流量之差，即差额净现金流量。根据差额净现金流量，利用某项指标的计算公式求出相应的指标值，这个指标在这里称为差额指标。然后将该差额指标同相应的检验标准进行比较，根据检验结果选择较优方案，再用这个较优方案同其紧后的投资规模更大的方案进行同样对比，如此顺序进行两两方案的比选，逐个淘汰，最后余者为最优方案。

（2）增量分析指标及其应用。

1）差额净现值（ΔNPV）。设 A、B 为投资额不等的互斥方案，A 方案比 B 方案投资大，两方案的差额净现值可由下式求出：

$$\begin{aligned}\Delta NPV_{B\to A} &= \sum_{t=0}^{n}[(C_{IA}-C_{OA})_t-(C_{IB}-C_{OB})_t]\times(1+i_0)^{-t} \\ &= \sum_{t=0}^{n}(C_{IA}-C_{OA})_t\times(1+i_0)^{-t}-\sum_{t=0}^{n}(C_{IB}-C_{OB})_t\times(1+i_0)^{-t} \\ &= NPV_A-NPV_B \end{aligned} \tag{3-1}$$

评价准则：$\Delta NPV\geqslant 0$，表明增量投资有满意的增量效益，投资（现值）大的方案被接受；$\Delta NPV<0$，表明增量投资无满意的增量效益，投资（现值）小的方案被接受。

由式（3－1）可见，用增量分析法计算两方案的差额净现值与分别计算两方案的净现值所得评价结论是一致的。因此对于互斥型方案，可以直接比较备选方案的净现值，净现值最大且非负者为最优方案。

对于仅有或仅需计算费用现金流的互斥方案，一般情况下不需要进行增量分析，只需要计算各方案费用现值或费用年值。费用现值或费用年值最小的方案为最优方案。

2）差额内部收益率（ΔIRR）。差额内部收益率是使两互斥方案差额净现值为零时的折现率。即

$$\sum_{t=0}^{n}(\Delta C_I-\Delta C_O)_t(1+\Delta IRR)^{-t}=0 \tag{3-2}$$

差额内部收益率亦可理解为使两方案净现值（净年值）相等时的折现率。即

$$\sum_{t=0}^{n}(C_{IA}-C_{OA})_t\times(1+\Delta IRR)^{-t}=\sum_{t=0}^{n}(C_{IB}-C_{OB})_t\times(1+\Delta IRR)^{-t} \tag{3-3}$$

评价准则：$\Delta IRR\geqslant i_0$，投资（现值）大的方案被接受；$\Delta IRR<i_0$，投资（现值）小的方案被接受。

差额内部收益率用于费用型方案时，把增量投资导致的对其他费用的节约看成增量收益，即可按照式（3－2）或式（3－3）求差额内部收益率。

课堂讨论 3－6

某投资项目有两个互斥的备选方案 A、B，其现金流量见表 3－4，设 $i_0=12\%$，试分别用差额净现值及差额内部收益率指标进行方案选优。

表 3－4　互斥方案 A、B 的净现金流量　（单位：万元）

年末	0	1	2～10
方案 A 的净现金流量	−280	45	55
方案 B 的净现金流量	−180	25	35
方案 A、B 的差额净现金流量	−100	20	20

解：

(1) 差额净现值法。

$$\Delta NPV_{B\to A}=[(-280)-(-180)]+(45-25)\times(P/F,12\%,1)+(55-35)\times(P/A,12\%,9)\times(P/F,12\%,1)=13.01(万元)>0$$

说明 A 方案相对于 B 方案而言，其增量投资是正效益，故 A 方案优于 B 方案。

(2) 差额内部收益率法。

$$\Delta NPV_{B\to A}=-100+20\times(P/A,\Delta IRR_{B\to A},10)=0$$

所以，$(P/A,\ \Delta IRR_{B\to A},\ 10)=5$。

由于 $(P/A,\ 12\%,\ 10)=5.650>(P/A,\ \Delta IRR_{B\to A},\ 10)=5$，故 $\Delta IRR_{B\to A}>12\%$，因此 A 方案优于 B 方案。

而 $NPV_A=-280+45\times(P/F,\ 12\%,\ 1)+55\times(P/A,\ 12\%,\ 9)\times(P/F,\ 12\%,\ 1)=21.84$（万元）

由于 $NPV_A>0$，故 A 方案可行，因此可选择 A 方案。

资料来源：林晓言，王红梅．技术经济学教程．北京：经济管理出版社，2003.

2. 寿命期不同的方案比较

对于寿命期不同的建设项目方案比较，有以下几种方法：

(1) 用净年金法进行方案比较。该法是先计算各备选方案净年值：

$$NAV_j=\sum_{t=0}^{n_j}[(C_{Ij}-C_{Oj})_t\times(P/F,i_0,t)]\times(A/P,i_0,n_j) \tag{3-4}$$

其中，$j=1,\ 2,\ \cdots,\ K$；K 为备选方案的个数。

取净年值最大且非负的方案为最优方案。

(2) 寿命期最小公倍数法。在许多情况下，被比较的几个投资方案的寿命往往是不同的。此时，不同方案的比较就有些复杂。为了比较这类使用寿命不同的方案，可使各方案的现金流量以它们使用寿命最小公倍数来估算，从而使之具有时间上的可比性。但是，实际中未来的情况很难预测得十分准确，因此，人们处理这类问题时，通常采用重复型更新假设。

(3) 合理分析期法。根据对未来市场状况和技术发展前景的预测，直接选取一个合理的分析期。寿命期短于此分析期的方案重复实施，并对各方案在分析期末的资产余值进行估价，到分析期结束时回收资产余值。在备选方案寿命期比较接近时，一般取最短的方案寿命期作为分析期。

(4) 核定资金法。一般情况下，项目的使用寿命是有限的。但有些工程项目，如修建铁路、筑坝、兴建运河等，其服务年限很长，可被看作永久性工程。对这种永久性工程设施的等额年费用或等额年收益可计算其核定资金，即项目在无限分析期内等额年费用或等额年收益的折算现值。即：

$$P=\lim A\times(P/A,i,n)=A\times\lim[(1+i)^n-1]/[i\times(1+i)^n]=A/i$$

课堂讨论 3-7

某公司欲购设备一台，现有两种购买方案，其经济指标见表 3-5。设折现率为 6%，试分别用寿命期最小公倍数法和净年金法进行方案选择。

表 3-5　两种方案的经济指标　（单位：万元）

设备	购置费	年收益	使用年限	残值
A	100	35	5 年	10
B	300	55	10 年	30

解：两种方案的净现金流量如图 3-5 所示。

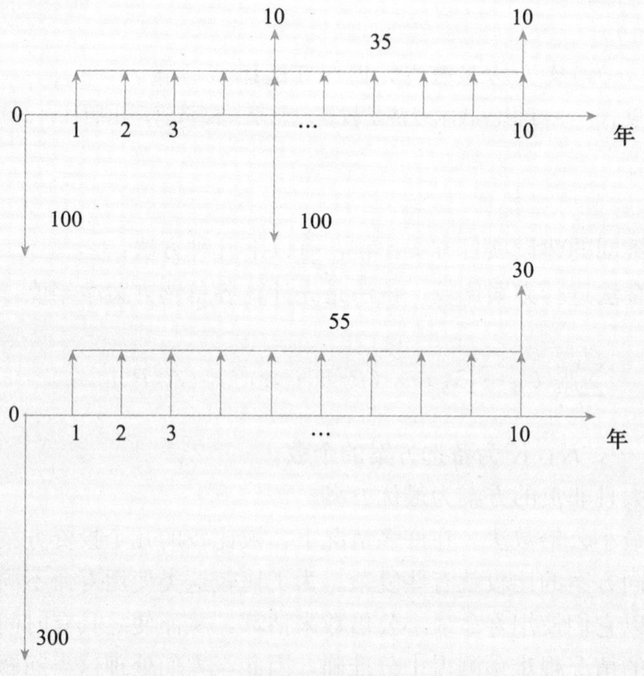

图 3-5　两种方案的净现金流量

（1）寿命期最小公倍数法：两方案的最小公倍数仅为 10 年，这意味着 A 设备在 5 年之后还必须再购买一台同样设备。

$$\begin{aligned}NPV_A&=35\times(P/A,6\%,10)+10\times(P/F,6\%,10)\\&\quad+10\times(P/F,6\%,5)-100-100\times(P/F,6\%,5)\\&=95.93(\text{万元})\end{aligned}$$

$$NPV_B=55\times(P/A,6\%,10)+30\times(P/F,6\%,10)-300$$
$$=121.55(万元)$$

由此可见，$NPV_B>NPV_A$，故由寿命期最小公倍数法可选B方案。

(2) 净年金法：

$$NAV_A=-100\times(A/P,6\%,5)+35+10\times(A/F,6\%,5)=13.03(万元)$$
$$NAV_B=-300\times(A/P,6\%,10)+55+30\times(A/F,6\%,5)=16.52(万元)$$

由此可见，$NAV_B>NAV_A$，故由净年金法可选择B方案。

由"课堂讨论3-7"中的例子可知，当两个投资方案寿命期不同时，可以只计算一个寿命周期内的净年金加以比较，其结果与预先求两个方案寿命的最小公倍数，再求出相同年限的净现值比较是相同的。

3.3.3 独立方案的选择

在存在资金约束的条件下，多个相互独立项目的经济评价不能简单地采用一个评价准则，如用 NPV 来决定排序和取舍。一种简便的方法是把所有的可行的投资项目的组合列出来，每个组合都代表一个满足约束条件的项目总体中相互排斥的一个方案，这样我们就可以利用前述的互斥方案的经济评价方法，选出最好的组合。

课堂讨论3-8

有三个方案A、B、C（相互独立），各方案的投资及年净收益见表3-6，方案寿命期为5年。已知总投资限额是30 000元。设基准折现率为15%，应当如何选择方案？

表3-6 三个方案的投资及年净收益 （单位：元）

方案	投资（生产期初）	年净收益
A	12 000	4 300
B	10 000	4 200
C	17 000	5 800

解：方案A、B、C的各种可能组合见表3-7。

表3-7 三个方案的各种可能组合 （单位：元）

序号	方案	总投资额	净现值
1	A	12 000	2 413.6
2	B	10 000	4 078.4
3	C	17 000	2 441.6
4	AB	22 000	6 492
5	AC	29 000	4 855.2
6	BC	27 000	6 520
7	ABC	39 000	8 933.6

由表 3－7 可知，在所有方案组合中，ABC 投资超过 30 000 元，故这种组合不可取。在剩余的组合中，以 BC 净现值最大，故最优组合为 BC，即同时选择 B 与 C 方案。

3.3.4 混合型方案的选择

对于一个采用多种战略或拥有多个分公司的企业，其投资方案不止一个。不同的投资方向之间的业务是相互独立的。而对每个投资方向而言，可能有不止一个可供选择的方案，这些方案之间是互斥关系。所有的这些投资方向中的备选方案为混合型方案。如图 3－6 所示，1、2、3 和 4 是四个相互独立的投资方向，A_1、B_1 与 C_1，A_2、B_2 与 C_2，A_3、B_3 与 C_3，A_4、B_4 与 C_4 是三组互斥方案。混合型方案是实际中常遇到的一类问题，其选择方法复杂。

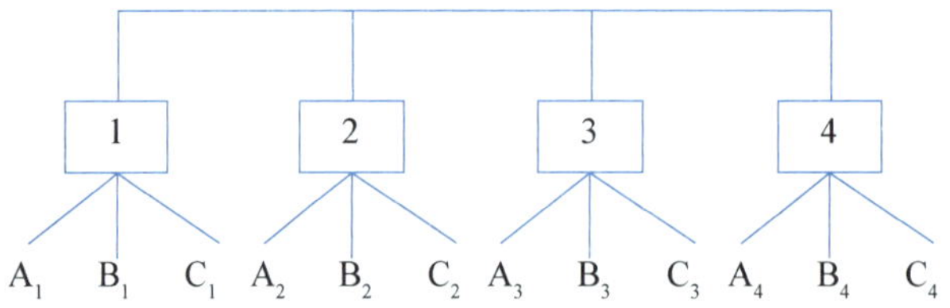

图 3－6 混合型方案示意

课堂讨论 3－9

某铁路局下属有 A、B、C 三个分局，各分局都向铁路局提出了若干个技术改造方案，见表 3－8。

表 3－8 各分局的技术改造方案 （单位：万元）

分局	方案	初始投资	年净收益
A	A_1	100	38
	A_2	200	69
	A_3	300	88
B	B_1	100	19
	B_2	200	55
	B_3	300	75
	B_4	400	92
C	C_1	200	86
	C_2	300	109
	C_3	400	154

已知各分局之间是相互独立的，但分局内部的投资方案是互斥的。假定各方案的寿命均为 8 年。设贴现率 $i=15\%$，试在下列资金限制下，从整个铁路局的角度做出最优决策：

资金限制（a）600万元；（b）800万元；（c）400万元。

解：首先计算各分局方案之间的差额内部收益率。本题中令不同方案的净年金相等，即可解出差额内部收益率如下：

A分局：$\Delta IRR_{0\to A_1}=35\%>15\%$，$\Delta IRR_{A_1\to A_2}=26\%>15\%$，$\Delta IRR_{A_2\to A_3}=10\%<15\%$；

B分局：$\Delta IRR_{0\to B_1}=11\%<15\%$，$\Delta IRR_{B_1\to B_2}=22\%>15\%$，$\Delta IRR_{B_2\to B_3}=12\%<15\%$，$\Delta IRR_{B_3\to B_4}=7\%<15\%$；

C分局：$\Delta IRR_{0\to C_1}=40\%>15\%$，$\Delta IRR_{C_1\to C_2}=16\%>15\%$，$\Delta IRR_{C_2\to C_3}=42\%>15\%$。

B分局：$\Delta IRR=11\%<15\%$，$\Delta IR=22\%>15\%$，$\Delta IR=12\%<15\%$，$\Delta IR=7\%<15\%$；

C分局：$\Delta IRR=40\%>15\%$，$\Delta IR=16\%>15\%$，$\Delta IR=42\%>15\%$。

按差额内部收益率的大小确定各方案的优先顺序。将各分局的方案合在一起，按差额内部收益率由高至低排列起来，如图3-7所示。据此可得出在不同资金限制下的最优选择。

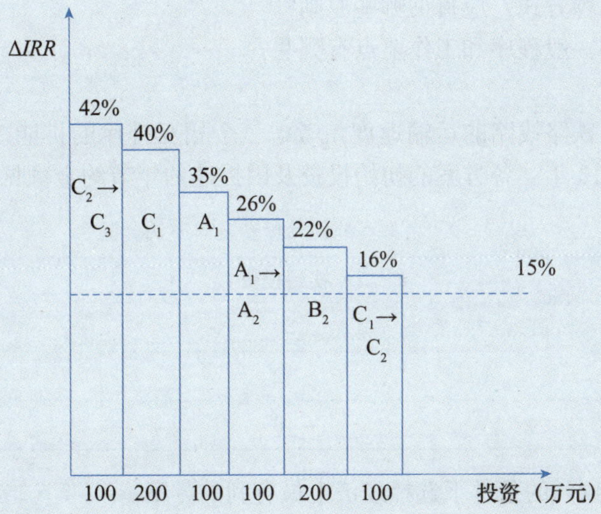

图3-7　混合方案的优先顺序

由图3-7可知：

当资金限制为600万元时，应选A_2、B_0（即B分局不投资）、C_3；

当资金限制为800万元时，应选A_2、B_2、C_3；

当资金限制为400万元时，应选A_2、B_0、C_1。

在某些更复杂的情况下，方案之间的关系会比上述情况更为复杂，方案之间不仅是独立或互斥关系，可能还会有依存关系、互补关系存在。对于这种复杂的方案相关情况常采用Weingarner模型分析处理，该模型的目标函数是净现值最大。它将影响方案相关性的因素具体分为以下几种：

（1）资源数量限制。

（2）方案之间的互斥性。

（3）方案之间的依存性。

（4）方案之间的紧密互补关系。

（5）方案之间的非紧密互补关系。

在具体分析时，由方案之间的相关关系确定可能的方案组合，这些不同的方案组合之间形成互斥关系，以净现值最大为目标选择最优方案组合。

思考与练习

一、复习思考

1. 项目的选择应该注意什么问题？

2. 招标投标作为一种特殊的商品交易方式，具有哪些特征？

3. 我国推行招投标制和政府采购制有什么意义？

4. 招标有哪几种方式？应贯彻哪些原则？

5. 招标投标的一般程序和工作要点有哪些？

二、能力训练

1. 为了提高某铁路线路的运输速度，考虑三个相互排斥的扩能改造方案。三个方案的寿命年限均为10年。各方案的初始投资及因提速的年节约金额见表3-9。

表3-9　各方案的初始投资及年节约金额　（单位：万元）

方案	初始投资	年节约金额
A	20	5.8
B	30	7.8
C	40	9.2

试在折现率为12%的条件下选择经济上最有利的方案。

2. 表3-10为两个互斥方案的净现金流量，试分别用寿命期最小公倍数法和净年金法选择最佳方案。

表3-10　两个互斥方案的净现金流量　（单位：万元）

年末	0	1	2	3	4	5
A	−300	95	95	95	95	95
B	−100	43	43	43		

3. 已知有一年产量为80万吨的钢铁厂，其设备投资额为7 200万元，某企业拟建设投产120万吨的钢铁厂，工程条件和上述装置类似，生产能力指数 $n=0.6$，综合调整系数 $CF=1.2$，请分别用单位生产能力估算法和生产能力指数法估算该项目的工程造价。

4. 某项目工艺设备及其安装费用估计为1 500万元，厂房土建费用估计为3 600万元，参照类似项目的统计资料，设备投资系数为1.52，厂房土建投资系数为1.06，其他有关费用为540万元，请用设备及厂房系数法估算该项目的工程造价。

5. 某总承包企业拟开拓国内某大城市工程承包市场。经调查，该市目前有A、B两个BOT项目将要招标。两个项目建成后经营期限均为15年。

为了顺利进行投标，企业经营部将把该市投标全过程按先后顺序分解为以下几项工作：（1）投标申请；（2）接受资格审查；（3）领取招标文件；（4）参加投标预备会；（5）参加现场勘察；（6）编制投标文件；（7）编制项目可行性研究论证报告；（8）投送投标文件；（9）投标文件内容说明与陈述；（10）参加开标会议；（11）签订合同。

经进一步调研，收集和整理出A、B两个项目投资与收益数据，见表3-11。

表3-11　A、B项目投资与收益数据　（单位：万元）

项目名称	初始投资	运营期每年收益		
		第1～5年	第6～10年	第11～15年
A项目	10 000	2 000	2 500	3 000
B项目	7 000	1 500	2 000	2 500

基准折现率为6%，资金时间价值系数见表3-12。

表3-12　资金时间价值系数

n	5	10	15
（P/F，6%，n）	0.747 4	0.558 4	0.417 3
（P/A，6%，n）	4.212 3	7.360 1	9.712 2

问题：

（1）经营部拟订的各项投标工作的先后顺序有何不妥？

（2）不考虑建设期的影响，分别列式计算A、B两个项目总收益的净现值。

（3）据估计，投A项目中标概率为0.7，不中标费用损失80万元；投B项目中标概率为0.65，不中标费用损失100万元。若投B项目中标并建成经营5年后，可以自行决定是否扩建，如果扩建，其扩建投资4 000万元，扩建后B项目每年运营收益增加1 000万元。按以下步骤求解该问题：

1）计算B项目扩建后总收益的净现值；

2）将各方案总收益净现值和不中标费用损失作为损益值，绘制投标决策树；

3）判断B项目在5年后是否扩建？计算各机会点期望值，并做出投标决策。

三、教学做一体化课业

项目评价及报告撰写

【课业目标】

通过本课业，学生应：

- 通过项目立项、财务评价及市场分析对项目进行综合评价。
- 根据范本完成项目可行性研究报告的市场分析及预测和后面的财务评价内容。

【课业方式】

通过前面对课业的分析，完成可行性研究报告所要求的内容的编写。

【课业内容及步骤】

- 根据所给范本设计自己所立项目的各项资料。
  - 撰写可行性研究报告所要求的内容；
  - 要求上交格式完整的打印版可行性研究报告；
  - 要求分工明确。

【课业评价】

项目	优秀（10分）	良好（8分）	合格（6分）	不合格（4分以下）	个人得分
可行性研究报告	内容完整，设计合理，指标计算正确，格式符合要求	内容完整，格式上稍有欠缺，财务评价上有欠缺，设计基本合理	内容完整，格式没有经过排版，财务评价部分错误或者太少，设计存在缺陷	内容不完整，格式没有经过排版，财务评价以及后面部分存在明显缺陷	

项目	优秀（5分）	良好（4分）	合格（3分）	不合格（2分以下）	个人得分
课业报告汇报	报告清晰，能够阐明本组报告的主要内容，时间掌握合理，且为主要报告者或者报告撰写者	报告清晰，能够阐明本组报告的主要内容，时间掌握合理，且为主要参与者	报告基本清晰，本组报告内容阐述基本合理，为主要参与者	报告准备不足，且没有阐明本组报告的主要内容	

课业内容

班级小组组长：____________________

组员：____________________

报告编制分工

部分一撰写人：____________________

部分二撰写人：____________________

部分三撰写人：____________________

部分四撰写人：____________________

部分五撰写人：____________________

部分六撰写人：____________________

报告汇报分工

部分一完成人：________________

部分二完成人：________________

部分三完成人：________________

部分四完成人：________________

部分五完成人：________________

部分六完成人：________________

模块 4
项目计划管理与变更

学习目标

- **能力目标**

能够设置和准确描述项目的目标；
能够确定项目范围；
能够对项目进行工作分解，会绘制工作分解结构；
熟悉制订项目管理计划的步骤，了解项目管理计划制订的原则。

- **知识目标**

理解项目目标的重要性及描述原则；
理解项目的目标管理的含义及基本要素；
了解工作分解结构的表现形式；
了解确定项目范围的意义；
了解项目管理计划的原则、步骤、形式和制订程序。

学习重点与难点

项目目标的设置和描述；
项目范围的确定；
构建工作分解结构和绘制工作分解结构图表；
项目变更产生的原因和项目变更控制系统。

案例导入

凡事预则立，不预则废

——好的计划是成功的一半

ABC 公司邀请有十多年企业流程工作经验的周先生作为顾问专家，帮助企业进行业务流程梳理和改进。周先生到 ABC 公司各个职能部门摸底调查，并依据调查情况撰写了业务流程诊断报告。其中详细说明了企业在日常运行中业务流程方面的问题，主要表现有 ERP 系统新增物料审核不清、工程设计请求与变更跟踪不力、质检不合格物料解决问题相互推诿、售后部门经常无计划地领用生产订单用的紧急物料等。

总经理看了报告后，非常认同报告中描述的问题，并授意周先生负责此项目。周先生根据业务流程管理的经验，觉得自己应该作为外部支持人员，以顾问专家的身份参与到项目中更加适合，不适合作为项目经理，因此要求总经理从内部委派一个项目经理。总经理让信息部主管做周先生的助理。带着总经理的信任，周先生无奈地答应作为项目经理参与到业务流程梳理与改进中。

周先生组建了以各职能部门经理为核心成员的项目团队，并制定了项目制度，明确了相互的职责。项目初期进展比较顺利，召集各职能部门经理讨论并通过了诊断报告中详细描述的关键流程，如 ERP 系统的新增物料流程、工程设计变更请求和通知等。但执行过程中各部门人员没有统一的目标和方向，也没有详尽可行的计划作为行动的依据和标杆，使得执行周期一拖再拖，工作效率极其低下，严重影响工作的进行。项目团队成员发现了这些问题，希望实现流程的自动化来提高效率。项目团队经开会研究，认为这样有利于提高工作效率和流程的执行，于是周先生将此事提交总经理批准。总经理以没有相关预算为由拒绝了申请，流程自动化自然就没搞成。由于种种原因，流程启动是轰轰烈烈地开始，最后的结果是不了了之。

这样的故事不仅在 ABC 公司发生，其实不少中小制造企业都有类似的案例。主要原因不是总经理没有相关的预算而拒绝实现流程自动化，而是因为没有一个好的计划涵盖业务流程项目需要达到的目标、达到目标所需要的资源。如果周先生在得到授意后，制订一个完整的项目计划，并得到总经理的批准，可能项目就不会这么草草收场。

俗话说，好的计划是成功的一半。业务流程的项目计划直接关系到业务流程管理项目的成败。

资料来源：褚四斌．做好规划是成功的一半．中国计算机用户，2007（6）．

理论知识

4.1 项目目标

4.1.1 项目目标的含义及特性

目标是个体、团队或者组织期望实现的结果，它提供了决策和努力的方向，是一种衡量的标准。因此，目标通常被视为工作计划的基础。项目目标的确定是项目起始阶段的一个重要问题。

1. 项目目标的含义

项目目标，即实施项目所要达到的期望结果。

项目与企业的日常活动不同：项目通常是具有一定期望产出结果的一次性活动，即任何项目都是要解决一定的问题，达到一定的目标。因此，项目的实施实际上就是一种追求目标进而实现目标的过程。因此，项目目标应该是清楚定义的、可以最终实现的目标。

2. 项目目标的特性

项目目标具有如下三个特性：

(1) 多元性。一个项目，其目标往往不是单一的，而是由多个目标组成的一个目标系统。一般情况下，时间、成本和性能是任何项目都具备的三个基本目标。然而，这三个基本目标之间往往存在一定的冲突。例如，时间的缩短通常要以成本的提高为代价，而时间及成本投入的不足又会影响性能的实现，因此，三者之间需要权衡，如图 4-1 所示。

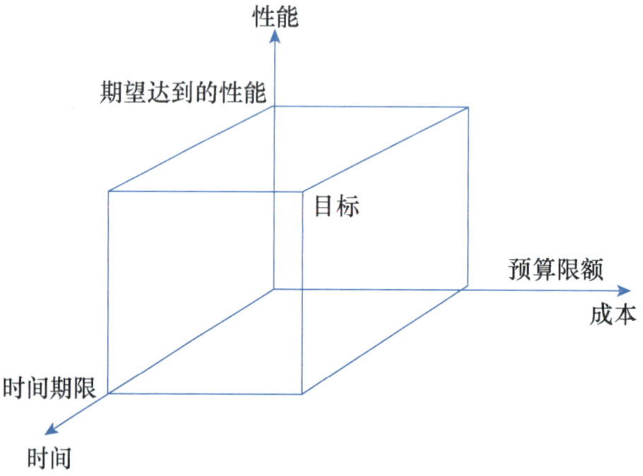

图 4-1　项目的三个基本目标

(2) 优先性。项目是一个多目标的系统，不同层次的目标，其重要性必不相同，通常被赋予不同的权重。这种优先权重对项目经理的管理工作有一定的指导作用。此外，不同的目标在项目寿命周期的不同阶段，其权重也经常会发生变化。例如，功能、成本、时间作为项目的三个基本目标，是项目在其寿命周期过程中始终追求的目标，但其权重在项目寿命周期的不同阶段却不相同，性能是项目初始阶段主要考虑的目标，成本是项目实施阶段主要考虑的目标，而时间往往在项目终止阶段显示出迫切性。另外，不同类型的项目，目标的优先顺序也是不同的。例如，对于 R&D (Research and Development，研究与开发)，会更加注重项目性能的实现，而且有时为了追求性能的实现，宁愿以时间或成本为代价。

(3) 层次性。目标的描述需要由抽象到具体，因此，我们通常把一组意义明确的项目目标按其意义和内容表示为一个递阶的层次结构。

项目目标被视为具有层次性的目标系统，通常表达为三个层次，即战略性目标、策略性目标和项目实施的具体计划。项目的战略性目标也就是项目的总体目标，也叫项目的使命，通常用来说明为什么实施该项目，实施该项目的意义如何；项目的策略性目标也就是项目的具体目标，用以说明该项目具体应该做什么，应该达到什么样的具体结果；而项目实施的具体计划则说明如何实现项目目标。这三个层次应紧密联系，层层落实。

因此，实施项目的过程也是协调多元化目标的过程和协调总目标与子目标的过程。

课堂讨论4-1

采购费用为什么会大幅度超支?

王勇曾经在一家著名的外资企业中担任销售部经理，成绩卓著。几年前，他离开了那家企业，自己开了个建材贸易公司，由于有以前的业务底子，所以生意一直很不错。年初，他准备进一步扩大业务，在5个县级市中设立经销处，同时，扩大经营范围，增加建材品种，争取到年底营业收入比上一年增加40%。

面对众多要处理的事情，王勇决定将部分权力授予下属的各部门经理。他逐一与经理们谈话，一一落实各部门要达到的目标。其中，王勇给采购部经理定下的目标是：保证每一个经销处销售所需货物的及时供应，所采购到的货物的产品合格率需保持在98%以上，采购业务费用保持在采购额的5%以内。采购部经理当即提出异议，认为要保证货物的及时供应和产品合格率，业务费用5%不够。王勇则认为，过去的采购业务费用就是在采购额的5%以内，现在业务扩大了，业务费用总额也是相应增加的，5%的采购业务费用应该是够的。同时，采购部也要想办法降低费用。所以王勇回答："应该够的，你尽力而为就是了。"

到年终考核时发现，采购部达到了王勇给他们规定的前两个目标，但采购业务费则大大超出，约占当年采购额的8%。王勇问采购部经理怎么会这样时，采购部经理解释说："有的事情也只能如此，我们今年不仅要开拓新的建材供应商，而且要扩大原有建材产品的采购量，要做的事情很多，费用自然就上去了。就目前而言，我认为，保证及时供应和货物质量比我们在采购时花掉多少钱更重要。"

请问：王勇应怎么做，才能使采购部门经理更明确地理解和接受王勇提出的目标，并且承担起相应的责任?

资料来源：邢以群. 管理学. 5版. 杭州：浙江大学出版社，2019：114.

4.1.2　项目目标的重要性

目标如"灯塔"，确定项目目标，意味着为项目及项目组成员指明共同努力的方向。项目目标的确定同样是项目团队的一种沟通方式。这种沟通体现在项目组成员为了一个共同目标走进一个项目组，明确了项目目标，也就明确了自己该做什么。这种沟通还体现在项目组与公司之间，由于项目目标与公司目标之间有着内在的联系，因此项目组成员从一开始就要清楚项目是为实现组织的什么目标服务的；另外，沟通还体现在项目与顾客需求之间，项目目标实质上就是满足顾客的具体要求，通过目标的确定，项目与顾客需求之间达成了统一。

有目标就有前进的动力，目标的确定还可以产生一定的激励作用。这种激励具体表现为对项目组成员的激励。每个项目组成员都有一定的个人目标，然而无论是在自觉的或不自觉的还是在明确的或含蓄的状态下，项目组成员总是根据项目目标来调整自己的努力程度。因此，项目目标的确定，可以促使项目组成员调整个人目标，使个人目标与项目目标达成一致，这在一定程度上可以激励项目组成员为实现项目目标而努力。

课堂讨论 4-2

《西游记》在中国家喻户晓，讲的是孙悟空、猪八戒和沙僧徒弟三人保护师傅唐僧去西天取经的神话故事。

在保护唐僧去西天取经的路上，孙悟空有72般变化，降妖除魔，冲锋陷阵；猪八戒虽然贪吃贪睡，但打起仗来也能上天入海，助猴哥一臂之力；沙僧憨厚老实、任劳任怨，把大家的行李挑到西天；唐僧最舒服，不仅一路上有马骑、有饭吃，而且妖魔挡道也不用动一根指头，自有徒儿们奋勇上阵。

在他们四个当中，谁最重要呢？唐僧！

为什么？人们发现，最没有本事的就是唐僧。他做事不明真伪，总是慈悲为怀，动不动还给孙悟空念紧箍咒。但是，他在孙悟空一赌气回了花果山、猪八戒开小差跑回高老庄、沙僧也犹豫不决的情况下，毅然一个人奋勇向前，不达目的誓不罢休。唐僧清楚而坚定地知道，他要去西天取回真经普度众生。他知道自己的目标是什么；而三个徒弟只知道要保护好唐僧，至于为什么要保护好唐僧，他们不用去考虑。

无论路途多么艰险，唐僧都毫不动摇地继续前行，最后，取回了真经，还使他的徒弟也修行圆满。

资料来源：http://fo.ifeng.com/xinlingwuyu/detail_2011_02/1/4617268_0.shtml.

4.1.3 项目目标的设置和描述准则

项目目标的设置是项目计划工作的基础，因此，项目目标的设置和描述至关重要。项目经理是确定项目目标的重要主体，其对项目目标的正确理解和正确定义决定了项目的成败。项目目标是由项目组成员在组织或其他相关团体等资源支持下共同努力而完成的，因此，需要被所有的项目组成员及相关的管理者了解。但描述项目目标时，常常会存在这样的问题，即目标的描述没有反映项目真正的目标。例如，对于一个医疗部门来讲，其目标的描述可能是“治愈所有的疾病”或“治愈所有的病人”，这两种描述表面看来似乎相同，实质却相差很远。如果是以治愈所有疾病为目的，那么即使是非常少见的疾病也要争取治愈，而不管成本花费多大，但在资源有限的情况下，很多一般的病人反而难以得到很好的救治。有趣的是，医学专家们往往对发现一种新的疾病的感兴趣程度要大于治愈一种平常的疾病。

因此，对项目目标的描述应力求反映项目的本质目标，应该清楚、明确。为了保证这一点，目标的设置和描述通常有图4-2所示原则。

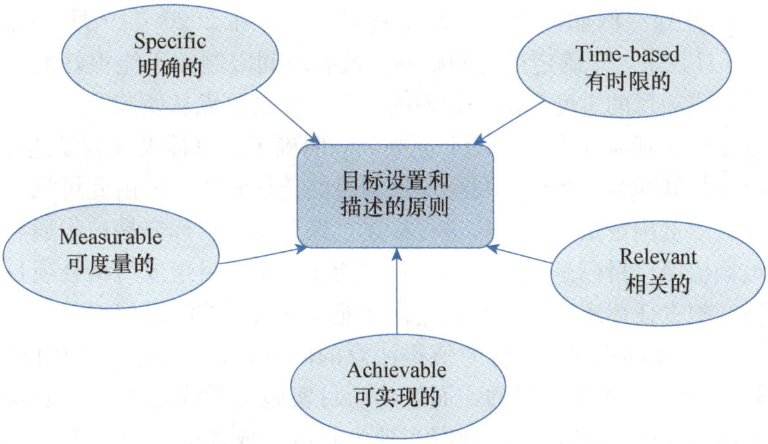

图 4-2　项目目标的 SMART 原则

（1）Specific（明确的）：用具体的语言清晰地描述要实现的结果。明确的目标是项目成功的前提条件之一。模棱两可的目标不能将目标准确地传达给相关人员，也就不能保证项目的有效实施和完成。例如：目标——“为客户服务”，这种目标表述就不明确，因为为客户服务的方式有很多种，项目组成员对如何实现该目标会有不同的理解，进而可能产生不同的行动，最终会导致不同的结果。因此，项目需要一个明确界定的目标，一个期望的结果或产品。一个项目的目标通常依照工作范围、进度计划和成本来定义。

（2）Measurable（可度量的）：项目目标的结果或产品都是以具体到可以测量的数据为基础的条件来限定，如大小、数量、颜色、重量、速度等物理参数和操作参数都是可以测量的。目标是计划的基础，也是控制的标准。将项目目标描述为一组明确的数据，作为衡量是否实现目标的依据。如果制订的目标没有办法衡量，就无法判断这个目标是否实现。例如，设置一个教学项目的目标为“让学生进步”，这个目标既不明确也不容易衡量。“进步”是指哪一方面？通过什么衡量，是动手能力，还是考试成绩？

（3）Achievable（可实现的）：项目的目标应该是经过努力可能达到和完成的，一个不可能实现的目标是没有任何实际意义的。如针对一组初中毕业水平的下岗工人进行英语培训的项目，将项目目标设置为“一年后全部通过全国英语六级考试”，这个目标太不现实，对于培训人员和培训对象来讲几乎是不可能实现的目标，这样的目标不仅没有激励作用，反而会打击他们的工作和学习积极性。

（4）Relevant（相关的）：项目的实施要通过完成一系列相互关联的任务，这些不重复的任务以一定的顺序完成，以便达到项目目标。因此，在设置和描述目标时，要考虑总目标和子目标之间的关联性，要考虑相同层次上目标的相互影响的可能性。同一个项目的目标系统中，尽量不要出现矛盾和冲突。

（5）Time-based（有时限的）：项目目标要设有时间限制。根据工作任务的权重、事情的轻重缓急，拟订出完成项目目标的时间要求，定期检查项目的完成进度，及时掌握项目进展的变化情况，以便及时对下属进行工作指导，以及根据工作计划的异常情况及时地调整工作计划。例如，建筑安装工程目标——在 2020 年 9 月 30 日之前完工。2020 年 9 月 30 日就是一个确定的时间限制。没有时间限制就不能很好地对项目进行计划，甚至无法完成项目的进度和成本计划的设置，控制更无从谈起。

以上五方面的原则简称为 SMART 原则，它明确了在目标设置和描述方面应该遵循的原则，也可以将其视为一个好的目标应该满足的条件和要求。由此可见，项目目标必须明确、具体，尽量用定量化的语言进行描述，保证项目目标容易被沟通和理解，使每个项目组成员确信项目目标是能够达到的，并能使每个项目组成员结合项目目标确定个人的具体目标，把责任落实到人，只有这样才能起到很好的激励作用。

明确项目的目标

在确定项目目标时值得注意的问题是，人们往往倾向于关注成本或以成本的减少为目的，而忽略项目实施的最终结果。一个以利润为目标的企业应该认识到，利润表现为收益与成本的差值，增加利润可以通过保持收益不变而减少支出实现，但成本的减少往往有限，而收益与成本同时增加同样可以保证利润增加，因此，不应单以成本的减少为最终目的。

4.1.4 项目的目标管理

目标的制定方式可以作为执行和指导一个组织实现目标的管理手段。在项目环境下，对项目组成员绩效的评价往往根据其工作结果而不是其所花费的时间，因此，对项目组成员来说，明确项目目标，并把个人目标作为实现项目目标的一个有机组成部分非常重要。

1. 目标管理的含义

目标管理（Management by Objectives，MBO）作为一种管理技术，起始于 20 世纪 60 年代，是一种把总体目标与具体计划相联系的管理方式，也是项目管理经常使用的管理方法。目标管理的过程是一个参与式的过程，高层管理人员设定总体目标，该目标作为下属制订各自工作计划的依据，下属根据该目标和各自的期望相应确定每个人的职责范围和工作结果，高层管理人员定期对工作结果进行评价。

2. 目标管理的基本要素

目标管理包括四个基本要素：确定目标、参与决策、明确期限和绩效反馈。目标管理以目标为中心，因此，确定项目的目标，包括项目的总目标和子目标，以及每个项目团队成员的目标，是目标管理的核心内容。项目管理方法强调项目团队成员的参与，不论是目标设置、执行以及目标的达成和控制，都离不开项目团队成员的参与。项目的完成需要有明确的期限，否则无法对项目目标完成过程中的资源和进度进行监控。目标管理可以作为一种有效的项目管理工具，既是一种目标设定方法，也是一种控制和激励方法，因此，在目标达成过程中，要定期检查进度情况，提供反馈，并将反馈结果作为绩效考核的依据。

3. 目标管理方法的程序步骤

目标管理方法是一种以目标为导向，强调员工参与，并以目标的完成程度来考核绩效的项目管理方法。项目目标管理方法的程序步骤如下：

（1）制定项目的总体目标。

（2）对项目目标进行分解。

（3）项目管理者与项目团队成员确定项目的具体目标。

（4）项目管理者与项目团队成员确定每个成员的具体目标。

（5）在项目管理者与项目团队成员之间就实现目标的具体行动计划达成协议。

（6）实施项目计划。

（7）定期检查项目的实施进度，并提供反馈。

（8）以项目目标的完成程度为绩效考核的依据对项目团队成员进行绩效评价。

4. 目标管理的优缺点

目标管理具有如下优点：

（1）目标管理是面向结果的，而不是面向过程的，它强调项目实施的结果，而不在意其具体过程，一定程度上能促使目标的达成。

（2）目标管理让项目成员参与目标制订过程，并强调自我控制、自我管理，调动了成员的主动性、积极性，提高了士气，有利于项目的实施。

（3）目标管理方式是一种系统的管理方法，有效连接项目目标与组织总体目标、项目目标与组织各职能部门目标以及项目目标与项目组成员的个人目标。

（4）目标管理设置了项目团队和项目成员的目标，也就为项目的控制设定了标准，有利于项目经理和团队成员的监督和控制，并为绩效考核提供了依据。

项目管理也存在一些缺点。例如，该方法要求相对稳定的外部环境，如果项目处于动态变化的环境条件下，可能间隔一段时间就要对目标进行重新修订，那么下属既没有足够的时间来实现目标，也很难对其进行绩效评价；另外，在目标管理中，下属可能过分关注自己的目标，而忽略项目总体目标，这样可能会导致项目整体效率的下降。

4.2　项目范围

4.2.1　项目范围的含义

项目范围是指为了成功达到项目的目标，项目所规定要做的工作。项目范围是对项目目标的分解和剖析。确定项目范围就是为项目界定一个界限，划定哪些方面是属于项目应该做的，哪些方面是不应该包括在项目之内的，定义项目管理的工作边界，确定项目的目标和主要的项目可交付成果。

在项目环境中，“范围”（Scope）一词指：

（1）产品范围，即产品、服务或成果应该包含的特征和功能。

（2）产品规范，即产品、服务或成果所包含的特征和功能具体是怎样的。

（3）项目范围，即为了交付具有规定特征和功能的产品、服务或成果所必须要做的工作。简单地说就是项目做什么、如何做，才能交付该产品。

课堂讨论 4-3

假设你在一家培训公司做培训专员，负责组织一次PMP（美国项目管理专业人员认证）考前培训，显然这就是一个项目，那么如何确定产品范围和项目范围呢？

考前培训的目的是讲授，不是有形的产品，而是无形的服务。组织PMP培训的目的是讲授项目管理体系基础知识，提高学员的项目管理理论水平，为参加考试做准备，这就是产品范围。如果学员突然提出想获得不在本项目的产品范围之内的知识，可以加以解释或另行单独解决。有了明确的产品范围，接下来就可以确定为达到这个目的需要做哪些工作，即项目范围。首先要聘请一些知名的项目管理权威专家，制订授课内容，根据培训内容准备学员教材，联络、安排好学员食宿。开始培训之后也并非万事大吉，工作人员每天都要与学员交流，听取他们的意见并反馈给老师，甚至学员的日常起居也要过问。

由于考试是英文试题，而模拟习题都是中文，假设某些学员希望讲解一些英文题，以避免翻译带来的理解偏差，这时老师就要多讲一些内容，产品范围有所扩大，但从总的培训目标看这是合理的。

可见，项目范围的定义要以其组成的所有产品的范围定义为基础，这也是一个由一般到具体、层层深入的过程。即使一个项目可能是由一个单一产品组成的，但产品本身又包含一系列要素，有其各自的组成部分，每个组成部分又有其各自独立的范围。例如，一个新的通信系统可能包含四个组成部分：硬件、软件、培训及安装施工，其中，硬件和软件是具体产品，而培训和安装施工则是服务，具体产品和服务形成了新的通信系统这一产品的整体。如果项目是为顾客开发一个新的通信系统，要定义这个项目的范围，首先就要确定这个新的通信系统应具备哪些功能，定义产品规范，其次具体定义系统的各组成部分的功能和服务要求，最后明确项目需要做些什么才能达到这些功能和特征。

产品范围的确定就是对产品要求的衡量，而项目范围的确定在一定程度上是产生项目计划的基础。两种范围的确定要紧密结合，以保证项目的工作结果能够最终交付一个或一系列满足特别要求的产品。

4.2.2 界定项目范围的意义

确定项目的范围

界定了项目范围也就定义了项目的工作边界，明确了项目的目标和主要的项目可交付成果。项目的可交付成果往往又被划分为较小的、更易于管理的不同组成部分。因此，确定项目范围对项目管理来说可以产生如下作用：

（1）提高时间、资源和费用估算的准确性。项目的工作边界定义清楚了，项目的具体工作内容明确了，这就为项目所需的时间、资源、费用的估计打下了基础。

（2）确定进度测量和控制的基准。项目范围是项目计划的基础，项目范围确定了，就为项目进度计划和控制确定了基准。

（3）有助于清楚地分派任务。确定项目范围也就确定了项目的具体工作任务，为进一步分派任务打下了基础。

正确地界定项目范围对项目成功非常重要，如果项目的范围确定得不好，有可能造成最终项目成本的提高。因为项目范围确定得不好会导致意外的变更，从而打断项目的实施节奏，造成返工，延长项目完成时间，降低劳动生产率，影响项目组成员的工作积极性。

确定了项目目标和项目范围，也就明确了为什么实施该项目，项目要达到什么样的结果，如何实施该项目，项目工作的具体内容是什么，以及如何定义项目完成。项目目标和项目范围的确定实际上是为项目实施指明方向，是项目启动阶段的重要工作。

4.2.3　项目范围说明书的内容

项目范围说明书详细地说明了项目的可交付成果和为提交这些可交付成果必须完成的工作，是确定项目范围的最主要的成果。确定项目范围能将项目的目标具体化，项目范围说明书对于必须要做的工作和不需要做的工作的明确程度和水平，决定了项目管理团队控制项目范围的好坏。项目范围说明书为项目实施提供了基础。项目范围说明书一般包括四项内容，如图4－3所示。

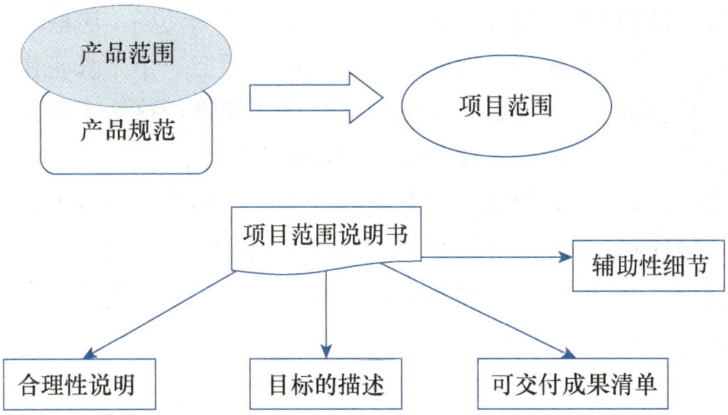

图4－3　项目范围说明书

(1) 项目的合理性说明：解释进行该项目的原因。项目合理性说明为以后权衡各种利弊关系和识别风险提供了依据。

(2) 项目目标的描述：确定项目成功所必须满足的数量标准。项目目标至少应包括费用、时间进度和技术性能或质量标准。项目目标应当有属性（如费用）、衡量单位（如货币单位元）和数量（如300万）。未被量化的目标往往具有风险。

(3) 项目可交付成果清单：一份主要的、具有归纳层次的产品清单。清单中规定的产品能完全、满意地交付意味着项目的完成。例如，某一软件开发项目的主要可交付成果包括可运行的电脑程序、用户手册等。

(4) 影响项目目标实现的辅助性细节：主要包括项目的有关假设条件及制约因素的陈述。

有了项目范围说明书，就能形成项目的基本框架，使项目所有者或项目管理者能够系统地、逻辑地分析项目关键问题及项目形成中的相互作用要素，使得项目的利益相关者能就项目的基本内容和结构达成一致，并能形成项目结果核对清单，作为项目评估的一个工具，在项目终止以后或项目最终报告完成以前使用，以此作为评价项目成败的依据。

4.2.4 工作分解结构

为了更好地界定项目范围，需要采用分解技术对项目进行分解。其中，分解技术是指将项目成果（项目目标）逐层细分为更小、更易管理的子项目或要素，直到项目成果分解出的这些要素非常详尽，能够支持下一步的项目活动分析和分解工作（即制订项目活动计划，实施、控制这些项目活动等）为止。通过项目工作分解，给出了项目需要完成的全部工作成果的整体表述。项目目标分解的结果通常用工作分解结构来表示，这也是一种项目范围界定的工具。

1. 工作分解结构的含义

工作分解结构（Work Breakdown Structure，WBS）是以项目的可交付成果为对象，将为实现项目目标并创造必要的可交付成果而执行的工作分解，并按照一定的原则分类汇编而组成的层次型结构体系。项目的工作分解结构是项目团队要完成的项目任务的详细说明，所有这些细化了的项目工作构成了整个项目的工作范围。

工作分解结构底层的项目组成元素通常被称为“工作包”，这些工作包也可以在子项目工作分解结构中进一步分解。例如，如果项目经理把一个工作范围分包给另一个组织，这个组织必须定义比主项目更加详细的层次计划和管理这个工作的范围，通常进一步分解得到的更深层次的“单元”被称为“项目活动”。

项目工作分解结构是归纳和定义整个项目范围的一种最常用的方法，是项目计划开发的第一步。对项目的工作进行分解是为了将项目分解成可以管理和控制的工作单元，从而能够更容易也更准确地确定这些单元的成本和进度，以及明确定义其质量要求。

2. 工作分解结构的表示形式

工作分解结构，是对项目要素进行的分组，归纳和定义了项目的整个工作范围每下降一层的项目工作更详细的内容。其表现形式主要有以下两种：

（1）组织结构图形式，又称树形表现形式，如图 4－4 所示，这是一个自动设备安装项目的工作分解结构。

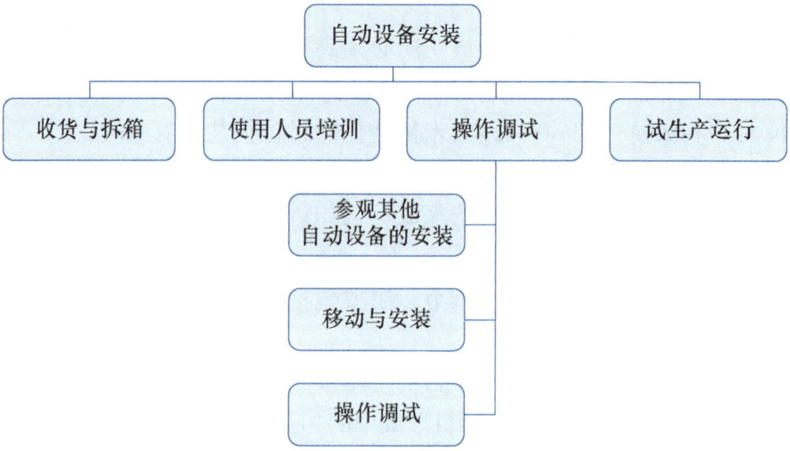

图 4－4　组织结构图形式

（2）列表表现形式，又称缩进图形式，是用表格的形式来表达项目范围和层次结构。表 4－1 就是图 4－4 中表示的自动设备安装项目的列表表现形式。

表 4－1　列表表现形式

任务序号			任务名称
1	10	100	自动设备安装
	11	110	自动设备的收货与拆箱
	12	120	使用人员培训
	13	130	自动设备的操作调试
		131	参观其他自动设备的安装
		132	自动设备的移动与安装
		133	自动设备的操作调试
	14	140	自动设备试生产运行

上述两种形式各有其优缺点。用组织结构图形式表示的 WBS 图层次分明、非常直观。但是对于超过 5 个层次的较复杂项目则不适宜用一张纸画完，这是该方式的一大缺陷。列表表现形式表示的 WBS 不够直观，但优点是能反映项目全貌。比如三峡建设这样的大项目，制作三峡项目的 WBS 手册，就需要采用列表表现形式。

为简化信息传递和交流，工作分解结构中的每一个项目单元或组成元素通常被制订一个唯一的标志符，这些标志符可以为成本和资源的分层合计提供一个框架，即将工作分解结构各个组成单元和元素进行编码，构成一个编码的工作分解结构系统。例如，在自动设备安装的项目中分解了 3 个层次，所以 WBS 编码用 3 位数字表示。左起第 1 位数字表示项目，第 2 位数字表示 4 个子项目，依此类推。该项目用编码形式表示的工作分解结构如图 4－5 所示。

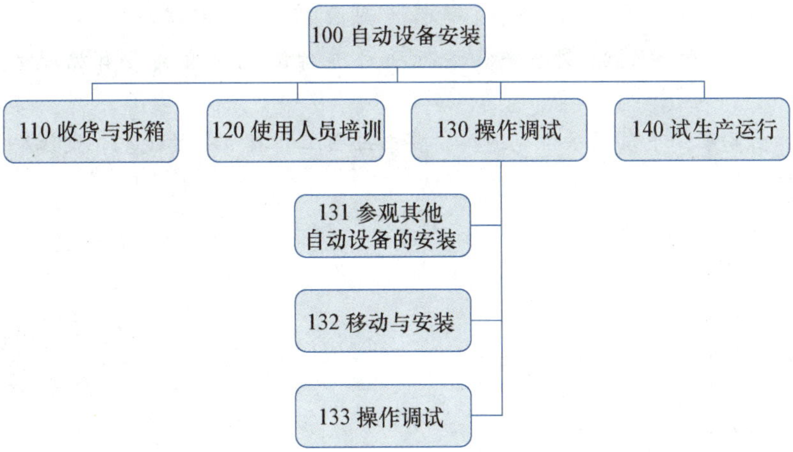

图 4－5　用编码形式表示的工作分解结构

由于 WBS 编码中的每一位数字表示一个分解层次，因此，左起第 1 位数字之后都为零的编码表示整个项目；第 1 位数字相同，第 2 位数字不同，后面数字全为零的编码表示各子项目，其总和构成整个项目；前两位数字相同，第 3 位数字不同，后面不同的数字编码表示各子项目分解成的工作任务，其总和构成项目的某一子项目，依此类推。

在制定 WBS 编码时，责任和预算也可用同一编码数字制订出来。就职责来说，第 1 位数字代表最大的责任者——项目经理，第 2 位数字代表各子项目的负责人，第 3 和第 4 位数字代表相应层级工作单元的相应负责人。

课堂讨论 4-4

某公司开展一新设备运行项目，主要包括总体设计、布局设计、设备安装和设备调试四个子项目，其中，总体设计包括厂址分析和选择设计两个任务；布局设计包括机器布局和工艺流程设计两个任务；设备安装包括加工、装配和安装设备三个任务；设备调试包括测试设备和试生产两个任务。另外，设备安装中的装配任务又包括把零件运往工地、组装部件和测试建筑物三个工作包，具体如图 4-6 所示。

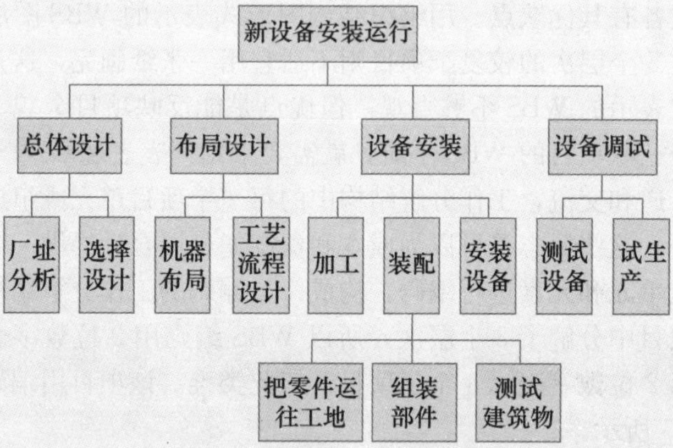

图 4-6　新设备安装运行项目的工作分解结构

请对图 4-6 所示的新设备安装运行项目进行编码，绘制带有编码的工作分解结构。

分析：由高层向下层用多位码编排，要求每项工作有唯一的编码，则编码系统如下：

——1000

√　1100

—1110

☆　1111

☆　1112

☆　1113

—1120

☆　1121

☆　1122

☆　1123

√　1200

……

所以，带有编码的新设备安装运行项目的工作分解结构如图 4－7 所示。

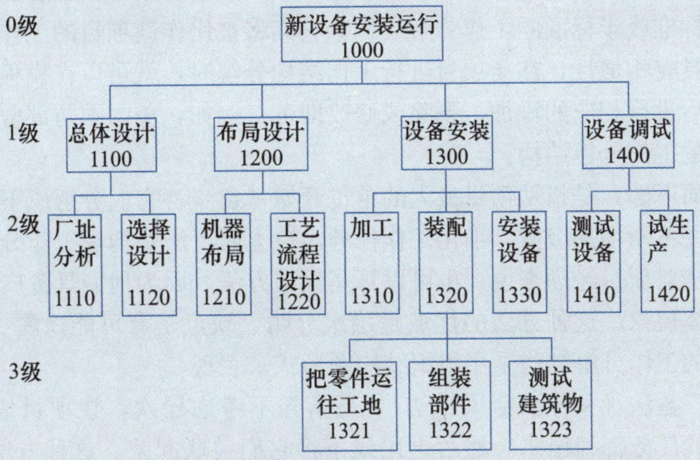

图 4－7　带有编码的新设备安装运行项目的工作分解结构

项目工作分解结构通常以图表的形式表示。但不要将工作分解结构与其表述方法相混淆。例如，针对某一活动，经常以图表的形式绘制一个没有结构的活动清单，它只是一种表述该活动内容的方法，并不能作为一个工作分解结构。

3. 工作分解结构的优点

工作分解结构有三个主要优点：

（1）项目被划分为可执行的任务，这些必须完成的任务能够被项目组成员所认知。

（2）较小的短期任务要求更加明确，因而会让员工感觉更容易实现。

（3）有了工作分解结构，就可以对项目的进度、成本等进行较为准确的估计。

在工作分解结构中，应将项目目标不断地分解到一些较小的工作单元，直至到达需要进行报告或控制的最低层水平为止。从严格意义上说，每一个工作单元都是项目的一个具体行为目标“任务”。然而在实践中，这些看似简单的分解却并非易事。对于实际项目来说，这种分解并非是简单的分割，而要十分重视各部分之间的组织联系和技术联系。这种联系的方式有空间的、时间的和逻辑的联系。通常情况下，项目分解结构的划分是项目实施以及目标确定过程中不可缺少的环节，同时也是制订总体控制计划和确定组织结构形式的一个重要步骤。

4. 构建工作分解结构的方法

（1）模板法，是指将做过的成功的类似项目的工作分解结构模板进行修改来对项目工作进行分解的方法。工作分解结构模板实际上是一个来自以前被完成的项目的工作分解结构的样板或模式，这个样板常常被用于一个新项目的工作分解结构。按照这个模板，根据新项目的各种实际情况和条件，增加或删减新项目的工作，这样就可以对新项目进行定义了。虽然每个项目都是独一无二的，但是绝大多数同一专业领域中的项目都有许多相似的地方，因此许多工作分解结构经常被作为模板重复使用。例如，从事某一应用领域的组织实施了很多项目，由于这些项目绝大多数是属于相同的专业领域，它们具有相同的或类似的生命周期，在项目的每个阶段有相同的或类似的项目成果，从而所开展的工作也会相同或类似，所以这个组织的管理模式是相对稳定的。在很多专业应用领域中，还提供了标准或半标准的工作分解结构，它们将被用作新项目的工作分解结构的模板。有些项目具有相似性，在新项目进行工作结构分解时，就可以在模板库中直接调出相应模板，然后进行相应的添加、删除或修改即可。例如，美国国防部曾为国防装备项目制订了标准的工作分解结构。

（2）自上而下法，是指从项目最大的单位开始，逐步将它们分解成下一级的多个子项。这个过程要不断增加级数，细化工作任务。自上而下法是构建工作分解结构的常规方法，这种方法对项目经理来说，也可以算是最佳方法，因为他们具备广泛的技术知识和对项目的整体视角。这种方法的优点是层次分明，缺点是有可能遗漏一些小的任务。这种方法进行的工作分解结构采用组织结构图形式来表现。

（3）集思广益法（又称头脑风暴法），是指先不考虑层次，让项目成员畅所欲言，将所有能想到的任务都列出来，然后再用线条将它们关联起来。这种方法不容易漏项，但不够直观，适宜采用气泡表示子项目或工作包，然后用箭头表示它们之间的关系。如图 4－8 所示，是用气泡和箭头连线来构筑一个学术报告的工作分解结构草图。

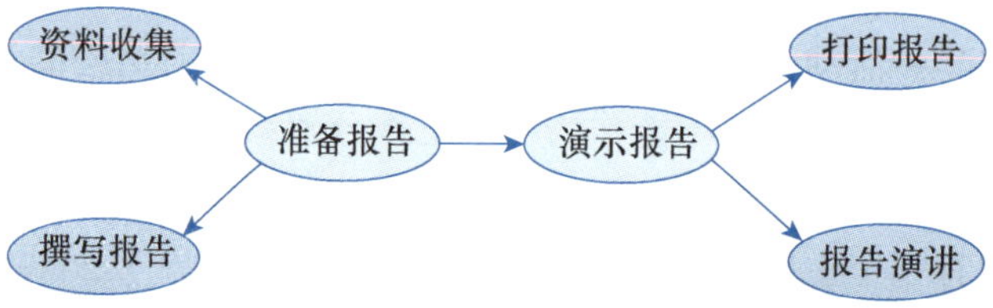

图 4－8　集思广益法的学术报告项目工作分解结构草图

（4）结合法，是指将自上而下法与集思广益法结合起来，先采用集思广益法画出项目的气泡图，然后再采用自上而下法整理成树形结构图。由此可知，该方法综合了上述两种方法的优点，既不漏项，又层次分明。树形结构图适合给项目的外部用户看，气泡图适合项目团队内部使用。

课堂讨论 4－5

假如你要在自己的家里举办生日宴会，请预计需要做哪些工作，制订一份生日宴会的工作分解结构图。

提示：生日宴会的主要工作包括以下内容。

1.0　晚宴

　　1.1　生日蛋糕

　　1.2　饮料

　　1.3　清洗

　　　　1.3.1　食品

　　　　1.3.2　餐具

1.4　做菜

　　1.4.1　凉菜

　　1.4.2　热菜

　　　　1.4.2.1　蔬菜类

　　　　1.4.2.2　海鲜类

　　　　1.4.2.3　其他类

2.0　娱乐

　　2.1　音响

　　2.2　灯光布置

　　2.3　室内布置

　　2.4　光碟

因此，工作分解结构 WBS 如图 4－9 所示。

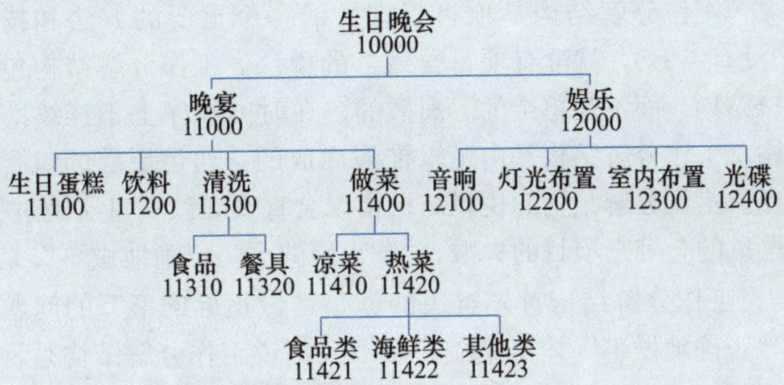

图 4－9　生日宴会项目的工作分解结构

5. 工作分解结构的意义

项目管理中使用了大量的方法和技术，但这些方法和技术大多只对项目管理的某一周期或某一领域产生作用，而工作分解结构则不同，它是整个项目管理的基础，是项目管理的核心工具。

首先，工作分解结构提供了一种化繁为简的问题解决方法。工作分解结构发展到现在，已经形成了一套行之有效的基本原则和方法，在某些专门领域内，如建筑、特定产品的生产过程，更是有其标准和模式化的工作分解结构。通过应用这些原则、方法和模式，可以有效地促进和保障项目目标的实现。

其次，工作分解结构为项目管理的其他后续工作提供了基础，所有其他后续工作的开展都是以工作分解结构为中心进行的。项目管理的内容主要包括：计划与预算、进度管理、成本控制、质量控制、资源和物资分配等，其中进度、成本、质量的控制又是其中的关键。工作分解结构为项目管理提供了实施进度、成本和质量控制的核心基础，确保了进行项目管理不同活动的部门（人员）有统一的对象，工作分解结构的这种核心地位如图 4－10 所示。

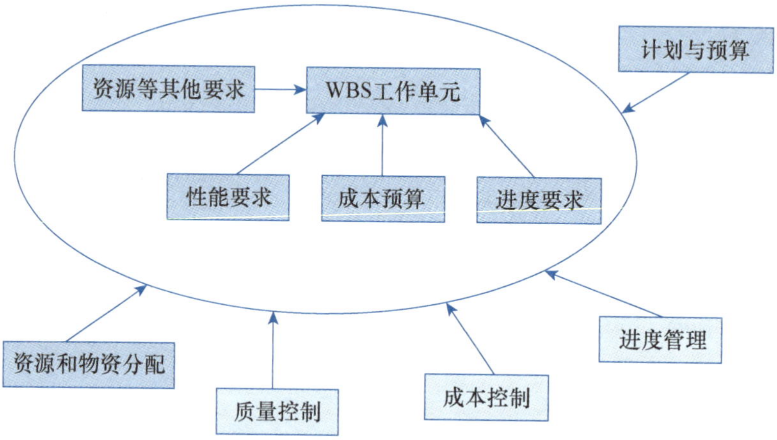

图 4－10　工作分解结构的核心地位

工作分解结构及编码

工作分解结构是项目管理中的一个重要的方法和技术，故业界有“没有 WBS，就没有项目管理”的说法。工作分解结构包含了科学的逻辑结构，而不是单个的、离散的、在时间顺序上不连续的成果的描述结构。工作分解结构是由逻辑推演而成的，通过层层的包含关系，非常严谨。工作分解结构的逻辑结构错误会直接导致项目实施过程中发生错误，严重的会带来项目的失败。“做正确的事，正确地做事”是我们从事项目管理的一句格言，工作分解结构首先解决的就是“做正确的事”的问题，只有明确了“做正确的事”，“正确地做事”才有基础，所以我们说工作分解结构是现代项目管理的重要基石。

4.3　项目管理计划

4.3.1　项目管理计划的范畴及目的

1. 项目管理计划的范畴

项目管理计划是为整个项目的预期结果（即项目目标）的实现而需要做的工作和约束的预期和规划。该项目的产出结果是项目计划，它是指导项目执行和项目控制的一份正式批准的文件，是项目组织根据项目目标的规定，对项目实施的各项工作做出的周密安排。项目计划围绕着项目目标的完成系统地确定项目的任务、项目的进度，编制完成项目所需的资源预算等，从而保证项目能够在合理的工期内，以尽可能低的成本和尽可能高的质量完成。

对于一个航海家来说，灯塔和指南针是他的左右手。对于一个项目经理来说，目标就是“灯塔”，计划就是“指南针”。所以，几乎所有的项目都要制订项目管理计划，完整详细地说明要实现项目目标所需要的工作，让每个参与项目的人员都清楚，这对项目有效实施来讲是非常必要和十分重要的。

在制订项目管理计划之前，项目管理人员要对已有的项目资料，如项目合同、可行性研究报告等进行分析和研究，并在此基础上制订出项目管理计划。一个有效的项目管理计划取决于有关信息的掌握情况。信息收集越完整、及时、准确，计划就会越完善，可以将失败的概率降到最低，保证在预期的期限内取得预期的效果。要尽量让员工估计自己的工期，使团队成员在确立了为完成一个项目需要完成哪些活动之后，就知道这些活动应该按什么样的顺序来完成，以及完成每项活动所需要的时间，从而制订进度计划。

项目管理计划确定了执行、监控和结束项目的方式与方法，记录了项目各层次、过程的全部成果。项目管理计划对于项目管理而言是至关重要的。没有项目管理计划，也就没有项目管理计划的执行和控制，更不会有项目目标的实现。因此，业界很多人将项目管理看成制订计划并执行计划的过程。

2. 项目管理计划的目的

项目管理计划便于高层管理部门与项目经理、职能经理、项目组成人员及项目委托人、承包商之间的沟通，是沟通的最有用的工具。因此，从某种程度上说，项目管理计划不仅仅是项目工作梳理、确定技术指导等工作的过程，也是一种项目相关人员的沟通和协调方式。项目管理计划的具体目的如下：

（1）确定并描述为完成项目目标所需的各项任务（活动）范围。

（2）确定负责执行项目各项任务（活动）的全部人员。

（3）制订各项任务（活动）的时间进度表。

（4）阐明每项任务（活动）所必需的人力、物力、财力。

（5）确定每项任务（活动）的预算。

4.3.2　项目管理计划的地位

在整个项目管理过程中，项目管理计划占有重要的地位。在项目的开发阶段，制订项目管理计划是最重要的事。一般来说，每一个项目都需要一份项目管理计划，并且要形成规范的文档，包括文本文档和图形文档。通过制订计划，可以使项目小组和有关管理人员对项目有关事项，如资源配备、风险化解、人员安排、时间进度、内外接口等达成共识，形成事先约定，明确自己的职责，便于自我管理和自我激励，并且可以及时安排一些支持性工作，避免造成各个子项目之间的相互牵制，比如及早计划和安排研发工作、人员培训等。

项目管理计划是项目实施的基础，是项目控制的标杆。在项目管理的实践中，项目管理计划是龙头，引导项目各种管理职能的实现，是项目管理活动的首要环节。项目管理计划的质量决定项目成败。由于项目是创造性的过程，项目早期的不确定性很大，所以项目管理计划不可能一次全部完成，而必须是逐步展开和不断修正的。这将取决于能否适当地对计划的执行情况做出反馈，并采取相应的控制措施。这期间需要不间断地交流信息。计划是项目团队为完成项目全部工作而进行科学预测，并确定未来行动的方案。通过完整而又合理的项目计划，可以将整个项目始终置于可控状态。没有完备的计划，任何项目都不会取得圆满成功。

制订项目管理计划就是利用其他计划过程（包括战略计划）的结果，建立一个可以指导项目执行和项目控制的连贯的、一致的文件。一般情况下，计划制订过程需要进行多次重复。例如，初步的计划草案可能是笼统的资源要求和未明确的活动日期，而后来发展的计划将反映具体的资源和明确的日期。项目工作范围的确定是一个重复的过程，一般由项目班子使用工作分解结构完成，这样项目班子可以明确有关项目的所有工作，然后再将它们分解。

4.3.3 项目管理计划的原则

“凡事预则立，不预则废。”好的项目管理计划是项目成功的前提。项目管理计划的广义职能是预测和决策。从行为过程的各个可选方案中做出抉择是项目管理计划的核心。在项目管理计划制订过程中，一般应遵循四个原则，如图 4－11 所示。

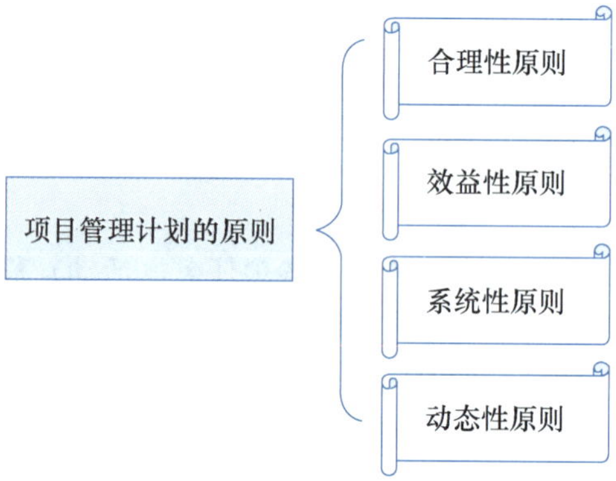

图 4－11 项目管理计划的原则

1. 合理性原则

计划的合理性，是指项目管理计划要保证在现有资源、技术、资金、人力和物力等方面的可行性，力求方案计划的可操作性以及现实性。计划受相关的资源等约束，项目的实施会受到所处环境的影响。所谓环境，是指一个独立系统（项目）与外界的关系，任何系统都必然要与外部环境进行物质的、能量的和信息的交换，必须适应外部环境的变化。环境因素的存在以及变化情况对项目实施计划的制订、组织机构的设置、施工技术的选择以及人员的配备等都会产生重要的影响。

2. 效益性原则

计划的效益性原则要求利用有限的资源，生产出最多的社会需要的产品，并取得最好的经济效益。通过对几个不同设计的鉴定，选定一个最优方案，以期用尽可能低的成本产生尽可能多的满足性能要求的产出。

3. 系统性原则

项目管理计划本身是一个系统，由一系列的子计划组成，各个子计划不是孤立存在的，彼此之间相对独立但又紧密相关。构成项目管理计划的任何子计划的变化都会影响到其他子计划的制订和执行，最终影响到项目管理计划的正常实施。因此，在制订计划时要从系统出发，各部门、各工作协调一致，保证子目标之间相互衔接、相互保证，从而制订出有机协调的整体项目管理计划。

4. 动态性原则

项目所处的环境通常是动态变化的，并且项目周期跨度较大，一个项目的生命周期短则数月，长则数年，计划的实施往往会偏离项目基准计划。因此，项目管理计划要随着环境和条件的变化而进行必要的调整和修改，以保证完成项目目标，这就要求项目管理计划要有动态性，以适应不断变化的环境。

总之，制订计划要本着统筹、重点、可持续发展的原则进行。因为计划的目标是要通过系统整体的最优化来实现决策目标。系统整体最优化的关键在于系统内部结构的有序和合理，在于对象的内部关系与外部关系的协调。在充分调查、研究、论证的基础上确定重点，并注意对象系统中内部结构各个因素之间，以及其他相关系统之间的相互作用、互相反馈的因果连锁关系，既要注意其可行性，实事求是，又要预见到未来的发展。

4.3.4　项目管理计划的形式

项目管理计划按计划制订的过程，可分为概念性计划、详细计划、滚动计划等三种形式。

（1）概念性计划。概念性计划通常称为自上而下的计划。概念性计划的任务是确定初步的工作分解结构图，并根据工作分解结构图中的任务进行估计，从而汇总出最高层的项目管理计划。在项目中，概念性计划的制订规定了项目的战略导向和战略重点。

（2）详细计划。详细计划的任务是制订详细的工作分解结构图，该图需要详细到为实现项目目标必须做的每一项具体任务。然后由下而上再汇总估计，成为详细项目管理计划。在项目管理计划中，详细计划的制订提供了项目的详细范围。

（3）滚动计划。滚动计划意味着用滚动的方法对可预见的将来逐步制订详细计划，随着项目的推进，分阶段地重新评估自上而下计划制订过程中所确定的进度和预算。每次重新评估时，对最后限定日期和费用的预测会一次比一次更接近实际。最终就会有足够的信息，范围和目标也就能很好地确定下来，也就能给项目的剩余部分进行更准确的预测，制订更可行的计划。

4.3.5　制订项目管理计划

1. 制订项目管理计划的步骤

（1）认真分析客户需求，清晰定义项目目标。

客户就是“上帝”，只有客户满意，企业才可能生存并发展下去。项目是为了实现客户的某些功能需求，因此，项目伊始要做的基本工作就是进行客户需求分析，只有首先做好客户需求分析，才能预知和超过客户的期望，从而才能准确地制订项目的目标。只有这样，才能保证项目的产出是客户真正想要的，才能真正取悦于客户，建立起良好的企业信誉，并在激烈的市场竞争中战胜对手。

项目通常是要解决一定的问题，达到一定的目标的一次性活动。因此，项目目标应该是清晰定义的，而且是可以最终实现的。

（2）界定工作范围，分解工作结构。

为了实现项目目标，必须对目标进行分解和细化，界定具体的工作范围，将项目范围划分为“部件”或者“工作包”，这样就明确了实现目标所必须执行的具体的活动和任务。有时，项目的目标分解和范围界定是非常复杂的事情，但是，我们可以使用工作分解的工具——工作分解结构，并最终形成项目的工作分解结构图。

（3）确定活动逻辑关系，描绘活动网络图表。

上个步骤中产出了项目分解结构，确定了项目的可交付成果清单。我们需要在此基础上确定要获得这些产出成果需要执行哪些活动，即要进行活动定义（亦称活动界定）。活动清单中包含的各项活动之间存在一定的相关性和逻辑性，因此，在制订计划时要确定各种活动和各任务间的关系，明确各种活动之间的必要次序和相互依赖性，并绘制活动网络图表。

（4）确定所需资源，估计工作时间。

项目的实施需要人力、物力、财力的投入，因此，项目目标和项目范围确定后，要根据工作分解结构确定项目执行所需要的资源，分析可获取的资源数量和相关约束。在资源约束的前提下，做一个时间估计，预计完成每一项活动需花多长时间。或者反过来，先确定项目的时间目标（即完工日期要求），然后分析一下每项活动需要用到哪些资源，每种资源要用多少，才能在预计的时间内完成项目。

（5）估计项目费用预算，完成项目基准计划。

依据上一步骤中的资源和时间估计，估算项目进度及预算，以确定项目是否能在预定时间内，在既定的资金与可利用资源的条件下完成。如无法完成，应当采取哪些调整措施以适应项目工作，如调整工作范围、活动时间估算，或重新进行资源配置，直到建立起一个可行的、现实的基准计划（在预算内，按计划实现项目工作的进度图）。

2. 制订项目管理计划举例

某公司决定开发一个关于分配停车场的应用程序的项目，用来分配、维护并报告有关停车场的分配问题。停车场的车位既可以分配给员工，也可以分配给来访者。开发周期 6 个半月，项目总投资额 63 万元人民币。试制订该项目的管理计划。

（1）分析客户需求，明确目标：该系统能够为员工和来访者分配停车场，另外，还有维护报告生成等功能要求。

（2）界定工作范围，分解工作结构：项目的工作分解结构包含了项目实施过程中的全部工作，如图 4－12 所示。

（3）确定活动逻辑关系，描绘活动网络图：根据图 4－12 中所示的工作活动，确定各种活动之间的相关性和逻辑性，然后根据逻辑关系绘制项目活动网络图。

（4）确定所需资源，估计工作时间：根据项目的实际情况确定项目所需资源的种类、数量等，并以此为基础估算项目的工作时间。

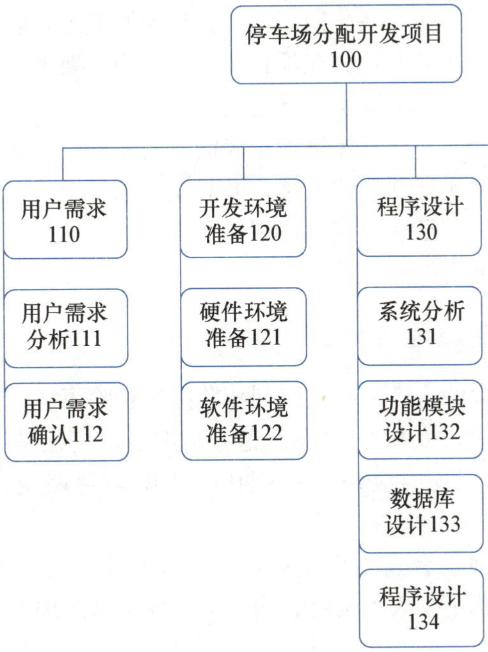

图 4-12　停车场分配系统的软件开发项目 WBS

（5）费用预算，制订项目基准计划：依据以上步骤的结果，可以进行项目费用预算，制定项目费用基准。

4.3.6　项目管理计划的内容

一般情况下，整个项目管理计划包括如下内容：

（1）项目范围管理，包括范围计划编制与范围定义。

（2）项目质量管理，包括质量计划编制，是对项目性能目标要求需要完成的工作内容的统筹安排。

（3）项目进度管理，包括活动定义、排序、历时估算和项目进度计划编制（将在模块 5 中进行详细介绍）。

（4）项目成本管理，包括资源计划编制、成本估算和成本预算（将在模块 6 中进行详细介绍）。

（5）项目人力资源和沟通管理，包括项目团队的组建、人员编制和项目沟通计划的编制（将在模块 7 中进行详细介绍）。

（6）其他管理，如风险的管理计划、项目变更等管理计划。

4.4　项目变更控制

不管项目管理计划如何完善，准备工作如何细致、全面，计划在项目实施过程中仍然会遇到各种预料之外的事情。因而，在此期间，要保持预测能力，防患于未然；要具有快速反应能力，以应付各种突然的变化。在项目实施过程中，要加强管理，随时进行变更处理，才能在不超出预算的情况下，实现既定的项目目标。

如果想有效地控制项目的变化，使其始终朝正确的方向发展，那么项目管理计划是控制变化的基线；如果想成功地实现项目的目标，面对变化的环境，则适时地调整计划是成功的关键。通过比较调整的计划和原定的计划，可以很快地估计出项目变化对项目预算、进度以及资源的影响和冲击。

4.4.1 项目变更的产生原因及分类

公元前500年，古希腊伟大的哲学家赫拉克利特曾提出：除了变化以外，没有什么是永恒不变的。从某种程度上说，变化是发展，变化是进步，变化是宇宙间的永恒定律。因此，变化是不可避免的。我们应该接受变化，认识和管理变化，评价和顺应变化。

项目的原始计划在完成之前也会发生变化和修改。项目变更是指在项目运行过程中，发生项目的范围、质量、费用、人力资源、沟通等方面的基准偏离，并对原有基准做一些必要的修改和调整。

1. 项目变更产生的原因

项目执行过程中，由于受条件和内外部环境的影响，必然会发生变化和调整。因此，项目变更贯穿整个项目的生命周期。项目变更发生的主要原因包括三个方面，如图4-13所示。

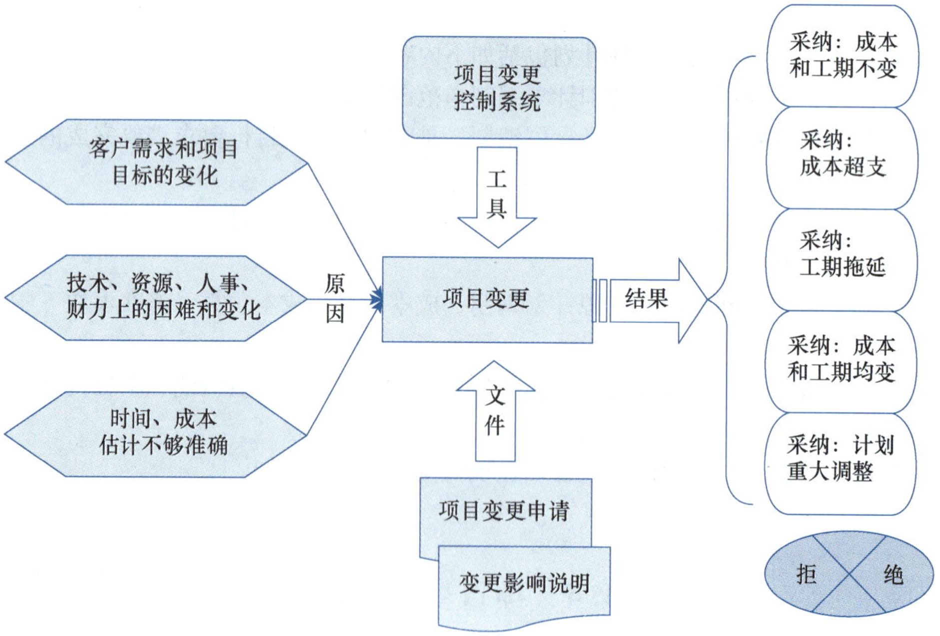

图4-13 项目变更管理

(1) 客户需求和项目目标的变化：随着项目的推进，客户越来越清楚地认识到一些在项目初期未能认识到或认清的问题，客户需求会不断发生变化。在此过程中，项目成员对产品和服务努力改善，也会发现新的问题，为客户提供一些需求的改进意见，引起项目的变更。由于项目都是一次性的活动，客户和项目团队一定程度上都是“摸着石头过河”，尤其是对于R&D项目，这通常是项目变更的主要原因。

(2) 项目团队遇到技术、资源、人事、财力上的困难和变化：随着项目进展和新技术的产生，项目组也有了更好实现项目的主意和方法，资源会产生不能及时供给、价格浮动等状况，人事和财力方面也会有所变动，这些都会影响到项目的进度和费用等计划，需要进行必要的调整。

(3) 项目预先计划的时间和成本估计不够准确：项目计划在开始阶段，对项目的进度和成本都只是估计，相关的依据数据都不准确，随着项目的进行，相关约束条件和数据越来越完善，越来越准确，可能需要对原来的基准计划进行必要的更新。

2. 项目变更管理的种类

总体来讲，项目变更可以分为整体变更和局部变更两大类。整体变更就是影响项目整体和贯穿整个项目过程的变更。局部变更只是针对项目的某个局部进行的变更。

具体来讲，项目变更的原因有多种，其形式也多种多样，但主要有以下几种：

(1) 项目范围变更，是对项目范围的结果——项目范围说明书和项目范围计划做必要的变更。

(2) 项目进度变更，是指项目实施过程中，当实际进度偏离进度基准计划时所做的变更。

(3) 费用预算变更，是指项目实施过程中，当资源需求发生变化时，引起的实际成本开支与费用预算基准偏离时进行的变更处理。

(4) 项目合同变更，是指项目完工之前，由于内外部因素的影响，使得项目的范围、进度、费用等变化时，对项目的相关合同进行的修正。

(5) 项目人力资源的变更，是指项目实施过程中，对实际的人力资源与计划发生偏离时做的变更处理。

4.4.2 项目变更管理的内容和程序

1. 项目变更管理的内容

项目变更管理是指项目组织为适应项目运行过程中与项目相关的各种因素的变化，保证项目目标的实现而对项目管理计划进行相应的部分变更或全部变更，并按变更后的要求组织项目实施的过程。项目变更管理的目的是以一种对于项目影响最小的方式改变现状。它包括以下主要内容：

(1) 发现和分析变化。在项目实施过程中，项目组织要经常关注与项目相关的主客观因素，确保能够及时发现变化，并对变化性质进行认真分析，确定变化的影响，适时进行变化描述。

(2) 进行变更处理。当各种因素和条件引起的变化影响了项目的顺利实施时，项目组织必须及时采取应对变化的措施，以确保项目目标的实现。项目计划的变更应征得项目利益相关方的必要同意，项目组织还应及时向其反馈变更及变更执行情况。

（3）监控变更合理性。变更处理总是根据项目实施的客观需要进行的，但并不是每次变更都是合理的。或许现在的变更处理并不经济，还有更好的变更办法，或许变更还有违背客观规律的情况，变更计划根本就行不通，这就需要项目组织监控变更的合理性，提出更适宜的建议。

2. 项目变更管理的程序

项目变更管理是项目管理的重要组成部分，成功的项目变更管理能使项目在变化的环境中实现项目目标。完善的项目变更管理通常按如下程序进行：

（1）明确界定项目变更的目标。

变更的真实目的是为了解决问题，更好地满足客户的要求。如果变更后项目的目标模糊不清，那么团队成员在实施中就难以确定努力的方向，即使项目团队完成了项目，也难以确定实现了的目标是否真正满足了客户的要求。

（2）把项目变化融入项目管理计划中。

把项目变化融入项目管理计划中是一个新的项目规划过程，只不过这一规划过程是以原来的项目管理计划为框架，在考察项目变化的基础上完成的。通过新旧计划的对比，项目管理者可以清楚地看到项目变化对项目预算进度、资源配置的影响和冲击。把握项目变化的影响和冲击是相当重要的，否则就难以做出正确的决策和合理的项目变更。

（3）选择冲击最小的方案。

项目的目标、预算、团队成员以及项目的进度是决定项目管理计划的主要因素，做出项目变更时，力求在尽可能小的变动幅度内对这些主要因素进行微调。如果这些因素发生较大的变动，就意味着项目管理计划的彻底变更，这将使目前的工作陷入瘫痪状态。

（4）项目变更的审批。

谁应该来批准变更？一条非常有用的指导原则是：变更只应由那些受到变更影响的利益相关者来批准。遵循这条原则，可以避免因需要过多的领导批准而延缓项目进度。

（5）做好详尽的项目变更记录。

项目变更的监控是一个动态的过程，在这一过程中，拥有充分的信息、掌握第一手的资料是做好合理变更的前提条件，而记录这一变化过程本身就是监控的主要内容。

（6）及时发布变更信息。

只有项目经理班子和部分项目关键人员才清楚地控制着项目变更过程的始终，而其他更多的团队成员并未获得项目变更的完全信息。因此，当项目班子做出变更决策时，应及时将变更信息和方案公布于众。当团队成员掌握和领会了变更方案后，才能调整自己的工作方案，并朝着新的方向去努力。

另外，任何成功的项目变更管理都包括两个文件：项目变更申请和项目影响说明。

（1）项目变更申请。

项目经理要重视项目的每项变更，客户的每次变更申请都必须记录存档。项目团队必须为客户提供标准的变更申请表。只有当项目团队清晰地理解了变更申请，项目团队才能进一步评估变更的影响（在评估过程中，项目团队要考虑客户的满意程度），并最终决定是否接受变更申请。

变更申请可以是口头或书面、直接或间接的；可以来自项目外部或内部；可以是法律要求的或由项目班子加以选择的。变更要求的可能后果是延缓进度或加快进度。除紧急情况外，口头变更必须形成书面文件之后才能受理。

（2）项目影响说明。

回应变更申请的文件是项目影响说明，它是项目经理针对变更申请提供的纠正措施的备选方案。申请者负责选出最佳方案。项目影响说明文件描述项目经理提供的各种可行性方案以及每种方案的利弊，有时还包括最佳方案的推荐。最后决策应该由申请者做出。

4.4.3　项目变更管理的方法——项目变更控制系统

项目变更控制系统就是一套事先确定的修改项目文件或改变项目活动时应遵循的程序，其中包括必要的表格或其他书面文件、责任追踪和变更审批制度、人员和权限。为了更好地进行项目变更管理，应成立一个项目变更控制委员会。项目变更控制系统应当明确规定项目变更控制委员会的责任和权力，并由所有项目干系人认可。项目变更控制系统应当有处理自动变更的机制。自动变更又称现场变更，是不经事先审查即可批准的变更。多数的自动变更是由意外的紧急情况造成的。项目变更控制系统可细分为整体、范围、进度、费用和合同变更控制系统。

项目变更控制的依据即项目进展报告和有关方面的变更请求。每一个组织都应该有一个正式的项目变更控制流程或控制程序。当提出一个变更申请时，以下一些要点应予以考虑：

（1）变更是否会影响工作范围、成本、工作质量和时间进度？

（2）变更是否会对工种设备和工具产生影响？

（3）变更会对零部件和成品库存产生什么样的影响？

（4）在产品开发项目中，变更会不会影响开发产品的形式、通用性和功能？

（5）变更会使产品在市场中更受欢迎还是被抵制？

（6）变更是否会影响投资回报率和净现值？如果答案肯定，那么项目在这一投资回报率和净现值水平上是否可行？

（7）如何证明变更是合理的？是竞争优势所需求的？是某些规定的强制要求？其商业必要性是什么？

（8）变更是否为使项目回归原来的轨道所需要的，还是项目已偏离原定目标过远？这一变更是否用来记录我们目前所处的位置，同时用作一条跟踪未来进展的基准线？

4.4.4　项目变更处理的结果

对于一个变更的申请，一般有以下六种可能的结果：

（1）在现有的资源和时间范围允许的情况下采纳。这是项目经理遇到的最简单的情况。在考虑了变更对于进度的影响之后，项目经理决定，可以采纳变更申请，而且变更也不会影响到项目的进度和资源。

（2）可以采纳，但需要延长交付进度。变更的唯一影响是延长交付进度，而不需要额外的资源来满足变更申请。

（3）在现有的可交付进度内可以采纳，但需要额外的资源。采纳这种变更申请，项目经理需要获得额外的资源，但项目能按照现有的进度和变更后进度交付。

（4）可以采纳，但需要额外的资源和延长交付进度。这种变更申请将需要额外的资源和延长交付进度。

（5）可以采纳，但需要采取多次发布策略，并排定不同发布时期交付成果的优先次序。这种情况发生的频率会超出项目经理的想象。为了采纳变更申请，项目计划将不得不进行重大修改，但有其他的解决方案。

（6）不能采纳，将严重影响项目的进程。这种变更申请非常重要，甚至会导致彻底放弃现有的项目计划。这里有两种解决方案：一种是拒绝变更申请，项目照常进行，并且把申请看作是另外一个项目；另一种是停止现有的项目，根据申请重新计划，启动一个全新的项目。

总之，变更是无法避免的。有些变更具有积极的意义，而有些则没有，但是项目经理必须懂得如何引入这些变更，以确保与客户、高级管理层和项目组之间的关系，保证按时、按预算、高质量地完成项目。

思考与练习

一、复习思考

1. 简述项目目标的含义。项目目标具有什么特性？
2. 什么是描述项目目标的 SMART 原则？
3. 什么是项目的目标管理，其基本的构成要素有哪些？
4. 确定项目范围的意义是什么？项目范围书应该包括哪些内容？
5. 工作分解结构的表示形式有哪些？工作分解结构的意义是什么？
6. 项目管理计划的地位是怎样的？
7. 制订项目管理计划的步骤是怎样的？应该遵循哪些原则？
8. 项目变更的原因有哪些？
9. 什么是项目变更控制系统？

二、能力训练

1. 请将“课堂讨论 4－4”中的图 4－6 的结构式工作分解结构转化为 WBS 工作分解结构（列表表现形式）。

2. 项目名称：在一家工厂的生产线上安装工业机器人。

机器人可以提高产品产量和质量，代替工人做比较危险的工作。所以工厂决定订购工业机器人，并且预计在 20××年 10 月 20 日收到订货。在 20××年 11 月 1 日之前必须把此机器人安装到生产线上并投入使用。

安装工业机器人的预算是 9 000 元。

项目经理是机械工艺师，他不但熟悉生产线，而且也知道工业机器人的操作方法。

这是本工厂第一次安装工业机器人。整个项目包括：

（1）收到订货。

（2）培训操作工。

（3）参观其他已安装机器人的厂家，以了解安装过程。

（4）在生产线上安装机器人。

（5）调试机器人。

（6）利用机器人进行试生产。

要求：

（1）请描述项目的目标。

（2）绘制项目的组织结构图形式的工作分解结构和列表表现形式的工作分解结构。

（3）对项目的工作包进行编码，并绘制带有编码的 WBS 结构图。

资料来源：傲姿时代项目管理教材开发项目组．项目管理基础．北京：清华大学出版社，2001.

三、案例分析

ISP 接入服务的推广项目

一家从事 ISP 接入服务的通信公司的市场营销部门年初制订了一项国有大中型企业推广接入服务的计划。该营销部门就此成立了几个项目小组，分别就一些行业开展工作。A 先生被任命为其中一个推广项目的项目经理，专门负责向一家大型国有钢铁公司推广接入 ISP 服务。

这家国有钢铁公司的总部设在上海，在全国其他地方还设有 10 个分公司，公司员工总数为 10 000 人（包括各分公司）。公司的产品有着较为稳定的市场，发展前景看好。总公司的高层领导比较保守，对现代信息技术的运用持怀疑态度，但公司的中层职位由一批年轻有为的、具有大学本科学历以上的年轻人担任，他们对现代信息技术抱有很大热情。

该推广项目预计持续 1 年，最初计划从这家钢铁公司总部着手，然后向公司其他 10 个分公司拓展业务。希望经过 5 年以后，该通信公司能够向这家国有钢铁公司提供全面接通服务，并使得公司高层领导对这项新的通信技术能够完全接受。

A 先生接受任命后便开始对这家钢铁公司进行调查，调查的内容包括公司的主要产品及销售数量、公司的盈利情况、公司现在的市场信息系统、公司的营销队伍分布和装备、公司对现代信息技术的了解情况、公司的物料采购系统、公司现有的主要通信方式、互联网可能对公司管理方式造成的影响。此外，还对公司现有的企业文化、公司有关的规章制度以及高层领导的个性进行了分析，并就公司的使用规模进行了预测。通过一系列的调查，A 先生提交了项目的可行性分析报告。

通过分析，A 先生认为，就规模和经济实力来看，向这家钢铁公司推广 ISP 接入服务是完全可行的，关键在于如何去做。

项目经理初步分析了项目的主要任务，制订了大致的推广方案，其中包括：举办 ISP 接入服务技术演示会，宣传互联网的优越性，邀请该钢铁公司的高层领导来通信公司进行参观考察，面向钢铁公司的高层领导及有关人员开设讲座，宣传最新通信技术的发展及对现代企业管理的影响，与技术人员进行有关的技术谈判，与高层领导进行有关的商务谈判，最后争取在年底签署合同。

讨论：如果你是项目经理，你将如何来具体实施这个项目？

资料来源：毕星．项目管理．上海：复旦大学出版社，2000.

提示问题：

（1）该项目的目标是什么？

（2）该项目的项目范围是怎样的？

（3）估计项目整个生命周期中的主要产品，并定义产品特点。

四、教学做一体化课业

项目范围定义及工作结构分解

【课业目标】

通过本课业，学生应：

- 能够进行科学的工作分解；
- 绘制项目的 WBS 图；
- 对各项工作进行编码。

【课业方式】

通过各组讨论，将各组项目进行分解，绘制 WBS 图并进行编码，同时在课业纸上完成工作分解过程及 WBS 图的绘制和编码的过程。

【课业条件】

- 相关知识条件：掌握模块 4 的相关知识。
  - 项目范围与项目范围管理：掌握项目范围、项目范围说明书以及项目范围管理的含义，能够进行项目分解，掌握项目分解的方法，并绘制 WBS 图；
  - 项目分解技术：项目分解层次的确定，WBS 分解方式的选择，并掌握 WBS 编制方法的采用以及 WBS 编码的设计；
  - 项目范围变更的管理与控制：掌握变更原因，掌握范围变更管理的相关内容。

【课业内容及步骤】

- 通过讨论及收集资料，根据所学方法，对小组项目进行分解；
- 绘制规定的项目分解图及表；
- 对各项工作进行编码。

【课业评价】

项目	优秀（10 分）	良好（8 分）	合格（6 分）	不合格（4 分以下）	个人得分
范围管理	工作分解合理，绘制工作分解图正确，WBS 编码正确，负责明确的一块工作	工作分解基本合理，绘制工作分解图和 WBS 编码中有少量错误，负责明确的一块工作	工作分解基本合理，绘制工作分解图和 WBS 编码部分错误，没有明确的负责的工作	工作分解不合理，编码及分解图错误，基本不承担工作	

课业内容

班级小组组长：____

组员：____

1. 各组分工

部分一撰写人：____

部分二撰写人：____

部分三撰写人：____

部分四撰写人：____

部分五撰写人：____

部分六撰写人：____

2. 项目范围描述

3. 工作分解表格

4. WBS 树形图及编码

模块 5
项目进度安排与控制

学习目标

- **能力目标**

能根据活动之间的逻辑关系对项目活动进行排序；
能绘制单代号网络图和双代号网络图；
能估算项目活动的持续时间；
能制订项目进度计划表；
能确定项目中的关键路径。

- **知识目标**

理解项目活动之间的逻辑关系类型；
理解紧前关系绘图法（PDM）和活动箭线绘图法（ADM）的区别；
了解项目进度计划编制的步骤；
了解项目进度控制的目的。

学习重点与难点

网络图的绘制；
项目活动持续时间的估算；
项目中关键路径的确定；
编制项目进度计划表的方法。

案例导入

项目进度管理与徒步旅行

有一些人徒步旅行，他们排成一列，彼此之间的先后顺序保持不变。随着旅行的距离越来越长，这支队伍的第一个人和最后一个人之间的距离也会越来越远，因为中间有些人可能要停下来系鞋带，也有些人可能会因为看风景略停一下。后面的人如果要保持和第一个人的距离，必须快步补上那些落下的距离，但前面极可能又有些人要停下来系鞋带、看风景。当旅行的距离越长、参加的人员越多时，行进的队伍就会越拉越长。

为了使旅行队伍的长度保持不变，可以采取多种办法。一种办法是让队伍中的每一个人都保持行进的速度绝对一致，这种办法可以从理论上假设，但现实中很难做到；另一种办法是用一根绳子将队伍中的每一个人都拴起来，这种办法意味着管理中对每一个人都需要进行同等的关注，而关注所有的人往往等于谁也不关注；还有一种办法是将队伍中走在最前面的人和走在最后的人用绳子拴起来，这种办法能够控制队伍的长度，又有控制的焦点，问题是走在队伍最后的人不一定是造成队伍拉长的人，我们有可能会抓错“罪犯”。有效又合理的一种办法是让队伍最前面的人的速度不受影响，确保队伍最前面的人按计划的速度行进。简而言之，为了保证队伍既能按照预定的速度行进，又能控制队伍长度的办法有三步：第一，找出队伍中走得最慢的人；第二，用一根适度长短的绳子将队伍中最前面的人和走得最慢的人拴起来；第三，保证走在最前面的人的速度。

项目与这样的旅行队伍有共同之处。项目的活动之间有一定的顺序，当项目所包含的活动越多、项目参加的人员越多、项目工期越长时，项目延期的可能性就越大。为了保证项目不延期，我们同样要采用找到其中“走得最慢的人”、“拴绳子”和控制“走在最前面人的速度”的办法。

其实无论是项目进度管理问题还是项目的一些其他管理问题，只要我们找出问题的关键，也就是分析问题，找出主要矛盾，问题就能得到解决。这个故事很简单，给我们的启示却很大。在我们的心目中或许觉得项目经理很厉害，这么大的工程都是他说了算，其实他也不是事必躬亲的，他只抓工程的关键，因为他还有很多专业的项目副经理来管理一些专业的事情，所以项目经理只管大事，把小事让那些专业的人来做，组织的效率会提高很多。

资料来源：希赛网.

理论知识

5.1 项目活动排序

5.1.1 项目活动的关系

由模块4工作分解结构分解的活动必须要做合理的顺序安排，才能制订出可行的进度计划，因为项目的活动之间并不是孤立存在的，而是存在某种相互依赖的关系。

1. 项目活动的依赖关系

在确定活动之间的先后顺序时，有三种可依赖的关系：

（1）强制性依赖关系：指两个活动之间所固有的依赖关系，通常是由于存在某种实际的约束条件。项目管理团队在确定活动先后顺序的过程中，要明确哪些依赖关系是强制性的，其涉及的一些实际限制。例如，很多产品开发项目中，设计活动完成后才能开始产品的实施活动。所以，强制性依赖关系也被称为硬逻辑关系。

（2）可斟酌处理的依赖关系：指活动之间的关系是可以自由处理的，但是可能由某些原因人为地设定了某种依赖关系，有时称为优先选用逻辑关系、优先逻辑关系或软逻辑关系。可斟酌处理的依赖关系要有完整的文字记载，因为它们会造成总时差不确定，失去控制，并限制今后进度安排方案的选择。项目管理团队在确定活动先后顺序时，要明确哪些依赖关系是属于可斟酌处理的。

（3）外部依赖关系：指涉及项目活动和非项目活动之间关系的依赖关系。项目管理团队在确定活动先后顺序时，要明确哪些依赖关系属于外部依赖关系。例如，软件项目测试活动的进度可能取决于外部的硬件是否到货；施工项目的场地平整，可能要在环境听证会之后才能动工。

确定活动之间的依赖关系最终是描述活动的先后关系，是指活动在时间上的逻辑顺序。因此，在项目的进度管理中，这种依赖关系一般是指活动先后顺序上的关系。

先后关系决定活动在项目进度中的位置，一般来说有两种类型的活动：

（1）前序活动（或称紧前工序）。这是在另一个活动之前必须出现的活动。例如，你坐飞机去旅行，就必须先买飞机票，才能登机去目的地；

（2）后序活动（或称紧后工序）。这是在前序活动之后必须出现的活动。例如，在飞机旅行的过程中，检票活动就是买票活动的后序活动。

2. 项目活动关系类型

活动之间的先后关系，可以用图 5-1 来说明。

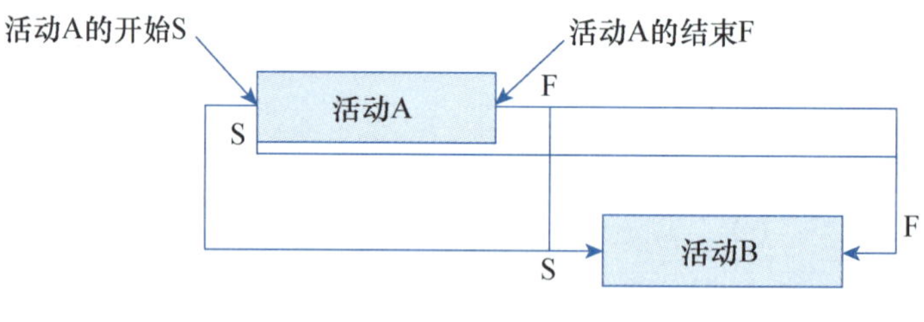

图 5-1　活动之间的先后关系

图 5-1 中表示了用箭头线连接的活动 A 和活动 B。箭头所指向的活动 B 依赖于箭头线尾部连接的活动 A。同时，箭头连接代表活动图框的部位反映了是“活动的开始”还是“活动的结束”之间存在依赖关系。这样的话，活动 B 的“开始”或“结束”需要依赖于活动 A 的“开始”或“结束”，存在四种组合关系，见表 5-1。

表 5-1 四种活动关系类型

关系类型	表示符号	说明	图例	举例说明
结束后才开始 (Finish-Start)	结束→开始 FS	活动 A 结束后，活动 B 才能开始	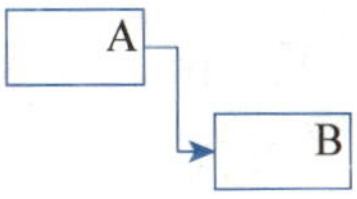	烧开水活动结束之后才能开始泡茶
开始后才开始 (Start-Start)	开始→开始 SS	活动 A 开始后，活动 B 才能开始	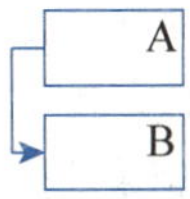	列车检票员开始检票后，才开始进站
结束后才结束 (Finish-Finish)	结束→结束 FF	活动 A 结束后，活动 B 才能结束	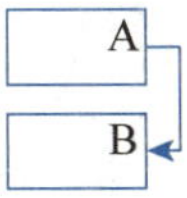	电影结束后服务员才能结束服务
开始后才结束 (Start-Finish)	开始→结束 SF	活动 A 开始后，活动 B 才能结束	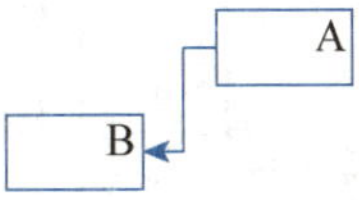	接力赛中第 N 棒的队员开始跑时，第 $N-1$ 棒才能结束

(1) 结束→开始 (Finish-Start)：这是最普遍的活动类型。项目中的大多数活动之间都具有这种关系。但是要特别注意这种关系所属的依赖条件，有的是强制性依赖，有的却是自由性依赖。如果是前者，往往意味着某种产品的生产过程具有工艺上的要求，违背了这个条件会对质量产生影响。另外并没有要求后序活动一定要在前序活动完成后马上开始，可以有一定的滞后时间，但是绝不能在前序活动完成之前开始。例如，泡茶之前先要烧开水。

(2) 开始→开始 (Start-Start)：指一个活动开始后，另一个活动才能开始。这经常表示某种并行但具有一定依赖关系的活动。例如，产品的测试活动依赖于构造活动的结果，但又独立于构造活动。这里面并没有要求后序活动一定要在前序活动开始后马上开始，但是至少不能在前序活动开始前开始。

(3) 结束→结束 (Finish-Finish)：一个活动必须在另一个活动结束之前才能结束。这经常表示某种并行但其产出物具有一定依赖关系的活动。这里面同样没有要求后序活动一定要在前序活动完成后马上完成，但至少不能比前序活动更早地完成。

(4) 开始→结束 (Start-Finish)：是一种最特殊的活动逻辑先后关系，即一个活动的结束依赖于另一个活动的开始。在日常生活中，我们会遇到这样的情况：找到新的工作后，才放弃原来的工作。同样，一个活动开始后不意味着另外一个活动马上结束，但至少说明它不能在另一个活动开始前结束。

另外，还可以在先后关系中加入超前 (Lead) 和滞后 (Lag) 来进行更精确的描述。

所谓超前：逻辑关系中允许提前后序活动的限定词。例如，在一个有 6 天超前时间的结束→开始 (FS) 关系中，后序活动在前序活动完成前 6 天就能开始。

所谓滞后：逻辑关系中指示推迟后序任务的限定词。例如，在一个有 6 天延迟时间的结束→开始 (FS) 关系中，后序活动只能在前序活动完成后 6 天才能开始。

可以认为，超前是重叠的时间；滞后是拖后或等待的时间。

5.1.2 项目活动排序的含义和框架

《项目管理知识体系指南》对活动排序的定义是，活动排序是识别与记载计划活动之间的逻辑关系，即确定计划活动之间的逻辑关系，然后形成文档。活动按照逻辑关系加以排序时，可考虑适当的紧前关系，也可加入适当的时间提前或者滞后量，以便制订切实可行的进度计划。排序可由计算机执行（利用项目管理软件），亦可用手工排序。对于小型项目手工排序很方便，对大型项目的早期（此时项目细节了解甚少）用手工排序也是方便的，手工编制和计算机排序应结合使用。活动排序的整个工作如图 5－2 所示。

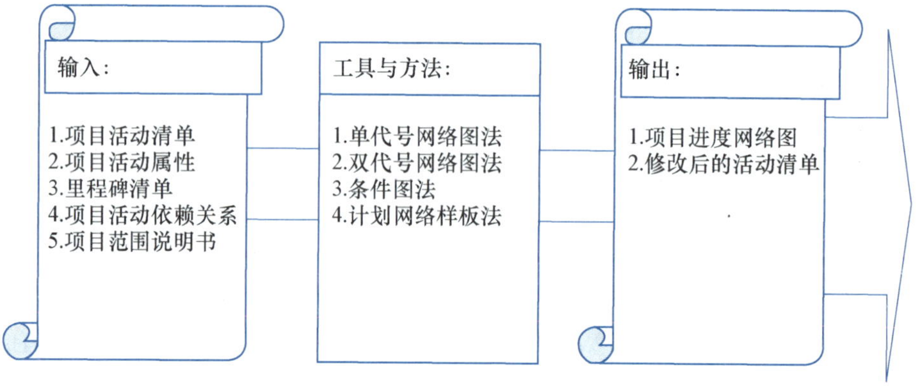

图 5－2 活动排序：输入、工具与方法和输出

5.1.3 活动排序的依据：输入

参考《项目管理知识体系指南》，项目活动排序所需的信息和依据主要包括以下几个方面。

1. 项目活动清单

对项目的活动进行排序的对象是项目活动，在模块 4 项目范围界定内容部分已做过介绍。项目活动是项目分解结构中确定的任务或工作单元，是在项目工作分解结构的基础上，运用项目活动分解的方法，将一个项目的工作分解成更小、更容易控制的具体活动。它是通过工作分解得到的，是工作分解结构图中的工作包或者最底层的单元。这属于范围界定。

通常情况下，工作分解结构中的项目活动还不能满足直接对其项目排序的要求，因此，我们在活动排序之前要进行一项活动，即活动界定，是对工作分解结构中规定的交付成果或半成品的产生所必须进行的具体活动进行定义，并形成文档。

范围界定和活动界定的区别是：范围界定的产出结果是范围说明书，里面的主要内容是可交付成果清单（产品）；而活动界定的产出结果是活动清单（行动步骤）。通常情况下，范围界定是活动界定的前导工序，即工作分解结构是产生活动清单的活动输入，或者说工作分解结构是活动清单的基础。但在某些应用领域，尤其是工期要求非常紧迫时，工作分解结构和活动清单可以同步进行。

活动界定的主要依据是项目的目标、项目范围说明和项目的工作分解结构。同时，在项目活动界定过程中，还要参考各类历史信息与数据，考虑项目的各种约束条件和假设前提。项目工作的结果是给出项目活动清单，以及有关项目活动清单的支持细节和更新后的工作分解结构。项目活动清单是在项目活动界定阶段得到的一份计划工作文件，它属于制订项目管理计划步骤的一部分内容。项目活动清单列出了项目所需开展的全部活动，它是对项目工作分解结构的细化和扩展的结果文件。

2. 项目活动属性

项目活动属性可以认为是项目活动清单中活动属性的扩展和阐释，指出了每一计划活动具有的属性。每一计划活动的属性包含活动标志、活动编号、活动名称、前序活动、后序活动、逻辑关系、超前或滞后的时间、资源要求、强制性日期等。活动属性还可能包括工作执行负责人、实施工作的地区或地点，以及计划活动的类型，如投入的水平、部分投入与分摊的投入。这些属性用于制订项目进度表，在报告中以各种各样的方式选择列入计划的活动，确定顺序并将其分类。属性的数目因应用领域而异。

3. 里程碑清单

客户/项目业主或其他投资人可能要求在项目实施阶段的特定日期完成项目的某些可交付成果，以此作为项目的关键时间或项目进度中的一个里程碑。通常把里程碑当作将项目工期划分为几个项目分段的标志，意味着一个分阶段的结束或下一个分阶段的开始。

里程碑清单列出了所有的里程碑，并指明里程碑属于强制性（项目合同要求）还是选择性（根据项目要求或历史信息）。里程碑清单是项目管理计划的一部分。

4. 项目活动依赖关系

在活动排序时首先必须要考虑的是强制性的依赖关系，这种活动之间的内部逻辑关系不能人为地改动，所以必须重视。另外，外部依赖关系也不能遗漏，因为项目在实施过程中会受到外界的影响和约束。例如，有两个项目活动都需要一级工进行操作，并且两个活动不存在强制性的前后逻辑关系，那么如果一级工人力资源充裕的话，两个活动可以同时进行，而如果一级工缺乏的话，可能需要按前后次序进行。

5. 项目范围说明书

项目范围说明书中有项目可交付成果清单（产品），通常会影响到活动顺序，因此，为了排序工作的准确、顺利进行，通常要审查项目范围说明书。

5.1.4　活动排序的工具与方法

1. 紧前关系绘图法（单代号网络图法）

紧前关系绘图法（Precedence Diagramming Method，PDM）是编制项目网络图的一种方法，利用方格或矩阵（称为节点）代表活动，用节点间箭线表示活动的依赖关系的进度网络图绘制技术。在紧前关系绘图法中，代表活动的是节点，而且节点必须编号，工作代号只有一个，因此称为单代号。紧前关系绘图法又称单代号网络图法，用该方法绘制的网络图称单代号网络图。

图 5-3 所示是有四个活动 A、B、C 和 D 的简单的单代号网络图。其中，活动 B、C 是紧随活动 A 之后的，为活动 A 的后序活动，而 D 活动在 B、C 的后面，属于其后序活动。

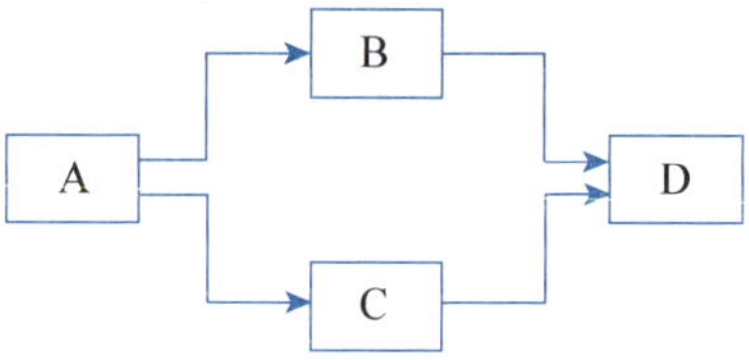

图 5-3　简单的单代号网络图

计划活动在图形中按照一种或多种逻辑关系连接起来，以显示活动的实施顺序。图 5-4 是一个用 PDM 法编制的网络图，这种方法也称节点表示法（AON），是大多数项目管理软件包所采用的方法。PDM 法可用人工编制，也可用计算机实现。

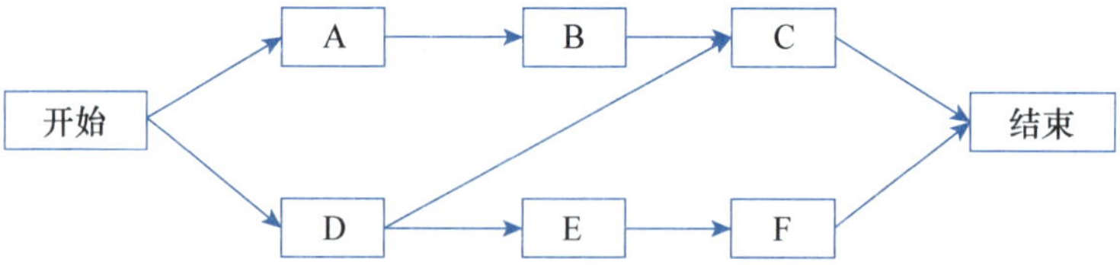

图 5-4　PDM 法编制的网络图

在紧前关系绘图法（PDM）中，两个基本的要素是节点和顺序，其中顺序就是上面介绍过的四种先后活动关系类型：结束→开始（FS）、开始→开始（SS）、结束→结束（FF）、开始→结束（SF）。其中，FS 是最常见的逻辑关系，SF 关系极少使用（也许只有职业进度计划工程师使用）。对于管理软件应用，如果用开始→开始（SS）、结束→结束（FF）、开始→结束（SF）关系会产生混乱的结果，因为很多管理软件编制时并没有对这三种类型的相关性加以考虑。

2. 活动箭线绘图法（双代号网络图法）

活动箭线绘图法（Arrow Diagramming Method，ADM）是项目网络图的另一种方法，是用箭线表示活动，如图 5-5 所示，并在节点处将其连接起来，以表示其依赖关系的一种项目进度网络图的绘制法。因为活动用箭线表示，这种技术也称活动箭线表示法（AOA）。图 5-6 所示就是用 ADM 法绘制的一个项目网络图。与 PDM 法相比，ADM 法虽较少使用，但在某些应用领域仍是一种可供选择的方法。ADM 法可人工编制，也可在计算机上实现。

在双代号网络图 ADM 中描述活动的是一个箭线，箭线的箭尾表示活动的开始，箭线的箭头表示活动的结束。箭线的长度和斜度与项目活动的持续时间或重要性没有任何关系。在 ADM 中，代表活动的箭线由圆圈连接起来（见图 5-6），这些圆圈既可以代表活动的开始，也可以代表活动的结束。当箭线指向圆圈时，圆圈代表活动的结束，当箭线离开圆圈时，圆圈代表活动的开始。网络图中的第一个节点称起始点，表示整个项目的开始；网络图中的最后一个节点称终止节点，代表着项目的结束。一般在 ADM 图中，要给每个事件确定一个唯一的代号。

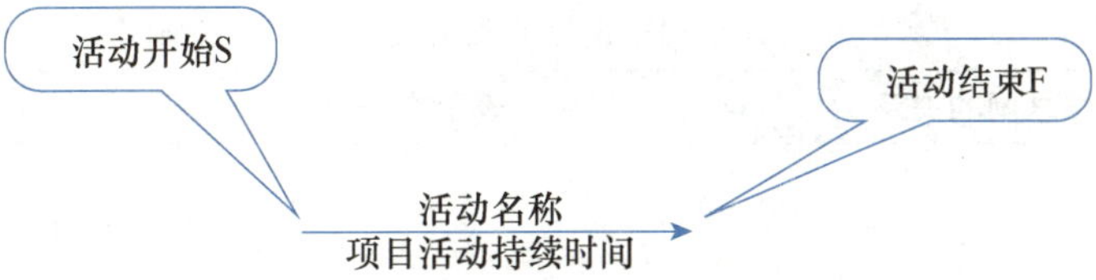

图 5-5　双代号网络图中活动的表示方法

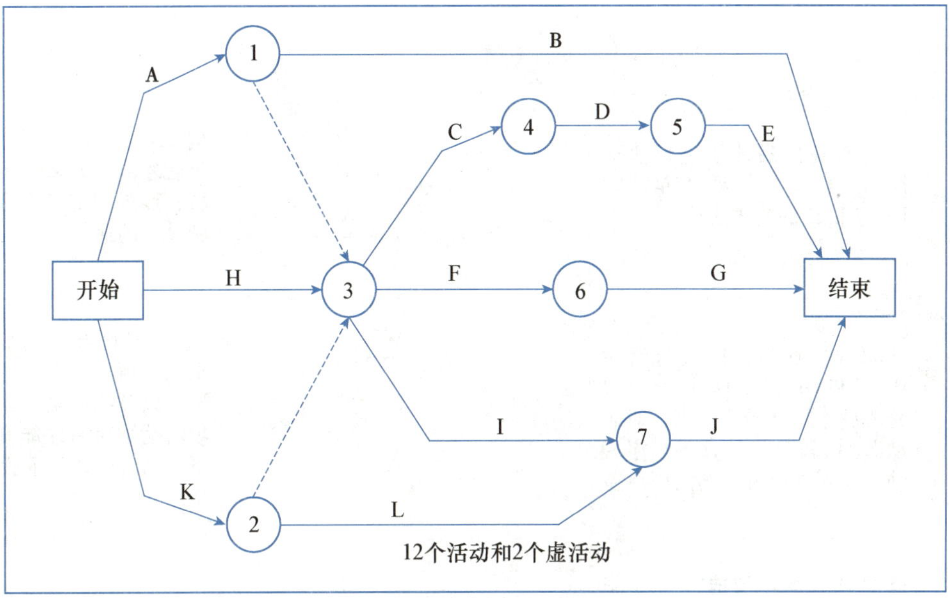

图 5-6　活动箭线绘图法（双代号网络图）

资料来源：美国项目管理协会．项目管理知识体系指南．3 版．北京：电子工业出版社，2005.

从项目的起始点开始，沿着箭线的方向连续通过一系列箭线和节点，最后到达终止节点的通路称为线路。每一条线路所有活动的持续时间相加就是该线路的完成时间。

另外，ADM 仅利用结束→开始关系以及用虚工作线表示活动间逻辑关系，因此，可能需要用被称为虚活动的虚关系才能正确定义所有的逻辑关系。虚活动以虚线表示。由于虚活动并非实际上的计划活动（无实际工作内容），不占用时间和空间，不消耗任何资源，只是为了明确活动之间的逻辑关系而设，其持续时间在进行进度网络分析时赋 0 值。例如图 5-6 中的计划活动 C，除计划活动 H 外，还依赖于计划活动 A 和 K 的完成。同理，计划活动 F 和 I，同样除计划活动 H 外，还依赖于计划活动 A 和 K 的完成。

单代号网络图和双代号网络图，两者之间的差别在于活动是用“节点”表示还是用“连接线”表示。在单代号网络图中，活动用节点表示，活动之间的先后关系用箭线表示。但在双代号网络图中，箭线代表活动，节点则代表活动的起始和终止点。无论是单代号网络图还是双代号网络图，均不允许出现回路，不然会导致工作的逻辑顺序发生混乱。在实际工作中，单代号网络图的应用比双代号网络图广泛得多。

网络图中常见的逻辑关系及表示方法见表 5-2。

表 5－2　网络图中常见的逻辑关系及表示方法

序号	工作之间的关系	表示方法	举例
1	活动 A、B、C 属于平行关系，可以同时进行	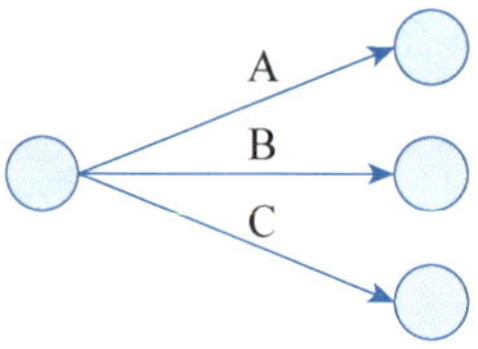	例 1：泡茶之前的烧水活动、洗茶壶活动以及准备茶叶的活动是可以同时进行的，属于平行关系
2	活动 A 完成后才能进行活动 B、C 和 D，即活动 A 是活动 B、C 和 D 的前序活动	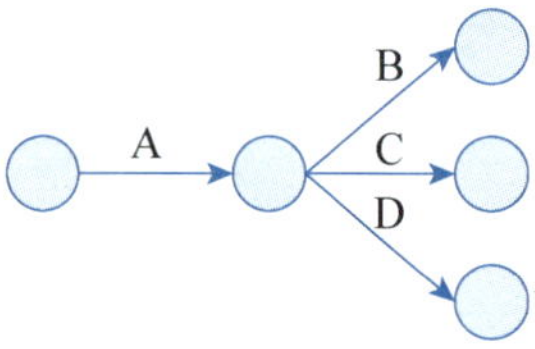	例 2：筹集资金活动结束后才能开始采购原材料、购买固定设备和招聘员工的活动
3	活动 A 完成后才能进行活动 B、C 和 D；活动 B、C 和 D 均完成后才能开始活动 E，即活动 B、C 和 D 均是 A 的后序活动，又同时均为 E 的前序活动	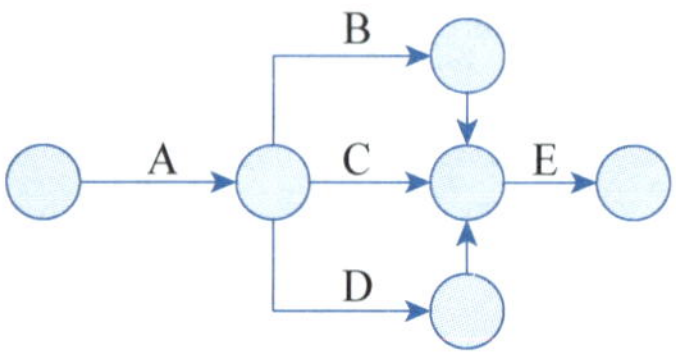	例 3：紧接例 2，同样，采购原材料、购买固定资产以及招聘员工这三项活动结束后才能开始下一个活动，即投入生产
4	活动 A 完成以后活动 D 才能开始；A、B 都完成后，E 才能开始，A、B、C 都完成后，F 才能开始。A 是 D 的前序活动，A、B 为 E 的前序活动，A、B 和 C 为 F 的前序活动	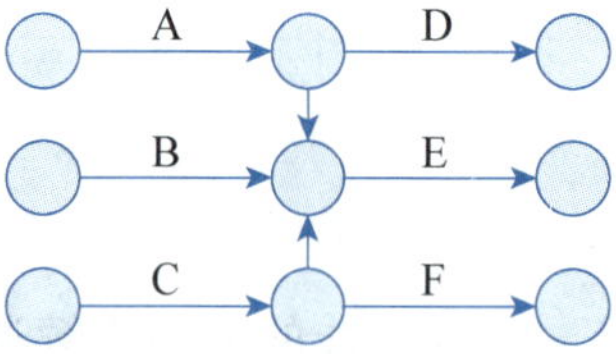	略
5	活动 A、B 完成后，D 才能开始；活动 B、C 完成后，E 才能开始；即活动 D 的前序活动有 A 和 B，活动 E 的前序活动有 B 和 C	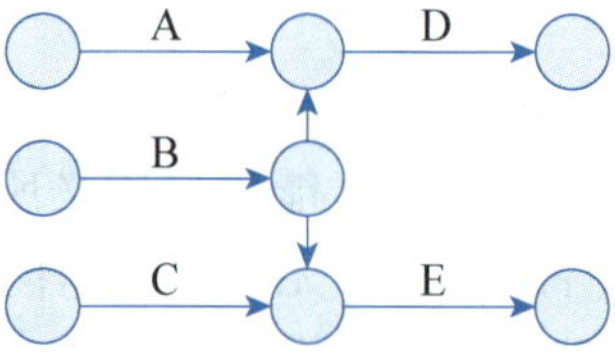	略

正确绘制网络图的前提基础是确定各活动之间的逻辑关系，具体来说就是对每项工作需要解决三个问题：

该项目活动有哪些紧后工序？即应该在哪些活动之前进行？

该项目活动有哪些紧前工序？即应该在哪些活动之后进行？

该项目活动有哪些平行工序？即与项目哪些活动有相同的紧前工序或紧后工序？

为了保证网络图的简洁、完整以及逻辑顺序合理，在绘制网络图时需要遵循一定的规则。由于双代号网络图结构紧凑，下面以 ADM 为前提介绍网络图的绘制规则。

（1）箭线与活动一一对应，一项工作只能够用一条箭线表示，即进入某一个节点的箭线可以有多条，但其他任何节点直接连接该节点的箭线只能有一条。

若有平行活动，可引入虚线以保证这一规则不被破坏。如图 5－7 所示，左边的表示方法就是错误的，右边的才是正确的表示方法。

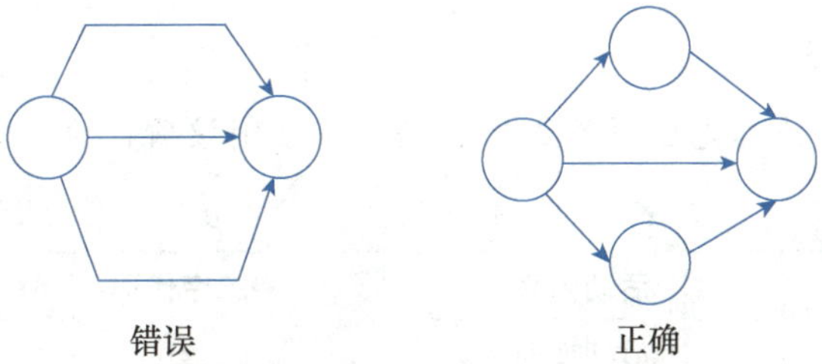

图 5－7　ADM 箭线与活动的对应关系

（2）箭线只能始于一个节点，终于另一个节点，也就是说，一条箭线必须要有一个紧前事件和一个紧后事件。

（3）每个网络图只能出现一个起点事件和一个终点事件，如图 5－8 所示，左边是错误的表示方法，而右边的表示方法才是正确的。

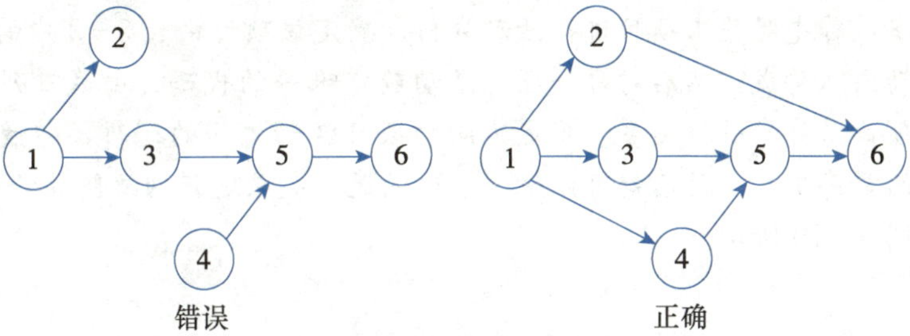

图 5－8　ADM 网络图中起点和终点的表示方法

（4）网络图是单向图，不允许出现循环回路，否则将出现逻辑错误，如图 5－9 所示就是错误的网络图表示方法（这条规则同样适合于单代号网络图）。

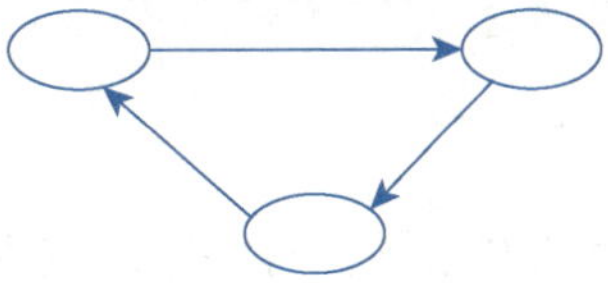

图 5－9　错误的网络图循环回路表示方法

（5）网络图中不允许出现中断或缺口。在网络图中，除了起点与终点外，其他所有的事项前后都必须要用箭线连接起来。

双代号网络图的绘制可以遵循如下步骤：

（1）根据活动清单中规定的项目目标所需要完成的活动进行分析，对每一个活动确定代号，确定各项目活动之间的逻辑关系，理顺每一项活动的前序活动和后序活动。

（2）根据上一步确定的逻辑关系，将各项活动用箭线连接，绘制网络图草图。

（3）网络图草图绘制完成后，将序号标在节点上，将活动代号标在箭线上。

（4）检查无误后，调整构图使之尽量对称、协调、美观，将草图绘制成规范图。

（5）计算不同路径上的工时，确定关键路线。

课堂讨论 5-1

建造一幢房屋，施工先后顺序见表 5-3，请绘制该项目的双代号网络图。

表 5-3　建筑房屋施工先后顺序

序号	活动内容	工序代码	前序活动
1	清理地面	A	
2	打地基	B	A
3	砌墙	C	B
4	安装电线	D	C
5	上屋顶	E	C
6	粉刷	F	D、E
7	室内工程	G	F

解析思路：首先对施工项目进行活动分析，确定该项目由表 5-3 中的第二列施工项目里的活动内容构成；然后对每一项目活动确定唯一的代码，由第三列的工序代码表示；根据项目本身的逻辑关系，确定不同的项目活动之间的逻辑，即最后一列表示了各个工序的前序工作。最后就可以根据上述的逻辑关系进行网络图的绘制。

结果如图 5-10 所示。

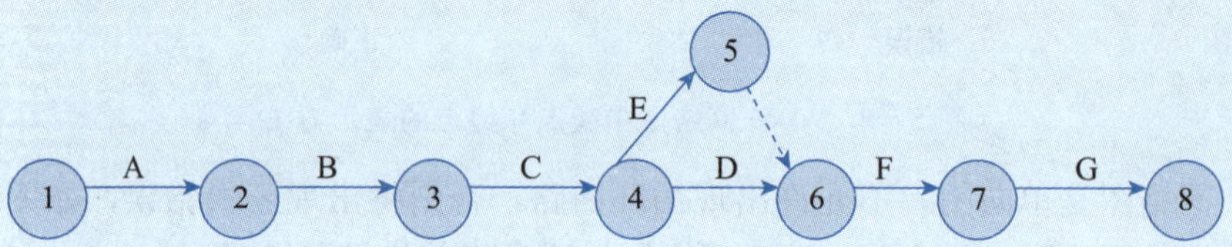

图 5-10　建造房屋项目的 ADM 网络图

3. 条件图法

条件图法是指带有条件选择的网络图。有些绘图技术，如图表审评技术（Graphical Evaluation and Review Technique）、风险评审技术（Venture Evaluation and Review Technique）和系统动力学，允许非前后排序活动的存在，如一个环（例如，某试验须重复多次）或存在条件分支（例如，一旦检查中发现错误，设计就要修改），而 PDM 和 ADM 均不允许回路或条件分支的出现。

4. 计划网络样板法

计划网络样板法就是使用各种标准网络来加速各项网络图的编制的方法。因为一个项目组织可能会给不同的客户做类似的项目，这样就有可能用过去完成的项目网络图作为新项目网络图的模板，通过修订原来的网络图（样板），来构筑新项目的网络图。网络的一部分称子网络，当一项目包含几个相同或几乎相同的内容时，子网络特别有用（例如一个高层写字楼的楼层、一个新药品研究项目的临床试验、一个软件工程的程序模块等）。

计划网络样板方法适用于一定程度上逻辑关系重复率较高的行业，如建筑业等。但是在信息化高速发展的今天，流程改造在信息行业大行其道，在这种情况下，由于这类行业的项目追求创新，试图打破原来的业务流程，计划网络样板法可能就会失效。

5.1.5　活动排序的输出：成果

1. 项目进度网络图

项目进度网络图是项目所有活动以及它们之间逻辑关系（依赖关系）的一个图解表示。该图可以包括项目的全部细节，也可以只有一项或若干项概括性活动。项目进度网络图应伴有一个简洁说明以描述基本排序方法，但对不平常排序应充分地加以叙述。项目进度网络图可手工编制，也可用计算机项目管理软件实现。

2. 修改后的活动清单

根据前文所述，活动界定的过程可对工作分解结构做修改。同理，编制网络图过程中，也同样会出现这样需要修改的情况（例如，一个活动必须进一步重新划分或重新定义以画出正确的逻辑关系）。所以，需要最后根据确定了的新逻辑关系，以及所有相关时间的提前或滞后量，都重新列入活动属性，使之更新，从而形成修改后的活动清单。

绘制网络图

5.2　活动持续时间估算

5.2.1　活动持续时间估算的概念

活动持续时间估算是指利用有关计划活动的工作范围、合理的相关资源的需求，预计完成各计划活动所需时间的长短。通常在项目团队中熟悉该活动特性的个人和小组可对活动所需时间做出估计。活动持续时间估算是估算完成各计划活动需要的单位工作时间所必需的过程。活动持续时间应该现实、有效并能保证质量。

项目活动时间的估算需要依据计划活动界定、相关的可供使用的资源等信息，因此，估算的准确性依赖于依据数据的有无和质量的高低。项目计划在不断完善的过程中，可供使用的数据数量和质量也在不断增加和完善，因此，活动持续时间的估算也越来越准确。在对活动持续时间估算的过程中，需要将所有支持时间估算的假设和数据记载下来，以备事后查找估算误差原因以及提高估算准确性。

估算完成计划活动所需工时单位数目时，有时必须考虑因具体类型工作的要求而流逝的时间。例如，混凝土养护需要 4 天时间，即需要 2～4 个工作日，到底几天取决于活动的开始日期是星期几？周末是否算工作日？大多数的项目进度管理软件，都利用项目日历与其他可供考虑的工作时间资源日历来处理这种情况。其他可供考虑的工作时间资源日历，通常由要求安排具体时间段的资源所确定。计划活动按照项目日历开展，而分配了资源的计划活动也要按照相应的资源日历开展。

绝大多数的计算机排序软件会自动处理这类问题。整个项目所需时间也是运用这些工具和方法加以估计的，它是制订项目进度计划的一个结果，如图 5－11 所示。

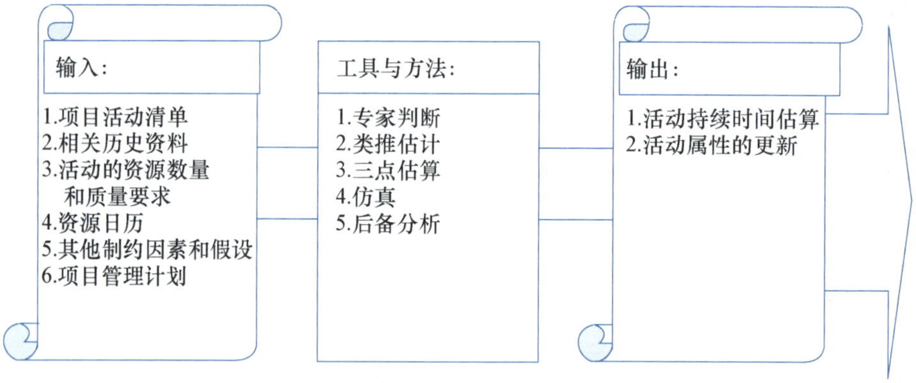

图 5－11　活动持续时间估算：输入、工具与方法和输出

5.2.2　活动持续时间估算的输入

参考《项目管理知识体系指南》，活动持续时间估算所需的信息和依据主要包括以下几个方面。

1. 项目活动清单

此项在本模块第 1 节里已介绍，这里的项目活动清单应该为第 1 节项目活动排序后的成果：修改后的项目活动清单。

2. 相关历史资料

很多项目团队在实施项目过程中保留了一些过去项目结果的记录，这些历史记录可以作为参考资料，用于新项目的活动持续时间的估算。它对项目团队及其组织来讲都是一笔财富，是组织的资产。

参与项目的相关组织可能会有持续时间估算数据库（如项目档案等）以及其他的历史参考数据。这种数据可能是相关组织以往经验和成果的积累，也可能是在市场上通过购买而获得（如商业用估计数据库）。

3. 活动的资源数量和质量要求

活动的资源要求会影响计划活动的时间，因为分配给计划活动的资源，以及这些资源是否能够用于该项目，将大大影响大多数项目活动的持续时间。可以说，大多数活动所需时间由相关资源多少所决定。例如，一人工作完成某设计活动需要两个月的时间，但如果是两个人只需要一个月就能完成。每日只能用半天进行工作的人通常至少需要两倍的时间完成某活动（相对一个能整天工作的人所需时间）。

另外，活动持续时间还与资源（人和生产资料）的质量有关系，例如，对同一活动，设有两个人均能全日进行工作，一个高级技工所需时间则少于低级技工所需时间。

计划活动的实施进度会受到各种内外部参考数据在活动持续时间内的影响，例如，政府相关部门对于某类必要申请文件的审批时间；混凝土在特定的季节和不同的气候条件下所需要的养护时间等。

4. 资源日历

在估算活动持续时间时，不仅要考虑活动本身对资源数量和质量的要求，还要考虑企业本身能供给本项目多少资源。资源日历是指在项目生命周期内，拥有的资源数量和质量情况，包括人力资源的有无、能力和技能等，还包括相关的设备、物资的类型、数量、能否使用以及生产能力等。这些对计划活动的持续时间会有较大的影响，因此，在对活动持续时间进行估算时，一定要将这些要素考虑在内。例如，熟练工和非熟练工都全时投入工作，对于具体的计划活动，通常情况下，可以认为熟练工要比非熟练工所用的时间少。

5. 其他制约因素和假设

在估算活动持续时间时，除考虑资源约束外，还需要考虑项目范围活动内的相关制约因素和假设。例如，项目的报告时间长短可能成为计划持续时间的上限的假设；文件的提交和审查，以及其他经常具有由合同或实施组织计划所规定的频率与持续时间的，会成为交付成果计划活动的制约因素。

6. 项目管理计划

项目管理计划中包含了相关的资源计划、成本计划等内容，这些对活动持续时间都会有影响，因此，在估算项目活动持续时间时，有时需要审查项目管理计划。

5.2.3 活动持续时间估算的工具与方法

1. 专家判断

估计所需时间经常是困难的，因为许多因素会影响所需时间（例如，资源质量的高低、劳动生产率的不同）。只要有可能，可以依靠历史资料信息进行专家判断。各项目团队成员也可以提供持续时间估算的信息，或依据以前的类似项目提出有关最长持续时间的建议。如果找不到合适专家，估计结果往往不可靠并具有较大风险。

2. 类推估计

持续时间类推估计意味着利用一个先前类似活动的实际时间作为估计未来活动时间的基础，在只有很有限的关于项目的资料和信息的情况下，常用这种方法估算项目活动所需时间。类推估计常利用历史信息和专家判断。

类推估计是专家判断的一种形式。例如在早期，当先前活动和当前活动是本质上类似而不仅仅是表面的相似，而且准备这种估算的项目团队成员专家有所专长时，对于时间的类推估计是较为可靠的。

3. 三点估算

由于项目存在不确定性，即存在一定的风险，所以，估算时将风险考虑在内，会提高活动持续时间估算的准确性。三点估算就是在确定三种估算的基础上做出的。

（1）最可能持续时间。它是在为计划活动分派资源、资源生产率、可供计划使用的可能性以及可能的中断都能够确定时，该计划的持续时间，用 M 表示。

（2）乐观持续时间。当估算最可能持续时间依据的条件形成最有利的组合时，估算出来的持续时间就是活动的乐观持续时间，用 O 表示。

（3）悲观持续时间。当估算最可能持续时间依据的条件形成最不利的组合时，估算出来的持续时间就是活动的悲观持续时间，用 P 表示。

用上面三种估算的活动持续时间来估算计划活动持续时间，并不是用其简单的算术平均数，而是统计学中参数估计里的求频率曲线参数的估计方法，计算表达式如下：

$$E=(O+4M+P)/6 \tag{5-1}$$

其中：O 为乐观持续时间；P 为悲观持续时间；M 为最可能持续时间；E 为最后估算的活动持续时间。

课堂讨论 5-2

已知 XO 项目包含 A、B、C 三个活动，每个项目活动的乐观持续时间 O、最可能持续时间 M、悲观持续时间 P，在表 5-4 中的第二列表示，请估算项目的活动持续时间和项目的预计总工期。

表 5-4　XO 项目的活动持续时间估算

活动	O、M、P	平均工期
A	2、3、6	3.33
B	4、3、8	4.00
C	3、4、6	4.17
估计的项目总工期		11.50

项目中三个活动的持续时间就可以采用式（5-1）计算，项目活动 A 的估算持续时间：$E_A=(2+4\times3+6)\div6=3.33$。

同理可得：项目活动 B 持续时间 $E_B=4.00$，项目活动 C 持续时间 $E_C=4.17$。

XO 项目的总工时估算 $=E_A+E_B+E_C=3.33+4.00+4.17=11.50$。

4. 仿真

仿真又称模拟，是用不同的假设以及各种假设的概率来计算相应的时间，最常见的是蒙特·卡罗方法。在这种方法中，通常运用蒙特·卡罗模拟、三角模拟等方法确定出每项项目活动的可能持续时间和整个项目可能工期，然后使用这些数据确定活动持续时间并编制进度计划。

5. 后备分析

因为项目实施过程中存在一定的进度风险，因此，项目进度计划中应该以“应急时间”“缓冲时间”“时间储备”为名称增加一些时间。应急时间可以取活动持续时间的一个百分比，也可以设为固定的一段时间，或者依据定量风险分析的结果确定。应急时间可能会全部用完，也可能只使用一部分，还可能随着项目的进行，相关信息越来越准确，应急时间会不断减少甚至取消。为了加强和完善项目管理，应急时间的相关设定和变动应当同其他相关假设和数据一起形成文件。

5.2.4　活动持续时间估算输出：成果

1. 活动持续时间估算

活动持续时间估算是关于完成计划活动所需时间的可能长短所做的数量估计。活动持续时间估算的结果中应当指明变化范围。

例如：

（1）3 周±2 天，表示该活动至少需 13 天和不超过 17 天（假设每周工作 5 天）。

（2）超过 2 周的概率为 15%，表示有 85%的概率该活动将用 2 周或更短时间完成。

估算出活动持续时间之后，将各项项目活动的时间标注在项目活动排序的结果——网络图中，将绘制出带有时间的网络图，这是进行项目进度计划的基础。

估算每项工作的时间

2. 活动属性的更新

在对活动持续时间估算的过程中，项目活动的属性信息逐步确认和完善。更新后的活动信息应该包括项目计划活动的持续时间、编制活动持续时间、进行估算时相关的假设与约束、环境因素以及应急时间。

5.3　编制项目进度表

5.3.1　项目进度表的编制

编制项目进度表要决定项目活动的开始和结束日期，若开始和结束日期是不现实的，项目不可能按计划完成，这是一个反复确认的过程。活动排序、持续时间估算、进度编制成本估算等过程交织在一起，反复进行，最后才能确定项目进度。整个过程如图 5-12 所示。

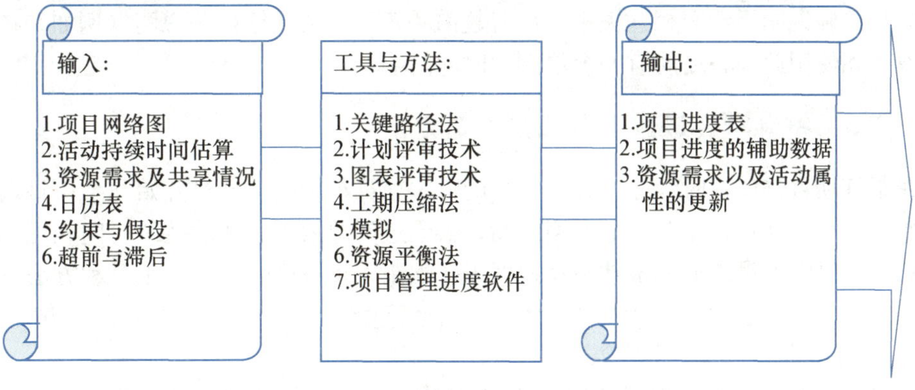

图 5-12　编制项目进度表：输入、工具与方法和输出

5.3.2　编制项目进度表的输入

编制项目进度表时，应根据项目网络图、估算的活动持续时间、资源需求、资源共

享情况、项目执行的工作日历、进度限制、最早和最晚时间、风险管理情况、活动特征等统一考虑，即编制项目进度表的输入包括以下内容。

1. 项目网络图

“5.1 项目活动排序”中已经介绍。

2. 活动持续时间估算

“5.2 活动持续时间估算”中已经介绍。

3. 资源需求及共享情况

“5.2 活动持续时间估算”中已经做过简单介绍，该环节需要对资源库进行项目表述，且对各资源的详细程度的要求是变化的。例如，编制一个咨询项目的最初进度计划时，仅需知道在某一段时间内有两个咨询人员可供利用，然而在编制同一项目的最终进度时，必须确定使用哪一位特定的咨询人员。

4. 日历表

项目日历表和资源日历表确定了可用于工作的日期。项目日历表对所有资源都有影响（例如，一些项目仅在法定的工作时间内进行，而有的项目可一日三班安排工作），各资源日历表对特定的资源有影响（例如，项目团队的成员可能正在放假接受培训，某一劳动合同可能限定工人一周的工作天数）。

5. 约束与假设

在编制进度计划时，主要有以下约束必须加以考虑：

（1）强制性日期。某些工作活动或者细目应项目业主（或项目顾客或其他外界因素）的要求必须在某一特定日期完成（例如，某技术成果必须在某个固定的博览会日期前完成；某董事会要求在某日期前完成一个开发项目）。

（2）关键事件或里程碑事件。项目顾客、项目业主或其他项目利益相关者提出在某一特定日期前完成某些工作细目，一旦定下来，这些日期就很难被更改了。

在编制进度计划时，尽管相关约束因素越来越清晰，但某些假设还是需要确定。

6. 超前与滞后

为了精确说明活动间相互关系，需对超前和滞后的情况做相关说明（例如，在订购一台设备和使用此设备之间有一个星期的时间间隔）。

5.3.3 编制项目进度表的工具与方法

在制订项目进度表时，先以数学分析的方法计算每个活动最早开始和结束日期与最迟开始和结束日期，得出时间进度网络图，再通过资源因素、活动持续时间和可冗余因素调整活动时间，最终形成最佳活动进度表。编制项目进度表的主要工具和方法有以下几种。

1. 关键路径法

关键路径法（Critical Path Method，CPM）是一种通过分析哪个活动序列（或网络图中哪条路线）进度安排的灵活性（总时差）最小，来预测项目进度的网络分析技术。该技术是由雷明顿-兰德公司的克里（Kelly）和杜邦公司的沃尔克（Walker）在1957年提出的，用于对化工厂的维护项目进行日程安排。CPM方法是目前项目管理软件

（包括微软方法）使用的基本方法。

CPM 图中的关键路径就是耗用的工时最长的那条路线，关键路径上的活动称为关键活动，关键活动的延期与超前直接影响着整个项目的工期。关键路径有时不止一条，而且并不是一成不变的，有时会因为某些因素的变化而导致关键路径发生变化。

一般情况下，由关键路径来确定项目的总持续时间，即项目的总工时。如图 5-13 所示的项目 X 的网络图：起点到终点有 A→C→E→G 和 B→D→F→G 两条路径。路径 A→C→E→G 的耗时为 14(8+2+1+3)，而 B→D→F→G 的耗时为 15（4+2+6+3），所以，B→D→F→G 构成项目 X 的关键路径。

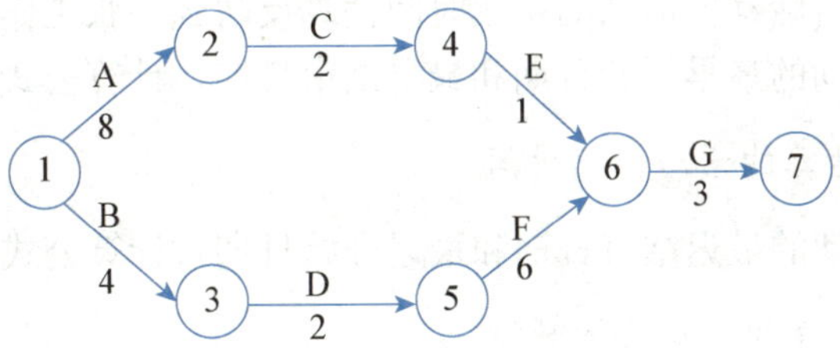

图 5-13　项目 X 的网络图

关键路径法的工作原理是：为每个最小任务单位计算工期，定义最早开始和结束日期、最迟开始和结束日期，按照活动的先后关系形成顺序的网络逻辑图，找出必需的最长的路径即为关键路径，关键路径决定了项目的总消耗时间。关键路径法的一些主要时间参数包括：

最早开始日期（Early Start，ES），活动最早开始日期由所有前序活动中最后一个最早结束日期确定。

最早结束日期（Early Finish，EF），活动的最早结束日期由活动的最早开始日期加上该活动的持续时间（工期）确定。

最迟结束日期（Late Finish，LF），一个活动在不耽误整个项目的结束日期的情况下能够最迟开始的日期。它等于所有后序活动中最早的一个最晚开始日期。

最迟开始日期（Late Start，LS），一个活动在不耽误整个项目的结束日期的情况下能够最早开始的日期。它等于活动的最迟结束日期减去活动的工期。

总时差（Total Float，TF），指一项活动在不影响整体计划工期的情况下最大的浮动时间。

自由时差（Free Float，FF），指活动在不影响其前序活动的最早开始日期的情况下可以浮动的时间。

具体的计算方法：

（1）最早开始日期从项目起始点开始算起：

$ES=EF$[（前序活动的）并且是最晚的 EF]

$EF=ES+T$（活动持续时间）

（2）最迟结束日期是从项目的终止点逆向计算：

$LF=LS$[（后序活动的）并且是最早的 LS]

$LS=LF-T$（活动持续时间）

（3）总时差和自由时差的计算：

总时差 $TF=LS-ES$　或　$LF-EF$

自由时差 $FF=ES$（后序活动的）$-EF$

关键路径法的关键是确定项目网络图的关键路径。这一工作需要依赖于活动单、项目网络图及活动持续时间估算等，如果这些文档已具备，借助于项目管理软件，关键路径的计算可以自动完成，如果采用手工计算，可以遵循以下步骤：

（1）把所有的项目活动及活动的持续时间估算反映到一张工作表中。

（2）计算每项活动的最早开始日期和最早结束日期，计算公式为：

$EF=ES+$估算的活动持续时间

（3）计算每项活动的最迟结束日期和最迟开始日期，计算公式为：

$LS=LF-$估算的活动持续时间

（4）计算每项活动的总时差，计算公式为：

$TF=LS-ES=LF-EF$

（5）找出总时差最小的活动，这些活动就构成关键路径。浮动时间等于零的活动组成的路径是网络图中时间累计最长的路径，关键路径的长度即是项目的总工期。因此，识别关键路径并压缩关键路径，是项目时间管理的核心技术之一。

计算时间参数

课堂讨论 5－3

已知某软件程序开发项目的相关信息见表 5－5，请绘制该项目的网络图，并找出关键路径以及最短的项目总工期是多长时间。

表 5－5　某软件程序开发项目的工作先后顺序

任务名称		活动代码	活动持续时间（天）	前序活动
110　用户需求确认	111　用户需求分析	A	5	—
	112　用户需求确认	B	5	A
120　开发环境准备	121　硬件环境准备	C	5	E
	122　软件环境准备	D	5	C
130　程序设计	131　系统分析	E	15	B
	132　功能模块设计	F	30	E
	133　数据库设计	G	10	E
	134　美工设计	H	5	F
140　程序开发	141　文档设计	I	10	D、G、H
	142　代码设计	J	20	I
	143　程序测试	K	20	J

分析 1：

根据表 5-5 的已知信息，按照 5.1 中介绍的网络图的绘制方法，可以绘制出该项目的双代号网络图，如图 5-14 所示。

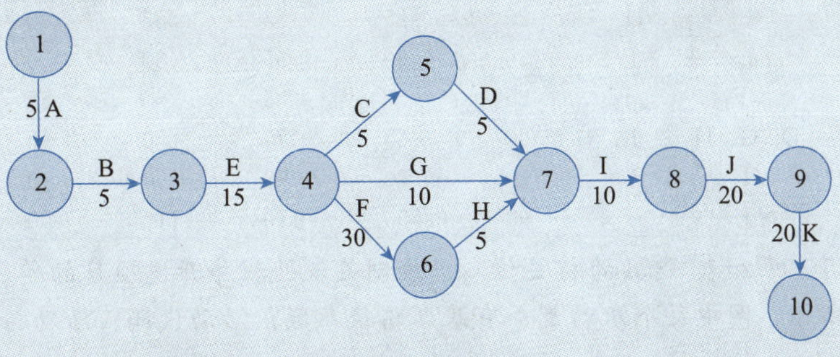

图 5-14　某软件程序开发项目的双代号网络图

从图 5-14 中可以看出，该项目网络图中有三条路径，分别是 A→B→E→C→D→I→J→K、A→B→E→G→I→J→K 和 A→B→E→F→H→I→J→K，三条路径的总工时分别为 85（5+5+15+5+5+10+20+20）、85（5+5+15+10+10+20+20）和 110（5+5+15+30+5+10+20+20）。由此可以看出，路径 A→B→E→F→H→I→J→K 总工时最长，项目的最短总工期天数为 110 天，为该项目的关键路径。在项目执行过程中要保障关键路径上的活动不能延误，否则会导致总工期延长。

上述分析得到关键路径，但是分析不够详细，不能确定在非关键路径上哪些活动比较自由，自由度有多大，即可以延迟多久。

分析 2：

根据上述关键路径法的步骤去寻找关键路径，这次用单代号网络图分析。单代号网络图表示活动的方法如图 5-15 所示。

ES	*TF*	*EF*
工期	活动代码	
LS	*FF*	*LF*

图 5-15　单代号网络图活动的表示法

根据表 5-5 中的信息，可以计算每个活动的最早开始日期 *ES*、最早结束日期 *EF*、最迟结束日期 *LF*、最迟开始日期 *LS*、总时差 *TF* 和自由时差 *FF*。结果见表 5-6。

表 5-6　某软件程序开发项目的主要时间参数

活动代码	活动持续时间	前序活动	后序活动	最早开始日期 ***ES***	最迟开始日期 ***LS***	最早结束日期 ***EF***	最迟结束日期 ***LF***	总时差 ***TF***	自由时差 ***FF***
A	5	—	B	0	0	5	5	0	0
B	5	A	E	5	5	10	10	0	0
C	5	E	D	25	50	30	55	25	0
D	5	C	I	30	55	35	60	25	25

续表

活动代码	活动持续时间	前序活动	后序活动	最早开始日期 *ES*	最迟开始日期 *LS*	最早结束日期 *EF*	最迟结束日期 *LF*	总时差 *TF*	自由时差 *FF*
E	15	B	C、F、G	10	10	25	25	0	0
F	30	E	H	25	25	55	55	0	0
G	10	E	I	55	60	55	60	0	0
H	5	F	I	25	50	35	60	25	25
I	10	D、G、H	J	60	60	70	70	0	0
J	20	I	K	70	70	90	90	0	0
K	20	J	—	90	90	110	110	0	0

根据图 5－15 和表 5－6 的相关信息，绘制某软件程序开发项目的单代号网络图，如图 5－16 所示，图中每个活动都含有基本路径参数：活动代码、活动持续时间、最早开始日期 *ES*、最早结束日期 *EF*、最迟开始日期 *LS*、最迟结束日期 *LF*、总时差 *TF* 及自由时差 *FF*，参数在活动图中的位置与图 5－15 相同。该软件程序开发项目的关键路径，即自由时差为 0 的路径。

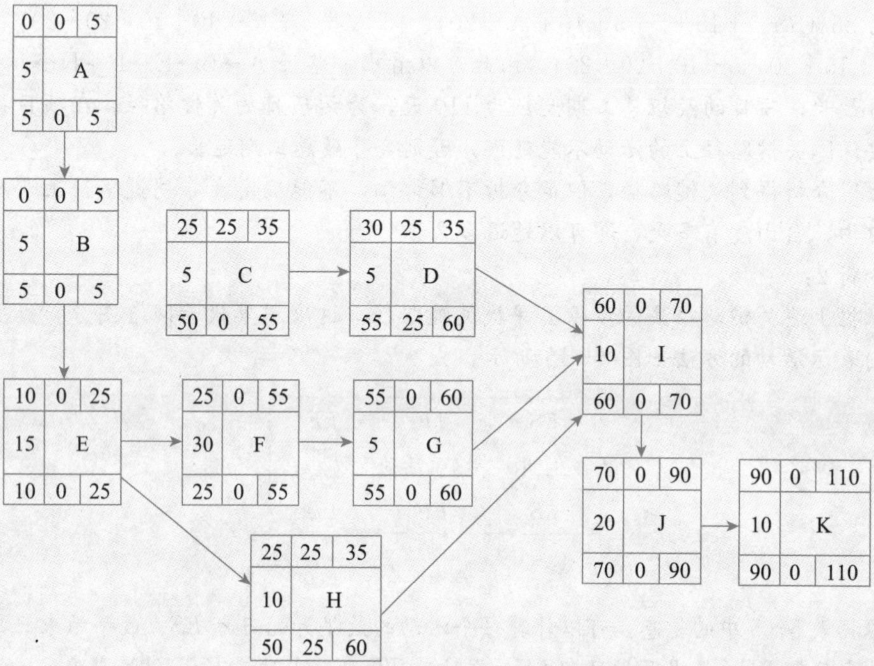

图 5－16　某软件程序开发项目的单代号网络图

课堂讨论 5－4

某人于早晨 7:00 起床，按其生活习惯，在其出门上班前，必须完成下列动作：5 分钟时间穿衣服，4 分钟洗脸，10 分钟烧开一壶开水，5 分钟取牛奶，5 分钟热牛奶，5 分钟吃饭。

假定只有一个炉灶，试问此人最早何时可以出门上班？

2. 计划评审技术

计划评审技术（Program Evaluation and Review Technique，PERT）是利用项目的网络图和各活动所需时间的估计值（通过加权平均得到）去计算项目总时间的一种方法。1958 年，美国海军在研制“北极星”导弹计划时，由于导弹的研制系统过于庞大、复杂，为找到一种有效的管理方法，设计了计划评审技术。

PERT 与 CPM 的不同点在于，PERT 利用期望值而不是最可能的活动所需时间估计。PERT 如今很少应用，然而类似 PERT 的估计方法常在 CPM 法中应用。由于 PERT 与 CPM 既有相同的目标应用，又有很多相同的术语，这两种方法已合并为一种方法，在国外称为 PERT/CPM，我国称为统筹方法（Scheduling Method）。

3. 图表评审技术

图表评审技术（GERT）是对网络结构和活动估计进行概率处理（即某些活动可不执行，某些仅部分执行，某些可不止一次执行）的一种方法。

4. 工期压缩法

工期压缩法是一种数学分析的方法。在不改变项目范围前提下（例如，满足规定的日期或满足其他计划目标），强加日期或其他进度目标，进而缩短项目进度时间的途径。工期压缩法包括以下几种：

如何进行工期压缩?

（1）应急法。这种方法是指权衡成本和进度间的得失关系，以确定如何在尽量少的增量成本前提下实现达到最大量的时间压缩。应急法并不总是产生一个可行的方案，反而常常导致成本的增加。

（2）平行作业法。这种方法是指将原本按前后顺序安排的阶段或活动修改为同时进行，以达到节省时间的一种方法。例如，在设计完成前，就开始在软件项目上写出程序，或在 25%的工程点达到前，就可开始建一个炼油厂的地基。该方法要求在取得详细、完整的信息之前就开始进行下一步的活动，以增加费用为代价换取时间，并且因缩短项目进度时间而增加风险。因此，这种方法常导致返工或增加风险。

5. 模拟

使用各种标准计划来加速各项计划的编制。项目团队可能遇到类似的客户或者相似的项目，那么以前项目的成果可以拿来借鉴。如果可以，其他企业或团队的这类资源也可以拿来使用。该方法在适用的范围内可以节省大量的时间和能源，甚至可以提高计划的准确性。

6. 资源平衡法

CPM 和 PERT 通常产生一个初始进度计划，而实际实施该项目进度计划时，可能需要比计划拥有更多的资源，或要求所用资源出现大幅度变化（这给管理带来困难）。可尝试首先把稀有资源分配到关键路径，从而在资源有约束条件下制订一个进度计划。用资源平衡法计算出的项目完成时间一般比初始进度长。资源有约束的进度编制是资源调整的一个特例，前者涉及的仅是可利用资源在数量上的限制。

7. 项目管理进度软件

项目管理进度软件被广泛地使用，以实现帮助编制项目进度的目的。这些软件可自动进行数学计算和资源调整，可迅速地对许多进度安排方案加以考虑和选择。项目管理进度软件还可以与其他项目管理软件模块配合使用，运用这些软件，还可打印或显示出计划编制的结果。

5.3.4 编制项目进度表的输出：成果

1. 项目进度表

项目进度表至少要包括每一项具体活动的计划开始日期和期望完成日期。在资源尚未确定之前，一直到资源分配被确定是可行的，项目进度表始终只是初步进度计划，因此，资源分配可行性的确认应在项目进度计划编制完成前做好。项目进度表是项目管理该环节最重要的输出成果。

项目进度表可用简略形式表示，称为总进度表或者里程碑进度表，也可用详细具体的形式表示，具体有以下几种：

（1）甘特图。甘特图又称条形图，是用横条来表示活动，注明活动开始和结束日期，并显示期望活动时间，但图中显示不出相关性。甘特图容易读，较直观。

课堂讨论 5-5

已知某公司拟进行一个局域网建设项目，该项目的工作任务分配见表 5-7，那么就可以用图 5-17 所示的甘特图表示。

表 5-7 某公司的工作任务分配

活动		公司局域网建设			
编号	名称	周期/天	最早开始/天	最早结束/天	时差/天
A	机房装修	30	0	30	0
B	房间布置	20	30	50	0
C	网络布线	30	30	60	10
D	硬件安装	20	50	70	0
E	软件调试	10	70	80	0

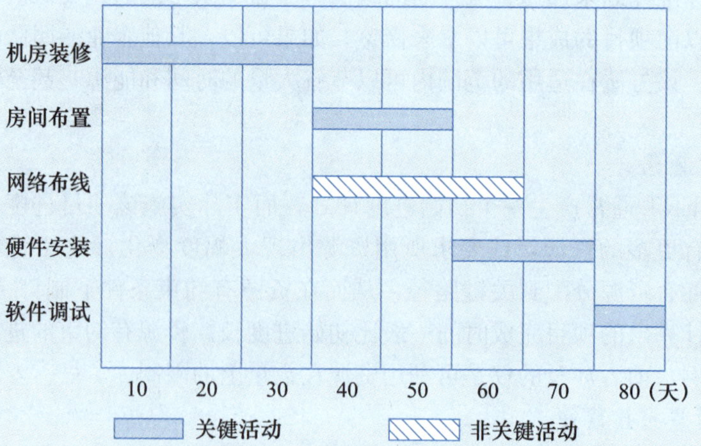

图 5-17 某公司局域网建设项目的普通甘特图

如果将项目的时差体现在甘特图上，可绘制含时差的甘特图，则某公司局域网建设项目含时差的甘特图就可以用图 5－18 来表示；同样，还可以将活动之间的逻辑关系体现在甘特图中，就可绘制含活动逻辑关系的甘特图，则某公司局域网建设项目的含活动逻辑关系的甘特图如图 5－19 所示。

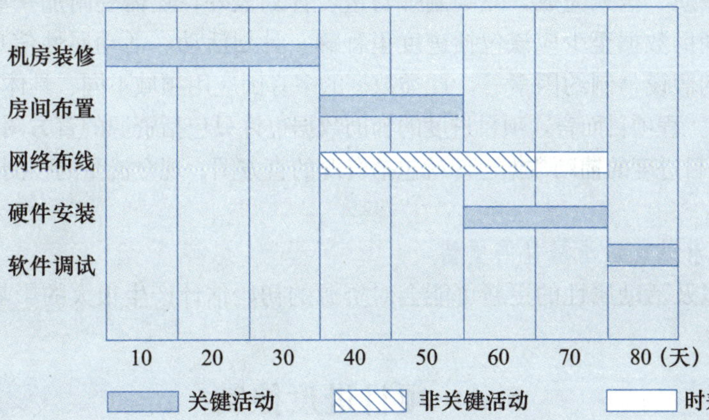

图 5－18 某公司局域网建设项目含时差的甘特图

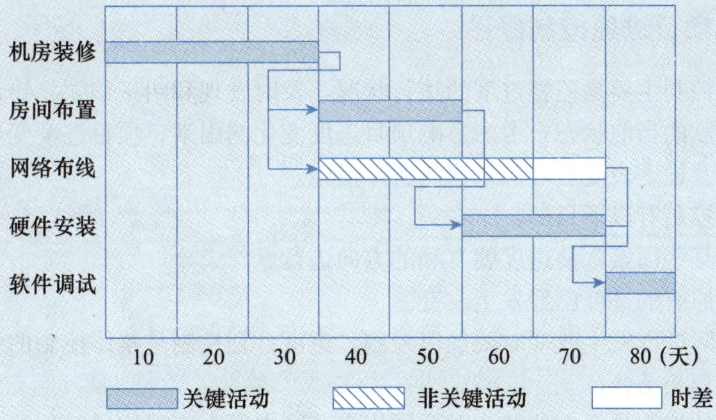

图 5－19 某公司局域网建设项目含活动逻辑关系的甘特图

（2）里程碑进度表。里程碑进度表与甘特图类似，但仅仅表示出主要可交付成果以及关键的外部接口的规定开始与结束日期。表 5－8 展示了“课堂讨论 5－3”某软件程序开发项目的里程碑进度表。

表 5－8 某软件程序开发项目的里程碑表

任务名称	可交付成果	1月	2月	3月	4月
需求分析完成	分配软件项目需求分析说明书	◆1.15			
系统设计完成	分配软件项目的系统设计方案			◆3.5	
程序编码完成	分配软件系统软件及编码文档				◆4.15

（3）项目进度网络图。该图附带活动持续时间信息的图形，一般既能表示项目网络的逻辑关系，又能表示项目关键路径上的项目活动。项目进度网络图有活动节点表示，有日

期信息。这些图能显示出项目间前后次序的逻辑关系，同时也显示出项目的关键路径与相应的活动。有时间尺度的项目网络图（见图5-14、图5-16）是项目网络图和条形图的一种混合图。这种网络图显示了项目的前后逻辑关系、活动所需时间和进度方面的信息。

2. 项目进度的辅助数据

项目要想按质、按期完成，除编制项目进度计划表外，还需要附加一些项目进度表的辅助数据。辅助数据至少应该包括进度里程碑、计划活动、活动属性信息、相关的已经识别和确认的假设与制约因素等。此类数据的多寡因应用领域不同、具体项目而异。例如，对一个电子工程项目而言，项目进度的辅助数据也许只包括资源的直方图，而对一个建筑项目而言，项目进度的辅助数据也许就包括资源的直方图、现金流量的预测、订货与交货计划等。

3. 资源需求以及活动属性的更新

资源需求以及活动属性的更新可能会对资源的初始估计产生很大的影响。

5.4 项目进度控制

5.4.1 项目进度控制概述

项目进度控制主要是监督进度的执行状况，及时发现和纠正偏差、错误。在控制中要判断项目进度的当前状态，考虑影响项目进度变化的因素、项目进度变更对其他部分的影响因素以及进度表变更时应采取的实际措施。

项目进度控制有以下目的：

（1）改变某些因素，使进度朝有利的方向进行。

（2）确定原有的进度已经发生改变。

（3）当实际进度发生改变时要加以控制，进度计划控制是整体控制的一部分，必须和其他控制过程相结合。

项目进度的控制是全方位的，对合同规定范围内所有工程构成部分的进度都要进行控制，凡影响项目进度的工作都应列入进度计划，成为进度控制的对象。项目进度控制的全过程如图5-20所示。

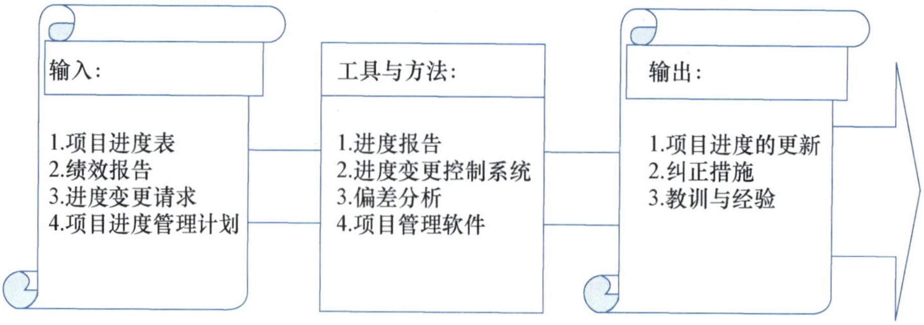

图5-20 项目进度控制的输入、工具与方法和输出

5.4.2　项目进度控制的输入

1. 项目进度表

被认可的项目进度表（又称基准进度）是项目总计划的一部分。它提供了度量和报告进度执行情况的基础，也是绩效测量基准的一部分。

2. 绩效报告

绩效报告，即执行情况报告，提供进度方面的信息。如哪一活动如期完成了，哪一活动未如期完成。报告中也可提醒项目团队将来可能需要注意的问题。

3. 进度变更请求

进度变更请求有多种形式：口头或书面、直接或间接、由外部或由内部因素导致的、强制性的或有多种选择的。这些具体的改变要求的结果可能是加快进度，也可能是进度的延长。

4. 项目进度管理计划

详见“5.3　编制项目进度表”的内容。

5.4.3　项目进度控制的工具与方法

1. 进度报告

进度报告是对项目实际进度的动态监测，用来评估实际与计划时间进度间差异的大小。控制进度的一个重要部分是决定进度的偏差是否需要采取纠正措施。例如，一个非关键活动的一个较大时间延误也许只对项目产生较小的影响，而关键活动的较小延误也许就需要马上采取纠正措施。为了便于定期报告项目的进度，组织内参与项目的各个单位可在项目生命期内自始至终使用统一的样板，样板可以是纸质的，也可以是电子版的文件。

2. 进度变更控制系统

进度变更控制系统是指一些特定过程，通过这些过程可改变项目进度。该系统包括书面工作、追踪系统、允许的进度偏差以及核准变更的审批等。进度变更控制应和控制系统的总改变结合起来。

3. 偏差分析

在进度监控过程中，进行偏差分析是进度控制的一个关键职能。将目标进度日期与实际或预测的进度日期进行比较，从而发现偏差以及在出现延误时采取必要纠正措施所需要的信息。在评价项目进度绩效时，总时差也是分析项目进度实际绩效的不可或缺的部分。

4. 项目管理软件

项目管理软件能追踪计划日期和实际日期，能对其加以对比，并能预测进度改变所造成的实际或潜在影响。该软件是进度控制的一个有用工具。

5.4.4　项目进度控制的结果

1. 项目进度的更新

项目进度的更新是指根据执行情况对相关的项目进度计划进行调整。如有必要，必须把计划更新结果通知利害相关者。更改过的项目进度网络图显示得到批准的剩余持续时间和对工作计划所做的修改。进度更新有时需要对项目的其他计划进行调整。在有些情况下，进度延迟十分严重以致需要提出新的目标进度表，才能更好地为指导工作、衡量绩效等提供依据。

2. 纠正措施

纠正措施是指为确保项目未来进度的绩效与批准的项目进度基准保持一致而采取的行动。在时间管理领域中，纠正措施通常是指加速活动以确保活动能按时完成，或尽可能减少延迟时间。同时，纠正措施还要求进行差异的根本原因分析，查明偏差来源。这种分析还可以未雨绸缪，将虽然目前没有发生，但是将来可能发生的排在项目进度计划后面，防患于未然。

3. 教训与经验

进度产生差异的原因、对纠正措施的思考和选择以及进度控制中其他方面的经验教训应被记录下来，成为执行组织在本项目和今后其他项目的历史数据库与资料。这些资料有时被称为组织过程资产。

思考与练习

一、复习思考

1. 项目活动之间存在哪些类型的逻辑关系？
2. 项目活动持续时间的计算方法有哪些？
3. 单代号网络图和双代号网络图的区别是什么？
4. 网络图中活动之间有哪些逻辑关系？如何表示？
5. 项目进度计划表有哪些形式？
6. 项目进度控制的含义是什么？其主要目的是什么？

二、能力训练

1. 某一简单项目由三个活动 A、B、C 组成，其项目网络图如图 5－21 所示。活动 A、B、C 在正常情况下的工作时间分别为 20 天、18 天、24 天，在最有利情况下的工作时间分别为 15 天、16 天、20 天，在最不利情况下的工作时间分别为 28 天、30 天、36 天。请问该项目各活动和整个项目的最可能完成时间是多少？

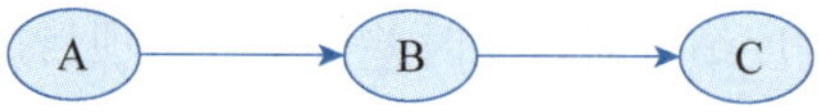

图 5－21　某项目网络图

2. 某软件开发系统项目的活动描述见表 5－9，请绘制该项目的网络图，并确定其最佳路径包括哪些活动。

表 5－9　某软件开发系统项目的活动描述

活动代号	活动描述	后序活动	活动时间/周
A	系统分析和总体设计	B、C	3

续表

活动代号	活动描述	后序活动	活动时间/周
B	输入和输出设计	D	4
C	模块1详细设计	E、F	6
D	输入和输出程序设计	G、I	8
E	模块1程序设计	G、I	8
F	模块2详细设计	H	5
G	输入和输出及模块1测试	J	3
H	模块2程序设计	I、K	6
I	模块1测试	J	3
J	系统总调试	L	5
K	文档编写	无	8
L	系统测试	无	3

3. 项目目标：快速做好一顿饭（两菜一汤+米饭）。

项目最终交付产品：

（1）红烧肉；（2）素炒青菜；（3）西红柿鸡蛋汤；（4）米饭。

要求：饭菜做好后，饭焖着，菜/汤盛出，锅洗干净。

项目条件：

原料：猪肉500克，青菜500克，西红柿一个，鸡蛋一个，大米500克。

辅料：油、盐、酱、醋、糖少许，葱、姜、蒜若干。

工具：锅、碗、盘、煤气灶具等。

补充说明：1个人，2眼灶，3口锅（一个炒锅，一个电饭锅，一个汤锅。炒锅不能做汤，汤锅不能炒菜，炒锅与汤锅都可以炖肉）。

项目任务用时估算如下：

淘米：1分钟；

洗菜：2分钟；

洗、切西红柿：1分钟；

洗、切肉：5分钟；

打鸡蛋：0.5分钟；

煮饭：20分钟；

炖肉：30分钟；

炒菜：5分钟；

烧汤：5分钟；

洗锅：1分钟。

请结合所学知识，完成以下任务：

（1）画出任务结构（WBS）。

（2）制订网络计划，表明关键路径，计算项目完成时间。

（3）表明各“产品”制作完成的时间。

三、教学做一体化课业

项目进度计划编制与进度控制

【课业目标】通过本课业，学生应：

- 能够根据 WBS 图绘制网络图；
- 能分辨工序之间的四种关系；
- 能进行工期估计，并计算最早、最迟日期及时差；
- 理解赶工法、时间成本平衡法及进度控制相关方法。

【课业方式】

各组讨论，根据各组分解的项目工序，编排先后顺序、估算时间、绘制网络图，最后确定整体进度时间，要求在课业纸上完成网络图绘制及时间估计过程。

【课业条件】

- 相关知识条件：掌握模块 5 的相关知识。
  - 活动定义：理解活动定义的输入依据，掌握活动定义的工具和技术，并能列出活动清单；
  - 项目活动时间的估算：理解估算的依据，掌握估算的工具和方法，重点掌握 PERT 法估算；
  - 项目网络图与进度计划的编制技术：理解并能列举活动之间的逻辑关系，能用两类网络图类型绘制网络图、编制进度计划，并计算各时间参数；
  - 能够进行工期压缩：掌握赶工法；
  - 了解进度控制的有关内容。

【课业内容及步骤】

- 通过讨论，根据前面对项目的分解，对项目的各个活动进行时间估计，并进行排序；
- 绘制网络图；
- 标明各时间参数。

【课业评价】

项目	优秀 （5 分）	良好 （4 分）	合格 （3 分）	不合格 （2 分以下）	个人得分
工作排序及网络图绘制	工作排序合理，绘制网络图正确，是该工作的负责人	工作排序合理，网络图绘制正确，是该工作的主要参与者	工作排序和网络图绘制存在部分错误	工作排序不合理，且网络图绘制不正确	
工期估计及时间参数计算	工期估计合理，使用方法正确，时间参数计算完全正确，是该工作的负责人	工期估计合理，但是方法使用欠缺，依靠主观想法，是该部分的主要参与者，后期时间参数计算正确	工期估计基本合理，方法使用欠缺，后期时间参数计算基本正确	工期估计欠缺，方法使用不正确，时间参数计算存在较大错误	
得分合计					

课业内容

班级小组组长：______________________________

组员：______________________________

1. 各组分工（如果为多人负责，请指明主要负责人）

部分一撰写人：______________________________

部分二撰写人：______________________________

部分三撰写人：______________________________

部分四撰写人：______________________________

部分五撰写人：______________________________

部分六撰写人：______________________________

2. 工序估计

工序一工期估算依据：______________________________

工序二工期估算依据：______________________________

工序三工期估算依据：______________________________

工序四工期估算依据：______________________________

工序五工期估算依据：______________________________

工序六工期估算依据：______________________________

工序七工期估算依据：______________________________

工序八工期估算依据：______________________________

工序九工期估算依据：______________________________

工序十工期估算依据：______________________________

工序十一工期估算依据：______________________________

工序十二工期估算依据：______________________________

工序十三工期估算依据：______________________________

工序十四工期估算依据：______________________________

工序十五工期估算依据：______________________________

工序十六工期估算依据：______________________________

（注：可以另附纸）

3. 网络图绘制（可以选择一种网络图）

4. 时间参数计算

工序	工期估计	*ES*	*EF*	*LS*	*LF*	自由时差	总时差

5. 寻找关键路线及计算项目总工期

关键路线：

项目总工期：

模块 6
项目费用管理与挣值分析

学习目标

- **能力目标**

能运用项目资源计划的工具和技术；
能运用项目估算和项目控制的工具和技术；
能运用挣值法分析项目的进度和费用差异。

- **知识目标**

理解项目资源的描述；
理解项目资源计划的含义；
了解项目费用估算和预算的含义及过程；
了解费用控制的工具；
了解挣值法的基本参数和评价指标。

学习重点与难点

项目资源计划的概念；
项目费用估算；
挣值法的运用。

案例导入

自然现象与项目管理哲学
——冰棒效应与费用管理

夏天里人们都喜欢吃冰棒，一来可以解渴，二来能够消暑。大家都知道，只要冰棒握在手中，即使不吃，也会慢慢融化，最后完全消失，这就是所谓的“冰棒效应”。

其实，项目费用管理中“冰棒效应”也是非常普遍的。由于不善于进行成本控制，“跑、冒、滴、漏”现象严重，无形之中会加大项目的成本费用支出，结果，项目的效益在不知不觉中像夏天的冰棒一样慢慢地融化了，造成本该盈利的项目出现了亏损。特别是在当前市场的竞争日趋激烈、低价中标普遍存在的情况下，企业的利润越来越低，加强费用管理、控制费用支出便成为施工项目管理的中心任务和头等大事，否则，一个项目到头来可能是白忙一场。因此，在项目管理过程中，要切实加强费用预控，从事前、事中、事后全过程入手，层层落实目标成本责任制，严格控制好人工费、材料费、机械使用费和现场管理费四大成本费用要素，切实降低各项费用开支，不乱花一分钱，精打细算，牢牢堵住效益渗漏的“管涌”，坚决把居高不下的成本降下来。

一言以蔽之，在项目施工的全过程中，要时刻注意成本管理中的“冰棒效应”给项目及企业带来的不利影响，以有效地避免不必要的支出和浪费，在保证质量、工期、安全的前提下，尽可能地降低成本费用支出，使施工的效益得到最大限度的发挥。

提示：有效地控制项目费用的关键是经常及时地分析项目费用状况，尽早发现项目费用的差异和问题，以便在情况变坏之前能够采取纠正措施。为了及时发现和妥善处理项目执行过程中出现的费用超支问题，达到有效节约项目费用的目的，在一个项目执行之前，项目经理和项目团队成员必须对项目所需费用情况进行详细的分析和估算，编制资源需求计划，并编制项目所需的成本估算和预算。在项目的执行过程中，为了保证其能够符合成本预算的要求，还需要采取相应的措施对项目成本进行控制。项目成本管理就是在批准的预算内，对项目实施所进行的按时、保质、高效的一系列管理过程和活动。项目管理人员只有很好地进行项目成本管理，才能在额定的预算内，按时、按质、高效地完成项目的各项任务。

资料来源：http://www.mypm.net/bbs/nboard.asp? ntypeid=5037.

理论知识

6.1 项目资源计划

6.1.1 项目资源计划概述

1. 项目资源计划的含义

项目资源计划的目的是要确定为完成项目各活动所需要的资源（人力、设备、材料等）种类以及每种资源的数量。它是通过分析和识别项目的资源需求，确定出项目需要投入的资源种类、项目资源投入的数量和项目资源投入的时间，从而制订出项目资源供应计划的项目成本管理活动。

项目投资资源的种类、数量、质量和投入时间不但对项目成本的大小起主要作用，也会对项目的进度产生直接影响。因此，做好资源计划，合理安排资源，对于避免因资源配置不合理造成的项目工期延误和项目费用超支有着重要意义。

2. 项目前提下的资源种类

在具体的项目前提下，资源根据其获得的难易程度可以分为两类：无限使用资源和有限使用资源。无限使用资源是指供给丰富且价格低廉的资源。例如，简单的体力劳动者、通用设备以及一些无限的自然资源。有限使用资源主要包括市场供应不能保证或供应能保证但价格昂贵的资源。例如，用电高峰期时，电力供不应求，电力就成为稀缺资源。

在制订项目资源计划时，对这两种资源都要予以重视，既要保证第一类资源的有效利用，也要严格控制第二类资源的合理利用，以最小的成本实现资源配置合理化。

项目资源计划的过程如图 6－1 所示。

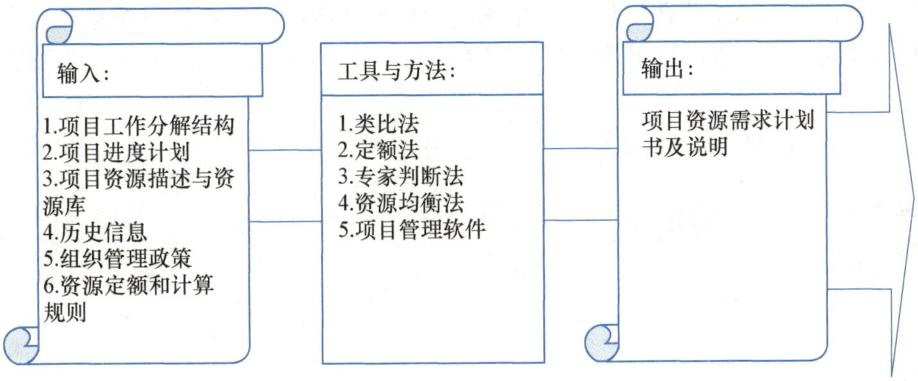

图 6－1　项目资源计划的过程

6.1.2　编制项目资源计划的依据

1. 项目工作分解结构

此项在模块 4 里已做过详细介绍。工作分解结构将项目分解成完成各项目所需做的部分工作内容，每项工作内容都需要消耗不同种类、数量和质量的资源。所以，项目工作分解结构是项目资源计划编制的重要基础。

2. 项目进度计划

项目进度计划是项目进度管理的主要成果文件，规定了项目各项活动的开始和结束时间，也就决定了各种资源的投入数量和投入时间。这些限定也会直接影响资源的获取和成本，所以，资源计划必须以项目进度计划为基础来制订，以便项目团队能够有计划地、适时地安排合理的资源。

3. 项目资源描述与资源库

项目资源描述是对项目所需资源的种类、数量、质量加以说明和描述，可以用表 6－1 的形式表达。这种描述的内容包括：项目需要哪些种类的资源，这些资源的技术特性要求是什么，这些资源的价格是多少，何时需要何种资源等。

表 6-1　项目资源需求描述

资源代码	资源名称	计量单位	数量	质量要求	其他

资源库是组织或项目团队所拥有的，通过将项目所需资源的描述与资源库中项目可用资源进行对比分析，可以看出项目资源库中的现有资源是否能够满足项目实施的需要。由此可见，这些对编制资源计划来讲是至关重要的。

4. 历史信息

历史信息记录了以前此类项目的资源需求、项目资源计划和项目实施实际消耗资源等方面的有关情况。图 6-2 所示描述了某 IT 项目不同寿命周期阶段，对不同类型的人力资源的需求变化，因此在前后项目存在一定相似性的前提下，历史信息具有借鉴作用，这样既可以提高资源需求计划的准确性，又可以大大减轻编制工作的工作量。

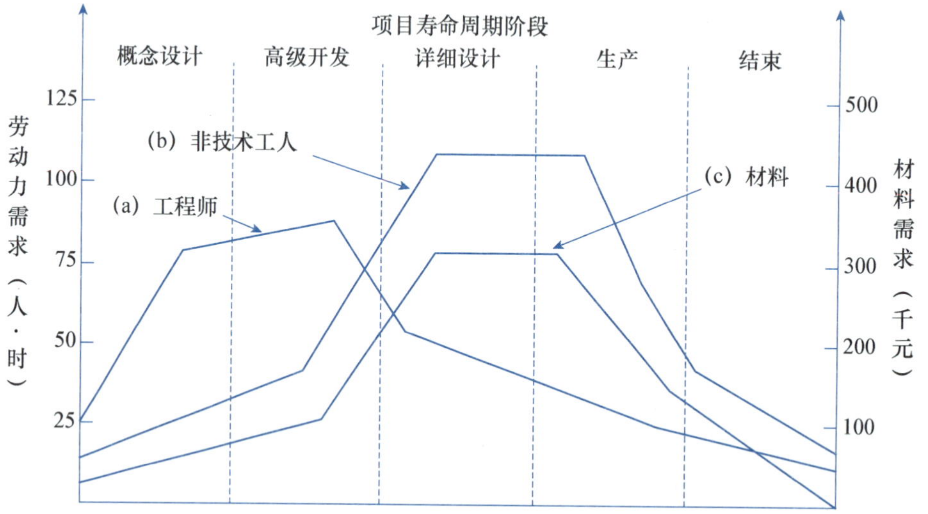

图 6-2　某 IT 项目不同项目寿命周期的资源需求情况

5. 组织管理政策

绝大多数情况下，项目团队属于组织的一部分，项目属于组织业务的一部分，因此，项目实施过程中，在人员招聘、设备使用、材料采购等方面都必须遵守统一的组织管理政策。因此，在编制资源计划时，必须考虑到组织的人员招聘和使用政策、设备和材料采购或租用等制度，甚至组织文化等。

例如，项目组织对施工和研究设备是采用购买、租赁还是租用的方式，项目采购所需原材料等物资时，是采用零库存的资源管理政策，还是采用批量订货的资源管理政策等，都会对资源计划的编制有直接影响。

6. 资源定额和计算规则

在编制项目资源计划时，要参考国家、行业或地区的统一定额或统一标准，以及既定项目的资源消耗定量、不同资源消耗的比例标准。尤其是对于一些稀有资源以及会造成环境污染的资源，在使用过程中更要严格遵守国家的有关规定。

另外，项目资源计划编制中，需要参考的工作量和资源消耗的计算规则不同。不同的国家和地区对相同和类似的消耗可能会采用不同的计算规则，不同的计算规则对后期的成本估计和预算有直接的影响，因此，编制资源计划时将其考虑在内。

6.1.3 编制项目资源计划的工具和方法

1. 类比法

类比法又称资料统计法，与输入中的历史信息相对应，是指参考以往类似项目的历史统计数据资料，计算和确定项目资源需求计划。它要求所采用的历史资料不但具有可比性，而且要准确详细，具有一定的可操作性。这种方法适用于那些创新性不强、有类似项目历史资料可以参考的、大众化的项目。

2. 定额法

定额法与输入中的资源定额和计算规则对应，是当项目实施所需要的某种资源（包括人力、材料和设备等）由国家或行业统一标准和定额或者由权威部门制定规则时，应该以这些统一的定额和规则为标准来制订项目资源需求计划。定额法是一种简单易行的编制项目资源计划的方法，只需套用这些行业标准和规范即可。

但是，国家统一设定的标准和规则也常修改，外加设备的改良、工艺和劳动生产率的提高的间隔时间越来越短，这些都使得定额法缺乏实效性。因此，该方法尽管简单便捷，但不适合作为整个项目资源计划的主要方法，通常只作为项目的某个模块的资源预计的“局部解决”方法。

3. 专家判断法

专家判断法是制订项目资源计划最常用的一种方法。这种方法通常是由项目成本管理专家根据以往类似项目的经验和对本项目的判断，经过周密思考，进行合理分析预测，从而制订项目资源计划。进行预测的成本管理专家可以是任何有专门知识、经过特别培训的个人或组织，主要包括专家顾问、咨询机构以及民间组织、项目组织中的其他成员。具体包括以下几种方法：

（1）德尔菲法，即邀请一些经验丰富的专家对项目的资源计划提出制订方案。这种方法邀请的专家互不指明、互不见面，他们只根据项目组织者发出的有关项目资料和其他有关专家的反馈意见，对项目的资源需求做出独立判断。这种形式充分消除了专家间不必要的相互影响以及迷信权威，从而能对资源需求状况得出更客观的判断。

（2）专家小组判断法，通常邀请一组具有丰富经验的专家，仔细阅读有关资料，并对项目的计划和目标进行深入的研究调查，然后以召开座谈会、讨论会的形式，汇总专家意见，从而制订出项目资源计划方案。

4. 资源均衡法

资源均衡法是指在制订资源计划时，以项目的进度计划为依据，首先将稀缺资源用于关键路径上的关键活动，然后均衡资源在项目不同周期和不同任务上的投入，来确定项目所需各种资源的具体投入时间，并尽可能地达到项目要求的完工进度目标。

在资源均衡法中，原定的项目完工时间不变，而在努力减少波动的情况下，可以适当调整资源的需求状况。为了减少项目实施过程中使用量的波动，可以对项目关键工序的总时差或自由时差进行再次分配，以达到平衡资源需求的目的。该方法是资源和进度的集成管理方法。

5. 项目管理软件

利用项目管理软件方法在前面章节中已经介绍过。项目管理软件的使用在本书后面还会详细介绍。

6.1.4 编制项目资源需求计划书

完成项目需要哪些资源?

项目资源计划的输出就是项目资源需求计划书，全面地说明项目工作分解结构各组成部分所需资源的需求情况和使用计划，这些资源将通过职员分派或采购来将其分解到各个具体的项目工作中。

项目资源需求计划书的表达方式有资源需求计划表和资源需求计划图，如表 6－2 和图 6－3 所示。

表 6－2 资源需求计划表

WBS 结果	资源需求量			备注
	资源 1	资源 2	……	
工作任务 1				
工作任务 2				
……				

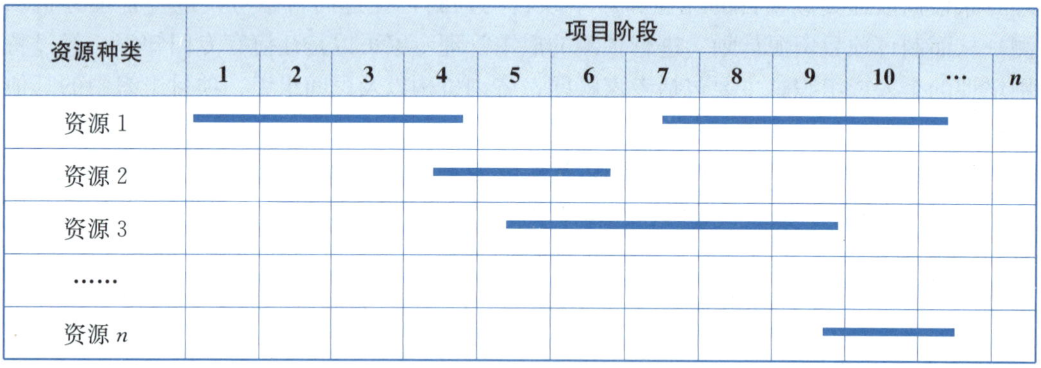

图 6－3 资源需求计划图——甘特图

“内容决定形式”，因此，对于具体的项目，其项目资源需求计划的表达方式可以因具体内容而有所不同，表 6－3 为“课堂讨论 5－3”某软件程序开发项目的人力资源计划表。

表 6-3　某软件程序开发项目的人力资源计划

任务名称		资源名称	工作量（工时）	资源数量（人）	工期（天）
110　用户需求确认	111　用户需求分析	管理人员	200	5	5
	112　用户需求确认	管理人员	80	2	5
120　开发环境准备	121　硬件环境准备	工程师	160	4	5
	122　软件环境准备	工程师	80	2	5
130　程序设计	131　系统分析	设计人员	720	6	15
	132　功能模块设计	设计人员	1 920	8	30
	133　数据库设计	设计人员	480	6	10
	134　美工设计	设计人员	80	2	5
140　程序开发	141　文档设计	工程师	640	8	10
	142　代码设计	工程师	1 280	8	20
	143　程序测试	工程师	1 280	8	20

6.2　费用估算与预算

6.2.1　费用估算

费用估算是指根据项目资源需求计划和所需资源的价格信息，估算和确定项目各种活动的费用和整个项目总费用的一项项目费用管理工作。在估算费用时，估算师需要考虑费用估算偏差的可能原因。

随着项目的进行，费用估算所需基础数据的逐步细化和趋于准确，项目生命周期的不同阶段进行的费用估算也会逐渐趋于准确。据统计，在启动阶段，项目费用估算为粗略估算，估算范围为（−50%，75%），而项目实施阶段为最终估算，估算范围可以控制在（−5%，10%）。费用估算是对项目开支的估计，过程如图 6-4 所示。

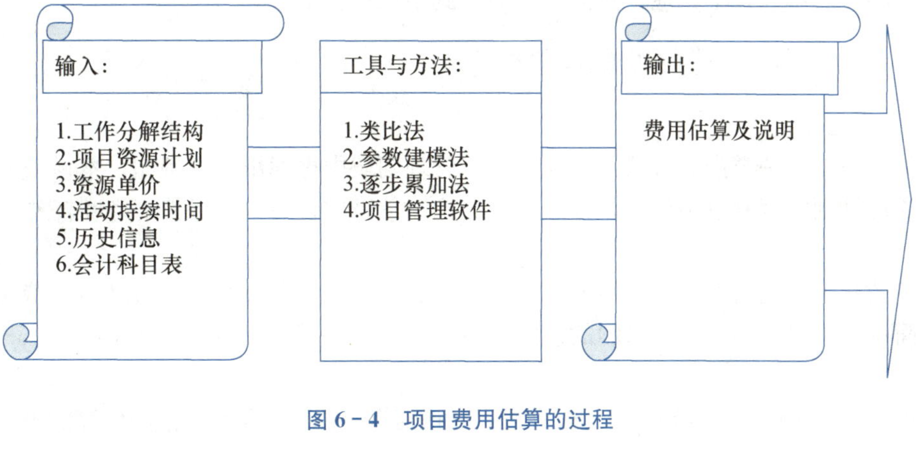

图 6-4　项目费用估算的过程

6.2.2 费用估算的输入

1. 工作分解结构

项目的工作分解结构是编制项目资源计划的依据，同样为项目费用估算的依据。工作分解结构说明了项目的最终目标与项目团队所完成各项工作的关系，在费用估算中作为基础数据，同时可以确保估算涵盖了所有被识别的工作。

2. 项目资源计划

项目资源计划说明了实施项目所需要的资源种类、数量、质量等要求，以及对资源需求的附加限定。这是项目费用估算的主要依据。

3. 资源单价

资源单价是项目资源计划与项目成本费用的纽带。项目资源计划是对完成项目所需的量的估计，数量与单价相乘才可以获得完成项目所需资源的价值的预计——项目费用估算。

例如，一个培训项目，支付给授课老师的费用估计为每课时 500 元，整个项目共有 10 个课时的人力资源要求，这样，该工作任务的费用就是 5 000 元。如果不知道实际单价，那么必须先估计单价。

4. 活动持续时间

活动持续时间会影响项目费用。例如，某项目的 A 活动持续时间为 10 天，需要 10 个特殊技能工人，正常工作日为 8 小时/天，人力资源价格为 200 元/人・天，则该工作活动的费用估算为 20 000 元。若活动持续时间为 8 天，则需要这 10 个特殊技能工人加班，每天加班 2 小时，这时加班时间工资为正常工作时间工资的 3 倍，则该项目活动的费用总额为 28 000 元，增加了 8 000 元。

5. 历史信息

许多有关资源成本的信息可从以下来源获得：

（1）项目档案。可以查阅这个项目团队积累的项目的相关费用估算资料。

（2）商业性的费用估算数据库。这种资料经常可从市场上买到。

6. 会计科目表

会计科目表是一个组织机构在总账系统中使用的用于报告该组织财务状况的一套代码。在项目成本估计中，应把不同成本对应到不同科目上。

6.2.3 费用估算的工具与方法

1. 类比法

类比法是一种类推的方法，在很多项目管理领域中得到用到。例如，本模块 6.1 节项目资源计划的编制也用到了该方法。用类比法估算比较简单，但其精确度较差。

2. 参数建模法

参数建模法是指把项目的特征作为参数，通过建立一个数学模型预测项目费用。模型可简单，也可复杂（软件研制的模型涉及十几个独立参数因子，每个因子有 5～7 个子因子）。

该方法要求建模的基础数据比较准确，在该前提条件下，参数建模法估算的准确性会较高。参数建模法重点集中在成本动因（即影响费用的最重要因素）的确定上，这种方法并不考虑众多的项目成本细节，因为项目的成本动因对项目成本具有举足轻重的影响。

3. 逐步累加法

逐步累加法涉及单个工作的逐个估计，然后累加得到项目成本的总计。这种方法是利用 WBS 方法，先把项目任务进行分解，达到可以确认的程度，如某种材料、某种设备、某一活动单元等，然后估算每个 WBS 组成单元的费用，并由此确定整个项目的估算费用。

运用逐步累加法估计的成本和精度取决于单个工作的大小。单个工作划得小，则成本增加，精确性也增加。项目管理团队必须在精确性和成本之间进行权衡。

4. 项目管理软件

像应用于项目管理的其他领域一样，项目管理软件被广泛使用于费用估算。

6.2.4　费用估算及说明

费用估算是项目各活动所需资源的成本的定量估算，这些估算可以简略或详细的形式表示。

例如，“课堂讨论 5－3”某软件程序开发项目的人力资源计划确定之后，结合各相关人员的小时工资，就可以对项目的费用进行分解。假设项目中管理人员的工资是 30 元/小时，工程师的工资是 40 元/小时，设计人员的工资是 30 元/小时，由此可得该项目的费用估算表，见表 6－4。

表 6－4　某软件程序开发项目的费用估算

任务编码	资源名称	资源数量（人）	工期（天）	工作量（工时）	人力费用（元）	固定费用（元）	总费用（元）
111	管理人员	5	5	200	6 000	5 000	11 000
112	管理人员	2	5	80	2 400	2 500	4 900
121	工程师	4	5	160	6 400	50 000	56 400
122	工程师	2	5	80	3 200	12 500	15 700
131	设计人员	6	15	720	21 600		21600
132	设计人员	8	30	1 920	57 600		57 600
133	设计人员	6	10	480	14 400	2 500	16 900
134	设计人员	2	5	80	2 400	2 500	4 900
141	工程师	8	10	640	25 600	1 000	26 600
142	工程师	8	20	1 280	51 200		51 200
143	工程师	8	20	1 280	51 200	1 000	52 200
合计					242 000	77 000	319 000

项目费用估算需要支持文件。支持文件应该是清晰、专业、完整的资料，用这些资料来说明费用估算的依据和方式。支持文件的数量和类型因项目的不同而不同。费用估算的详细说明应该包括：

（1）工作范围的描述通常可参考 WBS 获得。

（2）对费用估算的基础进行确认，即确认估算是合理的，说明估算是怎样做出的。

（3）确认为费用估算所进行的任何假设的合理性。

（4）可能结果用一个范围表示。例如，10 000±1 000 元表示估计成本在 9 000～11 000 元。

6.2.5 费用预算

费用预算是指把整个项目估算的总费用分配到各个工作单元，建立费用基准，并以此为依据度量和控制项目费用执行情况的项目管理工作。所以，项目费用预算确定项目各项工作和活动的费用定额，制订项目的费用控制标准，规定项目不可预见费用的划分与使用规则等。项目费用预算的主要流程如图 6－5 所示。

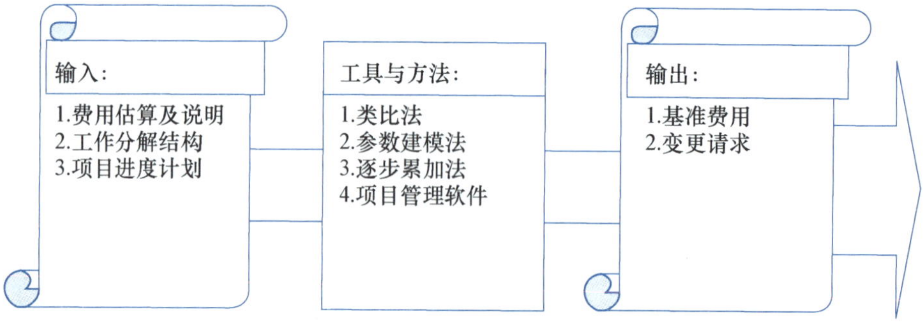

图 6－5　项目费用预算的主要流程

6.2.6 费用预算的输入

估算项目的总体成本并做好预算

1. 费用估算及说明

详见“6.2.4　费用估算及说明”的内容。

2. 工作分解结构

工作分解结构确定了项目的各个工作单元，费用也要分配到这些细小的工作中去。

3. 项目进度计划

详见“6.2.2　费用估算的输入”中“2. 项目资源计划”的内容。

6.2.7 费用预算的工具与方法

与费用估算相同。详见“6.2.3　费用估算的工具与方法”的内容。

6.2.8 费用预算的输出

1. 基准费用

基准费用是以时间为自变量的预算，被用于度量和监督项目执行费用，是将预计费用按时间累加而得到的，可用 S 曲线表示。基准费用是项目管理计划的一个重要组成部分。

2. 变更请求

费用预算过程可能产生影响项目管理计划的某些组成部分，因此，随着费用预算的进行和实施，需要对一些必要的环节进行变更请求。

6.3　费用控制

6.3.1　费用控制的定义、内容及过程

费用控制是指在项目实施过程中，尽量将项目的实际费用控制在计划和预算范围之内，若出现偏差则对其进行必要纠正的一项项目管理活动。归结起来，项目费用控制的内容如下：

（1）影响那些会使基准费用发生改变的因素，使之朝着有利的方向改变。

（2）监督费用执行情况以及发现实际费用与计划的偏离，做好实际费用的分析评估工作。

（3）对发生费用偏差的工作包实施管理，有针对性地采取纠正措施。

（4）根据实际情况对费用基准进行适当调整，确保所有的变更都记录在成本基准计划中。

（5）防止将不正确、不合理、未经许可的改变包括在基准费用中。

（6）寻找产生正负偏差的原因时，要与其他控制过程（范围控制、进度控制等）相结合。

项目费用控制通过监控项目计划费用与实际发生的费用来确定项目的费用绩效，并查找偏差出现的原因，然后采取必要的应对措施来解决问题，它是项目整体变更控制的一部分。费用控制也是项目费用管理的一个重要组成部分。如果能够对费用偏差采取及时、适当的应对措施，就能确保团队在费用基准内完成项目目标。如果对费用采取了不适当的措施，就可能会造成进度延后、费用超支的问题，甚至给项目后期带来无法接受的巨大风险。

项目费用控制的过程如图 6－6 所示。

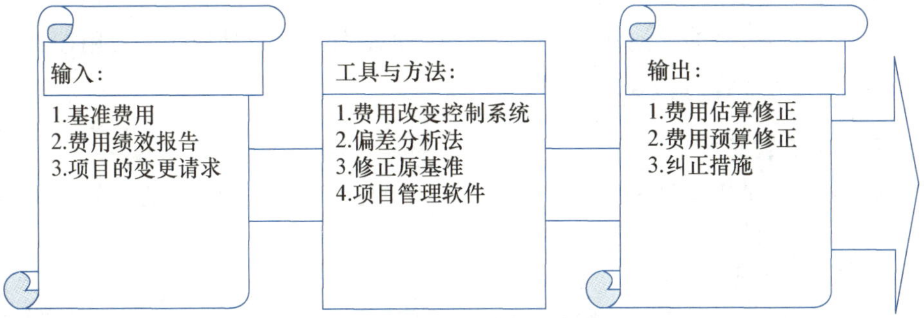

图 6－6　项目费用控制的过程

6.3.2 费用控制的输入

1. 基准费用

详见“6.2.8 费用预算的输出”中“1.基准费用”的内容。

2. 费用绩效报告

项目费用绩效报告是指项目费用管理与控制的实际绩效评价报告，提供了项目实施过程中费用方面的信息。例如，超预算的是哪些工作，仍在预算范围内的是哪些工作。执行报告可提醒项目团队将来可能会发生的问题。

3. 项目的变更请求

详见“6.2.8 费用预算的输出”中“2.变更请求”的内容。

6.3.3 费用控制的工具与方法

1. 费用改变控制系统

费用改变控制系统规定了改变基准费用的一些步骤，它包括一些书面工作、跟踪系统和经许可的可改变的费用水平。费用改变控制系统应和整体改变控制系统相结合。该系统主要包括三个内容：提出费用变更申请、核准费用变更申请和变更项目费用预算。

2. 偏差分析法

偏差分析法主要衡量目标实施与目标期望之间的差异。将偏差分析的思路运用于项目的进度和费用两大内容的控制，构成了项目管理中非常重要的集成控制方法——挣值分析。该方法通过测量和计算已完成工作的预算费用与已完成的实际费用，以及在此期间计划工作的预算费用，得到有关计划实施的进度和费用偏差，从而达到判断项目成本执行情况的目的。

偏差分析法中引入的挣值分析的核心思想是通过引入一个关键性的中间变量——已完成的工作预算费用，来帮助项目管理者分析项目成本和进度的实际执行情况和计划的偏离程度，使项目管理者能够根据这些信息对项目成本的发展趋势做出比较合理的预测，并提出相应的解决措施。关于项目挣值分析，将在本书“6.4 项目挣值分析”中详细介绍。

3. 修改原基准

项目在实施过程中，存在多种风险因素，迫使几乎所有的项目都不能按照原定计划准确无误地完成，因此，要对原费用估算可能的各种意外事件进行合理预测，并提出解决方案及相应的费用调整措施。

4. 项目管理软件

像应用于项目管理的其他领域一样，项目管理软件被广泛地应用于费用控制。

6.3.4 费用控制的输出

1. 费用估算修正

费用估算修正是指修改原有成本数据，并通知与项目有关的涉及方。修改费用估算能要求对整个项目计划进行调整。

2. 费用预算修正

费用预算修正是指对原基准费用的更改，有时费用偏差很大，以至于重新制订基准费用显得十分必要，以便对下一步执行提供一个现实的基准费用。

3. 纠正措施

纠正措施是指在项目成本管理的过程中所开展的一系列的活动和纠偏行动，是为了使项目未来工作所花费的实际成本控制在项目计划成本以内所做的努力。在实施项目成本控制的时候，不可避免地要遇到各种问题，包括产品市场变化、设备及原材料价格的变化、相关政策的变化、资金来源和渠道变化、各种物资运输及项目内部建设和管理出现的各种问题等，都会影响到项目成本控制计划的正常实施。对于这些问题，管理者要采取大量的措施予以纠正，并在需要的时候重新制订成本计划。

6.4 项目挣值分析

6.4.1 挣值法的起源与概念

在现代项目管理的知识体系中，项目集成管理是一项具有综合性和全局性的管理工作，也最受人们关注。但是，由于管理科学本身所具有的特性以及其他方面的原因，至今人们在项目集成管理的理论、方法和技术方面的深入研究十分有限。例如，对于进度和成本的控制与管理一般是分开进行的，往往由于不合理的资金安排导致工期的延误，或由于进度的风险造成资金困难。挣值法（Earned Value Method，EVM）作为一种项目集成管理的方法，可以将二者结合起来，提供了一种比较好的思路。

1. 挣值概念的起源

挣值的概念起源于 19 世纪与 20 世纪之交的工业工程。到 20 世纪 60 年代，美国国防部的有关人员开始收集挣值法在实际应用方面的经验和知识，先在海军北极星计划（Polaris Program）中使用，接着由空军进一步开发。1967 年，美国国防部制定了费用/进度控制系统准则（Cost/Schedule Control Systems Criteria，C/SCSC），试图用于工业和政府项目之中，作为能有效地进行费用、进度和绩效联合管理的工具，这就是项目“挣值”管理的雏形。

在 C/SCSC 的基础上，美国项目管理学界随后开发出了被称为“挣值管理”的项目费用和进度的集成管理技术。现在美国国防部等最主要的政府性业主在项目招投标和项目管理中，都要求采用这种项目工期与成本集成管理的方法以及与之相应的项目绩效报告标准。1996 年，美国民用部门开始尝试使用这种方法，首先是由美国全国担保业协会（National Security Industrial Association，NSIA）进行了规范的调查分析，然后私营部门才获准使用被称为“挣值管理系统”（Earned Value Management System，EVMS）的这一技术方法。现在，许多学术界和实业界的权威们都认为“挣值管理法”会发展成为 21 世纪项目管理的主导性方法之一。

2. 挣值的概念

挣值法是一种分析目标实施和目标期望之间差异的方法。项目“挣值管理”之所以有这样一个称呼，是因为在这种管理方法中引进了一个被称为“挣值”的变量。

对于“挣值”这一变量的理解多种多样，其中美国空军参与挣值管理方法研究的克里斯特森（Christensen）博士对"挣值"的定义较具权威性，他认为："挣值是专门用来有效地度量和比较已完成工作量和计划要完成工作量的一个变量。"

挣值作为一种项目管理的工具，可以有效地对复杂的项目加以控制。应用挣值法可以核对项目基准计划中的资源和费用分配，可以将费用控制和进度控制联系起来，因为项目的进展可以通过挣值用货币量来表示。在识别潜在的进度滑移和预算超支的时候，挣值技术比独立的进度和费用控制更为有效。实践已经证明，采用挣值法进行进度、费用和绩效的联合监控是有效的，使项目管理工作目标清晰，过程控制高效有序，成本客观真实，可全面反映进度、成本和绩效的总体状况。

6.4.2 挣值法基本参数

挣值法是通过测量和计算已完成工作的预算费用、已完成工作的实际费用以及计划工作的预算费用，得到有关计划实施的进度和费用偏差，从而达到判断项目进度计划和预算执行情况的目的。这里面含有挣值法的几个基本参数。

1. 计划工作量的预算成本（Budgeted Cost of Work Scheduled, BCWS）

BCWS 是根据批准认可的进度计划和预算，在项目实施过程中到某一时点应当完成的工作量所需的预算工时（或费用），这个值对衡量项目进度和成本都是一个标尺或基准。计算公式为：

BCWS＝计划工作量×预算定额

BCWS 主要反映进度计划应该完成的工作量，而不是反映消耗的工时和费用。一般来说，*BCWS* 在项目实施过程中保持不变，除非合同有变更。如果合同变更影响到项目进度和费用，*BCWS* 基线也要相应地更改。

2. 已完成工作的预算定额（Budgeted Cost of Work Performed, BCWP）

BCWP 是根据批准认可的预算，到某一时点已经完成的工作量所需消耗的工时（或费用）。由于业主正是根据这个值对承包商完成的工作进行交付（前提条件是承包商完成的工作必须经过验收，符合质量要求），也就是承包商挣得的金额，故称为挣得值（Earned Value），也称挣值。*BCWP* 的计算公式为：

BCWP＝已完工作量×预算定额

从计算公式可以看出，*BCWP* 是项目实施过程中某阶段按实际完成工作量及按预算定额计算出来的费用。挣值反映了满足质量标准的项目实际进度，并用货币来表示已取得的项目进展。

3. 已完成工作的实际成本（Actual Cost of Work Performed, ACWP）

ACWP 是指到某一时点已完成的工作所实际消耗的工时（或费用）。*ACWP* 主要反映项目执行的实际消耗指标。*ACWP* 的计算公式为：

ACWP＝已完工作量×实际价格

在项目管理中，传统的成本偏差分析就其本身来说是不充分的，因为它既不能体现有多少工作已经完成，也不能体现未来支出的情况，如图 6－7 所示。

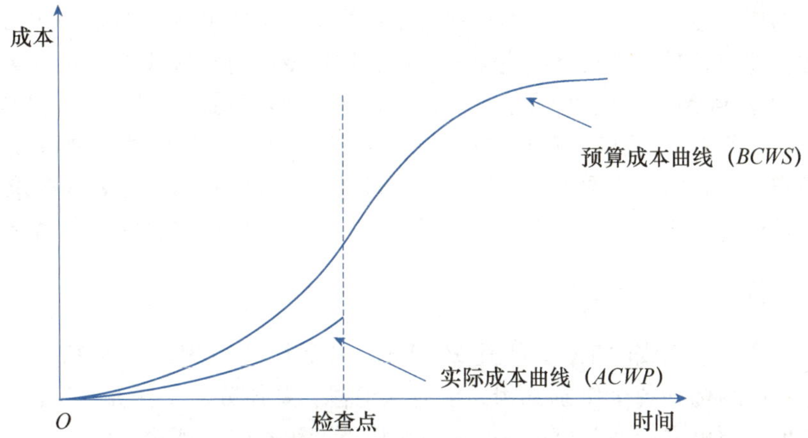

图 6-7　传统的成本管理二维方法

在上面的成本曲线图中，BCWS 曲线是根据工作分解结构、项目预算和项目的总体进度计划确定下来的。先算出每个工作包的费用，然后在项目的总体进度计划图上，按照计划中的项目完工日期，标出已经完成的各工作包的累积费用。ACWP 曲线是通过对工作实际的完成情况进行计量而得到的。但仅根据上面的成本曲线图并不能得到明确的项目进展状况信息。比如在检查点上，虽然实际成本要低于预算成本，但是这既可能是由于项目进度拖延，没有完成计划要完成的工作，所以支出较少，也可能是由于管理措施得当带来的成本节余。

为了克服传统成本控制方法的不足，同时也将成本和进度联系起来，进行集成管理，挣值法引入了一个新的变量：已完成工作的预算定额（BCWP），即挣得值。由于挣值法比传统的成本控制方法增加了一个维度，所以据此画出的成本曲线图可以更准确地反映项目的进展情况，尤其是与活动的进度安排联合使用的时候，更是项目管理中一种有效的工具。挣值法的成本管理三维曲线如图 6-8 所示。

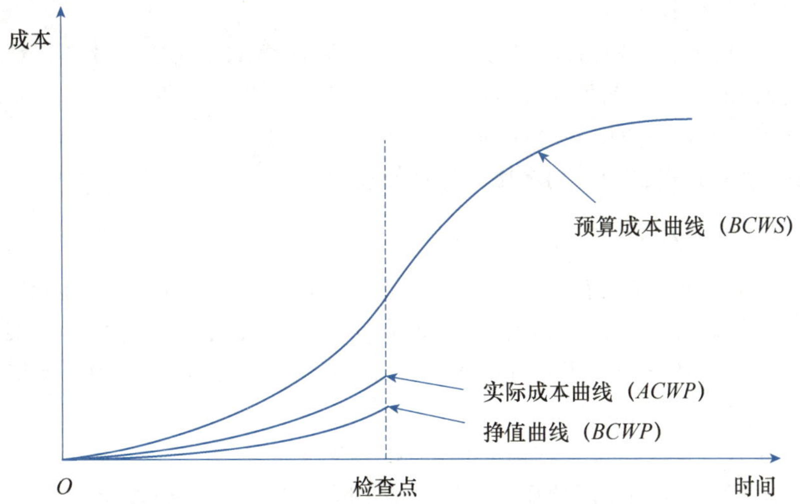

图 6-8　挣值法的成本管理三维曲线

与传统的成本控制方法相比，挣值法可以认为是三个维度的。图 6－8 中 *BCWP* 曲线也就是挣值曲线，是通过对已经完成的工作进行计量，再与该项工作的预算成本进行比较，而后计算得到的。前面已经指出，单纯比较预算成本（*BCWS*）和实际成本（*ACWP*）有时候并不能反映出项目的进展状况。但是通过挣值曲线，就可以清楚地看出来，在检查点上，由于所取得的挣值（即项目进展）并没有达到计划的要求，所以项目的进度有延迟，但所花费的成本却超出了预算规定值，因此项目的成本也超支。

6.4.3 挣值法评价指标

对于项目中已经完成的工作，上述 *BCWS*、*ACWP* 及 *BCWP* 三个基本指标值可以应用于工作分解结构的各个级别（例如项目、工程、总任务、子任务、工作包）。利用这三个基本值，便可进行偏差分析，并派生出以下四个挣值法评价指标。

1. 进度偏差（Schedule Variance, SV）

进度偏差的计算公式为：

$$SV=BCWP-BCWS$$

该指标表示按预算价格计算的已完成工作量和计划工作量之间的绝对差异。如果 *SV* 为负值，表示项目的进度落后；如果 *SV* 为正值，表示项目的进度超前；如果 *SV* 为零，则表示进度与计划进度一致。

2. 费用偏差（Cost Variance, CV）

费用偏差的计算公式为：

$$CV=BCWP-ACWP$$

该指标表示已完成作业量的预算成本与实际成本的绝对差异。如果 *CV* 为负值，表示项目实际消耗人工（或费用）超出预算值，即超支；如果 *CV* 为正值，表示项目实际消耗人工（或费用）低于预算值，即有节余或效率高；如果 *CV* 为零，则表示实际消耗人工（或费用）等于预算值。

除了计算进度偏差 *SV* 和费用偏差 *CV*，也可以计算工作完成的效率，计算执行效率，也就是挣值法的另外两个评价指标。

3. 进度执行指数（Schedul Performed Index, SPI）

SPI 是指项目挣得值与计划之比。计算公式为：

$$SPI=BCWP/BCWS$$

该指标表示按预算价格计算的已完成工作量与相应的计划工作量之间的相对关系，用它来衡量正在进行的项目的完成进度。如果 $SPI>1$，表示进度超前，即实际进度比计划进度快；如果 $SPI<1$，表示进度延误，即实际进度比计划进度慢；如果 $SPI=1$，则表示项目是按进度计划进行的。

4. 费用执行指数（Cost Performed Index, CPI）

CPI 是指预算费用与实际费用值之比（或工时之比）。计算公式为：

$$CPI=BCWP/ACWP$$

该指标表示已完成工作量的实际成本与预算成本的相对关系，它衡量的是正在进行的项目的成本效率。当 $CPI>1$，表示低于预算，即实际费用低于预算费用；如果 $CPI<1$，表示超出预算，即实际费用高出预算费用；如果 $SPI=1$，则表示实际费用与预算费用相吻合。

挣值曲线如图 6-9 所示，该图的横坐标表示时间，纵坐标表示计划完成费用（以实物工程量、工时或金额表示）。图中 *BCWP* 按 *S* 形曲线路径不断增加，直到项目结束达到它的最大值。*BCWS* 是一种 *S* 形曲线。*ACWP* 同样是进度的时间参数，随着项目的推进而增加，也是 *S* 形曲线。利用挣值法评价曲线可进行进度评价，$CV<0$，$SV<0$，表示项目执行效果不佳，即费用超支，进度延误，应采用相应的补救措施。

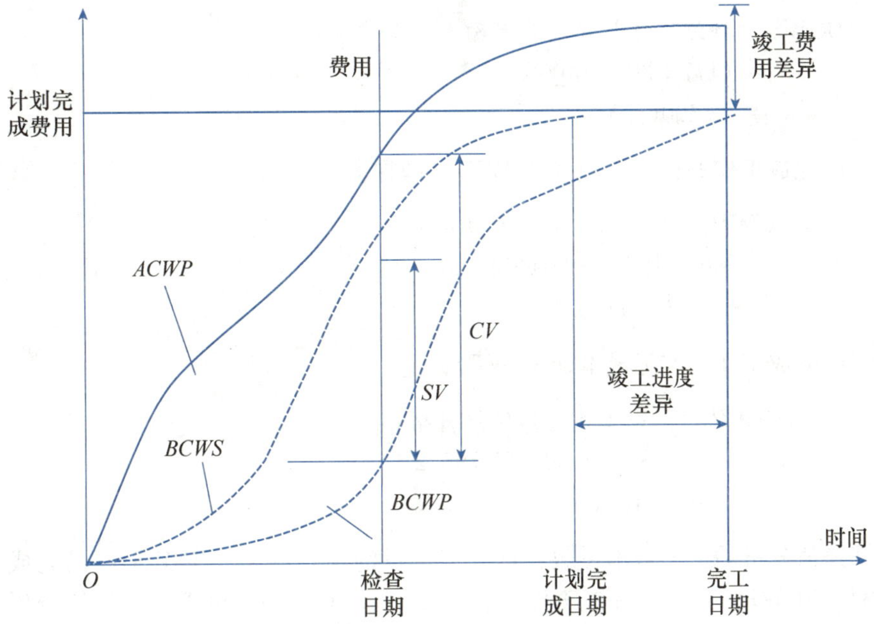

图 6-9　挣值曲线

利用进度偏差和成本偏差，就可以建立一个完整的进度或成本报告系统，它通过衡量与完成的工作有关的成本来提供偏差分析的基础。这个系统保证了成本预算和执行计划是建立在同一个数据基础上。

在挣值法的进度偏差分析中，我们就是通过偏差与 0、比值与 1 的比较，来判断项目的进度是超前还是滞后，费用是结余还是超支。但是，在 *BCWP* 的计算中，并没有区分所取得的挣值是来自关键路径，还是来自非关键路径，这样在进度偏差的计算中就有可能会产生误导性的信息。所以需要就关键路径上的 *BCWP* 以及非关键路径上的 *BCWP* 加以区分和分析，分为可能的四种情况（关键路径上的 *CV* 及非关键路径上的 *CV* 分别为正或负的组合）进行深入的阐述，以确定项目的进度。

6.4.4　项目挣值分析

下面借助某企业图书室内部借阅档案管理软件开发项目的例子，来说明挣值法的基本参数和基本指标的运用。

对企业图书馆内部借阅档案管理软件项目的集成控制检查点为 2020 年 5 月 15 日，截至该日，实际完成的工作量为 182.6 人·天；而根据项目的进度计划，项目应该完成的工作量为 177 人·天；根据调查统计，软件开发人员（包括项目经理、系统分析员、程序员、测试人员等直接参与开发的人员）的平均工资约为 4 000 元/月。因此，可以暂且假设该开发企业使用的预算定额就是 4 000 元/人·月。但该公司实际月工资为 3 795.2 元/人·月。

挣值分析的三个基本参数的计算如下：

（1）计划工作量的预算成本（*BCWS*）：

$$\begin{aligned} BCWS &= \text{计划工作量} \times \text{预算定额} \\ &= (177 \div 30) \times 4\,000 \\ &= 23\,600(\text{元}) \end{aligned}$$

（2）已完成工作的预算定额（*BCWP*），即挣值：

$$\begin{aligned} BCWP &= \text{已完工作量} \times \text{预算定额} \\ &= (182.6 \div 30) \times 4\,000 \\ &= 24\,347(\text{元}) \end{aligned}$$

（3）已完成工作的实际成本（*ACWP*）：

$$\begin{aligned} ACWP &= \text{已完工作量} \times \text{实际价格} \\ &= (182.6 \div 30) \times 3\,795.2 \\ &= 23\,100(\text{元}) \end{aligned}$$

根据挣值分析的三个基本参数：计划工作量的预算成本（*BCWS*）、已完成工作的预算定额（*BCWP*）以及已完成工作的实际成本（*ACWP*），可以计算挣值分析的四个评价指标，并进行偏差分析，具体的计算及分析如下：

（1）进度偏差（*SV*）的计算如下：

$$\begin{aligned} SV &= BCWP - BCWS \\ &= 24\,347 - 23\,600 \\ &= 747(\text{元}) \end{aligned}$$

$SV=747$，为正值，则表示项目进度超前。

（2）费用偏差（*CV*）计算如下：

$$\begin{aligned} CV &= BCWP - ACWP \\ &= 24\,347 - 23\,100 \\ &= 1\,247(\text{元}) \end{aligned}$$

$CV=1\,247$，则表示项目实际消耗人工（或费用）低于预算值，即有节余。

除了计算进度偏差 *SV* 和费用偏差 *CV*，也可以计算工作完成的效率，计算执行效率的指标。

（3）进度执行指数（SPI）计算如下：

$$\begin{aligned} SPI &= BCWP/BCWS \\ &= 24\ 347 \div 23\ 600 \\ &= 1.032 \end{aligned}$$

$SPI = 1.032 > 1$，表示进度超前，即实际进度比计划进度快。

（4）费用执行指数（CPI）计算如下：

$$\begin{aligned} CPI &= BCWP/ACWP \\ &= 24\ 347 \div 23\ 100 \\ &= 1.054 \end{aligned}$$

同样的分析也可得出：$CPI = 1.054 > 1$，表示低于预算，即实际费用低于预算费用。

综合来看，项目实际产出的工作量要比计划的工作量多，从这个意义上来讲，进度是超前的。

看懂图形控制成本

思考与练习

一、复习思考

1. 什么是项目资源计划？项目资源计划管理的过程是怎样的？
2. 编制项目资源计划的工具有哪些？
3. 什么是费用估算？费用估算的工具有哪些？
4. 什么是费用预算？费用预算与费用估算有什么差别？
5. 什么是费用控制？费用控制的工具有哪些？
6. 什么是挣值法？挣值法的发展历程是怎样的？
7. 挣值法的参数和基本指标有哪些？

二、能力训练

1. 假设一个学校开发图书馆自动报警系统项目的工期是 10 天，预算费用是 10 000 元，也就是每天的完成进度是 10%左右；每天的成本投入是 1 000 元左右。在第六天末，监控项目的时候发现：

（1）工作只完成了 50%。

（2）实际费用已经花费了 6 500 元。

看来项目的执行情况很糟，在进度和费用两个方面都不尽如人意，那么到现在，到底糟到什么程度呢？试采用挣值法进行分析。

2. 某土方工程总挖方量为 4 000m^3，预算单价为 45 元/m^3，该挖方工程预算总费用为 180 000 元，计划用 10 天完成，每天挖方 400m^3。开工后第 7 天早晨刚上班时，业主项目管理人员前去测量，取得了两个数据：已完成挖方 2 000 立方米，支付给承包单位的工程进度款累计已达 120 000 元。请分析该项目的进度和费用情况。

3. 假设你所在的公司最近承接了某市政府的信息化建设项目，由于以前的优异工作业绩，你被指派为该项目的项目经理。该项目定义和计划阶段的工作可分解为表 6－5 所示的信息。

表 6－5　项目工作分析

代号	工作描述	前序工作	工期（天）	费用预算（元）
A	启动项目并组建团队	—	2	1 000
B	审查项目的当前状态	A	1	500
C	调查用户的信息需求	B	4	2 800
D	识别硬件和软件环境	A	2	600
E	识别项目目标和公司战略	A	1	500
F	开发项目概念设计	C、D、E	3	3 000
G	调查可选的配套系统	F	1	200
H	进行项目影响的分析	G	2	500
I	评价可选的开发工具	F	1	200
J	确定最后的项目计划	I	4	4 500
K	管理部门的审查和批准	H、J	2	500

（1）请根据表 6－6 绘制该项目的带有费用的网络图，并确定该项目的关键路径和总工期。网络图表示方法如图 6－10 所示。

活动代号，工期
预算费用

图 6－10　网络图表示方法

（2）运用挣值分析法对项目现状进行分析。

在制订的项目计划中，所有的活动均采用最早开始时间和最早结束时间作为活动的起始时间。在项目进行到第 10 天结束时，活动 F 正在进行中，已经消耗的费用为 6 000 元，请采用 50－50 法则，分别计算此时项目 7 个挣值变量的值（备注：50－50 法则是将度量期内的作业分成两类，凡是在度量期内开始的作业，其进度挣值为作业估计费用的 50%。凡是在度量期内完成的作业，其作业进度挣值为作业估计费用的另外 50%）。计算：

1）*ACWP*；

2）*BCWS*；

3）*BCWP*；

4）*SV*；

5）*CV*；

6）成本绩效指数（*CPI*）；

7）进度效能指数（*SPI*）。

（3）运用挣值分析法对项目未来的完工时间和成本进行预测。

如果到目前为止项目所引起的偏差是项目计划阶段估计不准引起的，同时未完成工作的偏差会和已经完成工作的偏差相同，那么项目最终的完工成本和工期会是多少？

三、教学做一体化课业

项目成本预算及控制

【课业目标】通过本课业，学生应：

- 理解成本管理的内容；
- 掌握成本的构成及影响因素；
- 能进行成本估算和预算，并编制预算表；
- 计算挣值，并进行成本控制。

【课业方式】

通过各组讨论，对各组项目的各个活动过程的成本进行估算，并编制成本预算表。

【课业条件】

- 相关知识条件：掌握模块 6 的相关知识。
    - 掌握项目成本管理的基本概念：掌握项目成本管理、项目资源计划、项目成本估算、项目成本预算、项目成本控制的概念；
    - 项目成本的构成及影响因素：掌握成本构成的 7 个部分，并理解项目成本构成影响因素及其影响的方式；
    - 项目成本估算及预算：学会编制资源计划，并掌握成本估算的方法，同时能够编制项目成本预算；
    - 项目成本控制：理解并掌握成本累积曲线；
    - 掌握挣值计算及控制方法。

【课业内容及步骤】

- 通过讨论，利用所学方法，对项目各项活动的成本进行估算；
- 编制成本预算表，并绘制预算图。

【课业评价】

项目	优秀 （10 分）	良好 （8 分）	合格 （6 分）	不合格 （4 分以下）	个人得分
成本估算及预算编制	充分利用了成本估算的方法，估算合理，预算编制正确，且为主要负责人	运用估算方法，估算基本合理，预算编制基本正确，且为主要参与者	运用估算方法，但估算或者预算编制中存在明显错误，或者参与不多	估算方法不正确，估算及预算存在较多错误，或者基本不参与小组活动	

课业内容

班级小组组长：________________________________

组员：________________________________

1. 成本估算及预算各组分工（如果为多人负责，请指明主要负责人）

部分一撰写人：________________

部分二撰写人：________________

部分三撰写人：________________

部分四撰写人：________________

部分五撰写人：________________

部分六撰写人：________________

2. 成本估算

工序一成本估算依据：________________

工序二成本估算依据：________________

工序三成本估算依据：________________

工序四成本估算依据：________________

工序五成本估算依据：________________

工序六成本估算依据：________________

工序七成本估算依据：________________

工序八成本估算依据：________________

工序九成本估算依据：________________

工序十成本估算依据：________________

工序十一成本估算依据：________________

工序十二成本估算依据：________________

工序十三成本估算依据：________________

工序十四成本估算依据：________________

工序十五成本估算依据：________________

工序十六成本估算依据：________________

（注：可以另附纸）

3. 项目总成本估算（要求在 WBS 树形图中将上述估算填入，并计算总成本）

4. 编制费用预算表，并绘制费用预算费用负荷图（曲线）及费用累计图（曲线）

模块 7
项目团队与沟通

学习目标

- **能力目标**

能根据特征正确识别项目所处的生命周期阶段；
能掌握团队建设的措施；
能够运用不同的信息沟通网络进行信息沟通。

- **知识目标**

理解项目团队的概念及特征；
了解项目团队精神及团队文化；
了解项目经理的职责和素质要求；
了解有效项目沟通的障碍及应对措施；
了解项目会议。

学习重点与难点

项目团队的生命周期；
项目团队建设；
项目沟通网络；
有效项目沟通。

案例导入

教授的裤子

一位教授正在精心准备一个重要会议上的演讲，会议规格之高、规模之大都是他平生第一次遇到的。全家人都为教授的这次露脸而激动，为此，妻子专门为他选购了一套西装。吃晚饭时，妻子问："西装合身不?"教授说："上身很好，裤腿长了两厘米，倒是能穿!"

晚上教授早早就睡了。教授的妈妈却睡不着，琢磨着儿子这么隆重的演讲，西裤长了怎么能行，就翻身下床，把西装的裤腿剪掉两厘米，缝好烫平，然后安心地入睡了。

早上五点半，妻子睡醒了，想起丈夫西裤的事，心想时间还来得及，便拿来西裤剪掉两厘米，缝好烫平，惬意地去做早餐了。

过了一会儿，教授的女儿也起床了，看到早餐还没有做好，就想起爸爸西裤的事情，寻思自己也能为爸爸做点事情了，便拿来西裤，剪短两厘米，结果……

对于该故事，听者无不捧腹，可分析了背后的道理就再也没人笑得出来了。故事中的主人公们因为沟通不到位，付出了三倍的劳动，得到的结果却是废了一条裤子。究其原因，首先教授没有明确目标和分工——裤子要不要剪短，由谁来剪短，其次教授的妈妈、妻子、女儿在行动之前没有征询家庭（项目组）其他成员的意见，所以造成吃力不讨好的结局，所以我们经常讲：沟而不通，费时误工。

因沟通不畅而影响项目的例子中，常见的情况有：由于缺乏沟通，两个小组同时对一个版本进行升级，结果两个版本合不到一起；由于缺乏沟通，项目组的行动和客户的需求发生偏差，造成大量的返工和浪费；由于缺乏沟通，冲突不断出现，造成客户和项目组矛盾重重，项目组内部凝聚力下降，甚至关键人物拂袖离去。不少工程师总希望通过默不作声地多干活来弥补自己拙于沟通的缺陷，殊不知，项目中用钻研技术和勉力蛮干的方式解决沟通协调的问题犹如南辕北辙。

资料来源：http://haokaoshi.com/html/xmgl/xmglzs/xmgt/199306.html.

理论知识

7.1 项目团队

7.1.1 项目团队的概念及特征

1. 项目团队的概念

项目团队又称项目组，是由一组个体成员为实现一个具体项目的目标而组建的协同工作的正式群体。项目团队的根本使命是在项目经理的直接领导下，为实现具体项目的目标，完成具体项目所确定的各项任务而共同努力，并协调一致和有效地工作。项目团队是一种临时性的组织，一旦项目完成或中止，项目团队的使命即完成或终止，项目团队即告解散。

项目团队不是由"1+1=2"的模式构成，即仅仅把一组人员调集在一个项目中一起工作并不能形成团队。例如，每年在美国篮球大赛结束后，常会从各个优胜队中挑出最优秀的队员，组成一支“梦之队”赴各地比赛，以制造新一轮高潮，但结果总是令球迷失望——“梦之队”负多胜少，其原因在于他们不是真正意义上的团队，只是优秀个体的机械组合。项目团队应该是为满足客户需求，按照一定的分工与合作以及不同的权利和责任方式构成的，朝同一方向共同努力的有机群体。因此，项目团队的概念包括三个基本的要素，如图7-1所示。

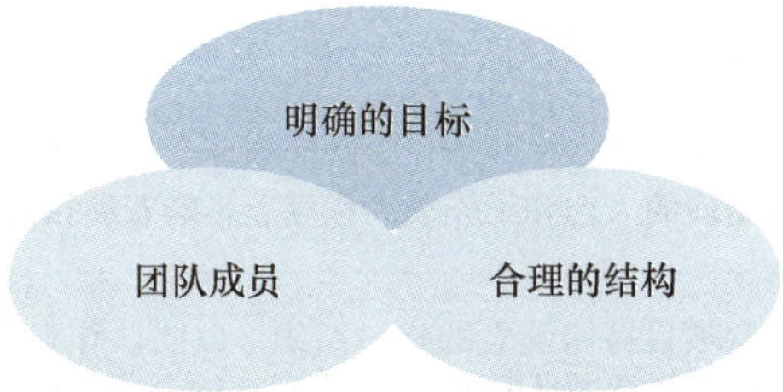

图7-1 项目团队的基本要素

(1) 明确的目标。

任何团队都是为了一定的目标而产生和生存着。理想的项目团队能在既定的时间、既定的预算成本内成功地实现项目的目标。因此，项目目标必须明确，项目团队才可能有效地完成该目标。

(2) 团队成员。

项目团队是由个体成员组成的，单独一个人构不成项目团队。项目团队通常由不同专业、不同背景的人员组成。项目借助团队成员来完成工作，这对项目目标的实现是必不可少的。

(3) 合理的结构。

项目目标通过团队成员的有效协作来完成。因此，在项目团队内要进行有效的分工与合作，并且要有明确的权利和责任层次。分工是对项目工作的分解和细化，更加明确项目成员的职责范围；合作是团队效率的保证。分工与合作同时也是团队和个人绩效考核的基础和依据。

2. 项目团队的特征

项目具有独特性，项目团队是为项目而设立的，因此，不同项目团队在目标、团队成员和结构上有所不同。尽管如此，项目团队在能否有效地开展项目管理活动方面存在一些共同点：项目团队是为了实现项目目标而组建的一次性临时组织，具有很强的目的性和合理的结构系统，强调团队精神与合作，具有渐进性和灵活性等特点，具体见表7-1。

表7-1 项目团队的特征

特征	具体说明
很强的目的性	项目团队是因需要完成特定的项目而设立的专门组织。项目团队的使命就是完成特定项目的任务，实现特定项目的既定目标。在同一目标的感召下，才能提高项目团队成员的凝聚力，它能使团队成员积极热情地为项目成功付出必要的时间和努力，进而提高团队绩效

续表

特征	具体说明
一次性的临时组织	项目的一次性决定了项目团队的一次性。同理，项目的一次性决定了项目团队是临时的。项目团队因项目开展而设立，因项目结束而解散，亦即项目的生命周期同样也是项目团队的生命周期
合理的系统结构	项目团队由拥有各项技能的团队成员构成，如项目经理、项目团队一般成员等。团队成员均有明确的权利和责任范围。角色和职责不清楚往往会造成项目团队混乱，绩效不高。通常情况下，项目经理是项目团队的领导、主要负责人、项目中的决策人物和最高管理者。项目经理的人选和工作极大程度上影响着项目的成败
强调团队精神与合作	项目团队是为特定项目目标设立的临时组织，以团队作业的特殊工作模式开展项目工作，因此，需要特别强调团队精神与团队成员的合作，这是项目成功的精神保障和项目团队建设的核心工作之一
渐进性及灵活性	不同的项目生命周期阶段需求是不一样的，所以，人员配备也会不断变化。一般情况下，项目初期项目团队成员人数较少，随着项目的开展，项目团队规模不断扩大，呈渐进趋势。很多情况下，项目成员受项目经理和职能部门管理人员的双重领导，随着项目的发展与变化，项目团队人数和具体人选不断调整，因此，项目团队必须是灵活的

7.1.2 项目团队的生命周期

项目团队因项目而组建，随项目而终止。如同项目具有生命周期一样，项目团队也是具有一定生命周期的临时组织。项目组成员通常来自不同的职能部门或不同的组织，甚至从未在一起工作过，要想使这样一组人发展成为一个高效的团队，需要有一个过程。一般的项目团队都要经历五个阶段：形成阶段、震荡阶段、规范阶段、执行阶段和解散阶段。在这五个不同阶段中，项目成员之间的关系也是不同的，如图 7－2 所示。

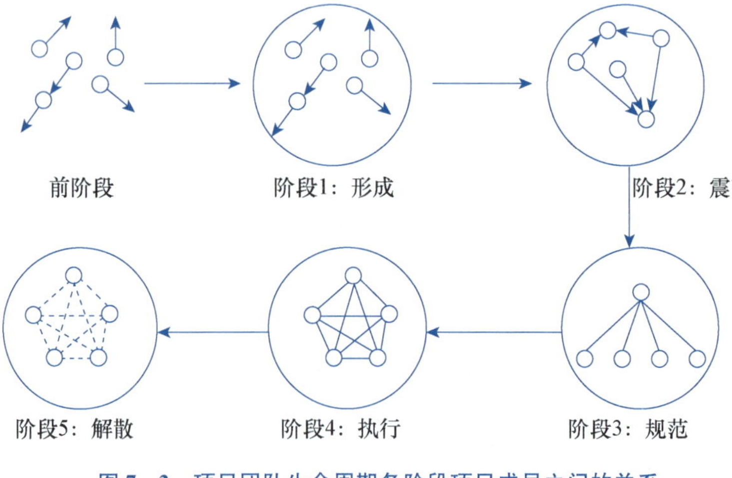

图 7－2　项目团队生命周期各阶段项目成员之间的关系

项目经理在团队生命周期各阶段的主要工作如图 7－3 所示。

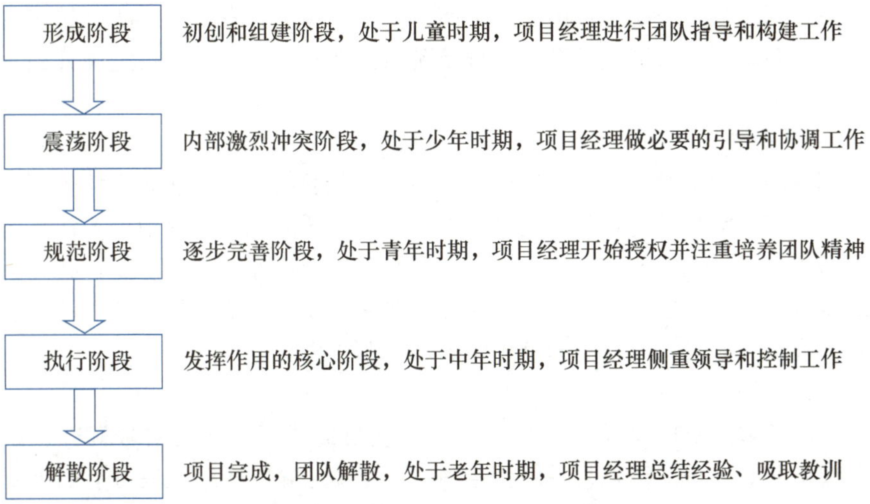

图 7-3 项目经理在团队生命周期各阶段的主要工作

1. 形成阶段

项目团队的形成阶段是项目团队的初创和组建阶段。这一阶段是一组个体成员转变为项目团队成员的阶段。在项目团队初创期，项目组成员总体上有积极的愿望，急于开始工作，但对自己的职责及其他成员的角色都不是很了解，他们会有很多的疑问，并不断摸索以确定何种行为能够被接受。

在这一阶段，项目经理需要进行团队的指导和构建工作。首先，项目经理要向团队成员解释清楚项目的目标，说明工作范围、质量要求、进度计划、预算计划以及限制条件等，使每个成员对项目目标有全面深入的了解，建立起共同的愿景。其次，项目团队成员在了解并认识到有关团队的基本情况后，与项目管理人员共同确定每个团队成员的角色、主要任务和要求，共同讨论项目团队的组成、工作方式、管理方式和一些方针政策，以便取得一致意见，保证今后工作的顺利开展。

2. 震荡阶段

项目团队的震荡阶段是内部激烈冲突的阶段。随着工作的开展，各方面问题会逐渐暴露。团队成员可能会发现，现实与理想不一致，任务繁重而且困难重重，成本或进度限制太过紧张，工作中可能与某个成员合作不愉快。团队成员可能对自己的角色和任务还不够明确，成员彼此之间的相互作用还不够和谐，可能会产生一些必要和不必要的摩擦。另外，项目成员之间的摩擦，影响到项目团队及其成员的工作绩效，进而影响到任务的完成和项目目标的实现。

在这一阶段，项目经理需要做好必要的引导和协调工作，即引导团队成员尽快适应自己的角色和岗位，并随着项目目标的逐渐明确，协同项目团队成员，进一步明确每个角色的功能、权限和责任，甚至做必要的调整。

3. 规范阶段

项目团队的规范阶段是团队逐步完善的阶段。团队成员通过一段时间的工作，开始熟悉工作程序和标准操作方法，对新制度以及团队成员逐步熟悉和适应，团队成员之间的行为关系逐渐改善，开始表现出相互之间的理解、关心和友爱，团队开始表现出凝聚力，整个项目团队就进入了正常发展的规范阶段。在这一阶段，项目经理开始授权并注重培养团队精神。

4. 执行阶段

项目团队的执行阶段是其发挥作用的阶段。团队的结构完全功能化并得到认可，内部致力于从相互了解和理解到共同完成当前工作上。团队成员能够积极工作，为实现项目目标而努力，成员之间能够开放、坦诚、及时地进行沟通，互相协助，共同解决工作中遇到的困难和问题，创造出较高的工作效率和满意度，团队成员有较强的归属感和集体荣誉感。在这一阶段，项目经理侧重领导和控制工作。

5. 解散阶段

项目团队的解散阶段是其收尾阶段。随着项目的竣工，项目团队就进入调整解散期。团队成员开始放松情绪，某些因特定项目而组建起来的团队也极可能因项目的完成而解散，在项目的结束阶段，诸如表彰大会、总结大会、告别大会的召开，表明了项目团队生命周期的正式中止。而另一些团队，在完成一个项目或阶段性的工作任务之后，经过暂时的调整，又准备迎接新的项目或进入下一个阶段的工作任务。在此期间，可能会出现成员的重新配置，一些表现较差或不能适应该项目工作的成员将要离去，由于某些新的工作任务的需要，一些新的成员将会加入。

若项目与项目重叠，一个项目的团队的解散阶段与另一个项目团队的形成阶段重叠，这种团队发展的生命周期出现了新的循环，因为团队的调整即意味着成员的变动、制度的变更以及团队精神和文化的重新塑造。项目团队的调整阶段既是上一轮团队发展周期的中止，又是下一轮团队发展周期的开始。团队的发展周期与项目的生命周期呈现出交融性，正是在众多项目的交叠中，项目团队在总结经验、吸取教训的过程中不断成长，最终锤炼成为一支成绩骄人、斗志高昂的高效团队。

7.1.3 项目团队的建设

1. 项目团队建设的含义及目的

项目团队建设是指为培养团队成员的能力，提高成员间的相互作用，进而提高项目绩效而专门进行的管理行为和个别措施。它是项目经理和项目团队的共同职责。团队建设能创造出一种开放和自信的气氛，成员有归属感，强烈希望能为实现项目目标做出贡献。其目的主要包括：

（1）提高项目团队成员的技能，以便提高其完成项目活动、实现项目目标的能力。

（2）提高团队成员之间的信任感和凝聚力，以通过更多的团队协作来提高生产力。

项目团队工作的成效直接影响项目的成败，因为只有人——项目经理和项目团队成员，才是项目成功的关键。而要让项目团队实现高绩效水平的工作，就必须进行项目团队建设。

2. 项目团队建设的措施

项目团队建设有多种多样的方法和措施，如图 7－4 所示。

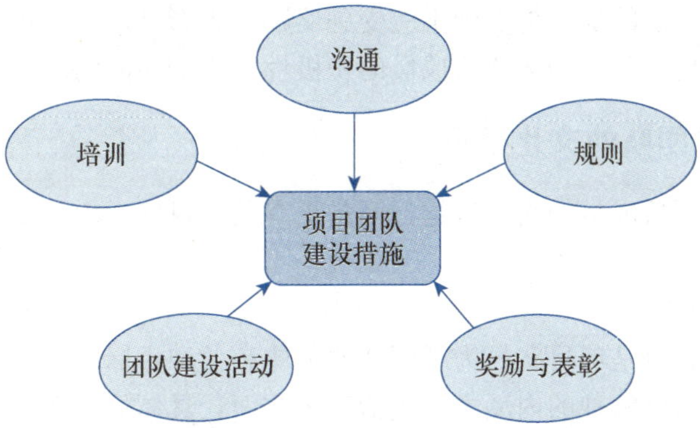

图7-4　项目团队建设的措施

（1）沟通。

项目团队成员之间的沟通对团队建设非常重要。通过沟通，了解并增强团队成员感情，预测其行为，了解其后顾之忧，并尽力帮助其解决问题，可以减少团队成员之间的摩擦，并促进合作。在项目团队管理过程中，影响力、创造力、团队协作等都是项目团队十分重要的资产。

（2）培训。

培训是指所有旨在提高项目团队能力的活动。培训可以是正式的，也可以是非正式的，培训方式也包括很多种类型：脱产培训、在职培训、网络在线培训等。培训的内容由项目团队成员的相关需求决定，如管理课程培训、技术技能培训、培养团队精神培训等。

（3）规则。

没有规矩，不成方圆。项目团队属于一次性临时组织，更需要用规则明确界定对项目团队成员的可接受行为的明确期望。尽早限定并让项目团队成员遵守这些规则，可以减少误解和摩擦，增强合作，提高项目团队绩效。规则的确定，最好有团队成员的参与，这样在讨论的过程中就可以促进团队成员的相互了解，并且成员参与可以减少规则实施的阻力。

（4）团队建设活动。

团队建设活动是指为实现项目团队建设目的而进行的各项活动，包括正式的团队建设活动和非正式的团队建设活动两大类。正式的团队建设活动的具体方式有很多，如定期举办的情况汇报会上的五分钟议程、场地之外由专业人士筹办的活动等。正式的团队建设活动是必需的，非正式的团队建设活动也是必不可少的，如团队成员之间分散的非工作时间的网上交流和私人派对，这些沟通和活动对建立信任和良好的工作关系均能起到良好的促进作用。

（5）奖励与表彰。

项目目标的实现需要项目团队成员的积极配合与协作，因此，要建立赏罚分明的绩效机制。对于能促进项目目标实现的优良行为要给予及时、适度的奖励与表彰。例如，为按期完成已经延后的项目，自愿加班加点的行为应该受到奖励与表彰，但因计划不周所造成的弥补过失性质的加班加点则不应受到奖励与表彰。对于项目团队中的惩罚尽量较少使用，因为惩罚通常会破坏团队成员的积极性，影响团队的凝聚力。

7.1.4 项目团队的文化建设

项目团队不是项目成员的简单累加，而是具有共同目标、内部凝聚力、强烈团结合作精神的有机组合。

1. 项目团队精神

项目团队精神，就是项目队员为了团队的整体利益和目标而相互协作、共同努力的意愿与作风。项目团队精神的内涵主要包括三个方面，具体见表 7-2。

表 7-2 项目团队精神的内涵

内涵	具体表现
项目团队是成员相互协作形成的有机整体	团队成员之间同舟共济、共同奋斗、互敬互重、相互宽容、彼此信任、相互帮助和互相礼让
成员对项目团队有强烈的归属感和一体感	成员强烈地感受到自己是团队一员，且由衷地希望能够把自己的前途与团队的命运联系在一起，愿意为团队的利益与目标尽心尽力
团队成员对项目团队事务全方位投入	培养成员的责任感，让团队成员参与管理、共同决策，以充分调动其积极性、主动性和创造性；团队成员由衷地把团队的事视为自己的事，工作积极主动、认真勤勉、尽职尽责、充满活力与热情

2. 项目团队文化

项目团队文化是项目团队成员共有的价值和信念体系，是团队成员所共有的思想、作风、价值观念和行为规范的总和，是在项目团队的发展过程中形成的。一个具有文化底蕴的项目团队，就如同一个具有文化修养的人一样，处处都显现出自己独特的价值观、信条和行为模式。这些共有的价值观在很大程度上决定了项目团队成员的看法和行为方式。

项目团队文化涉及组织的各个层次，渗透于项目的各项工作中。一般来说，项目团队文化主要包括图 7-5 所示几个方面。

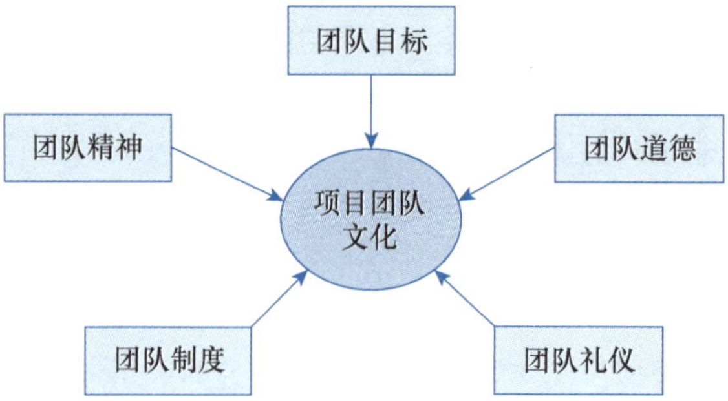

图 7-5 项目团队文化

（1）团队目标。

目标是项目团队组建的动因。团队目标是团队文化以团队运作形式表现出来的一种观念形态文化。团队目标是作为一种意念、一种符号、一种信息传达给全体团队成员的。在实践中，团队目标可以划分为三个层次：整体目标、部门目标、小组目标或团队成员目标。通过团队目标的实现，团队才可能发展壮大。

（2）团队精神。

团队精神是团队文化的表现形式，是支撑项目团队生存和发展的支柱。团队价值观是一个团队的基本观念和信念，是指项目团队所有成员参照一定依据，遵循一定的评价模式对团队的生产经营行为、提供的服务以及社会声望和资信等的总看法。它具体地向团队成员说明什么是成功，并在团队成员中树立起成功的标准。

（3）团队道德。

团队道德是调整成员之间以及项目团队与成员之间关系的思想意识和行为规范的总和，是一种特殊的行为规范，是团队规章的必要补充。通过它，项目成员能在什么是对、什么是错、什么可被接受、什么不可被接受等方面取得共识。

（4）团队制度。

团队制度是项目组织在项目管理实践活动中所生成和发展起来的一种文化现象。它既是处理其相互之间工作关系的各种规章制度、组织形式和行为准则，又是项目组织为实现其盈利目标而要求团队成员共同遵守的办事规程。

（5）团队礼仪。

团队礼仪是团队日常已经形成习惯的一系列文化活动的总称。这些礼仪活动体现了组织对团队成员的期望与要求，包括团队交流和社会礼仪、工作礼仪、管理礼仪等。它以形象化的形式，将团队的价值观灌输给了全体团队成员。可以说，没有团队礼仪，也就没有团队文化。

在一个具有文化底蕴的项目团队中，团队成员有强烈的归属感、一体感。好的文化激励着团队成员，团队成员努力奋斗、要求上进的精神又会大力促进团队文化建设，两者相得益彰。

7.1.5　项目团队绩效的影响因素

项目团队绩效体现团队有效实现项目目标的程度。当一个项目团队缺乏团队精神时，就会直接影响到团队的绩效和项目的成功。在这种情况下，即使每个项目团队成员都有潜力去高效率地工作，但是由于整个团队缺乏团队精神，使得团队难以达到其应有的绩效水平。

除了团队精神以外，还有一些影响团队绩效的因素，图 7－6 表示了这些影响因素以及消除这些影响因素的建议。

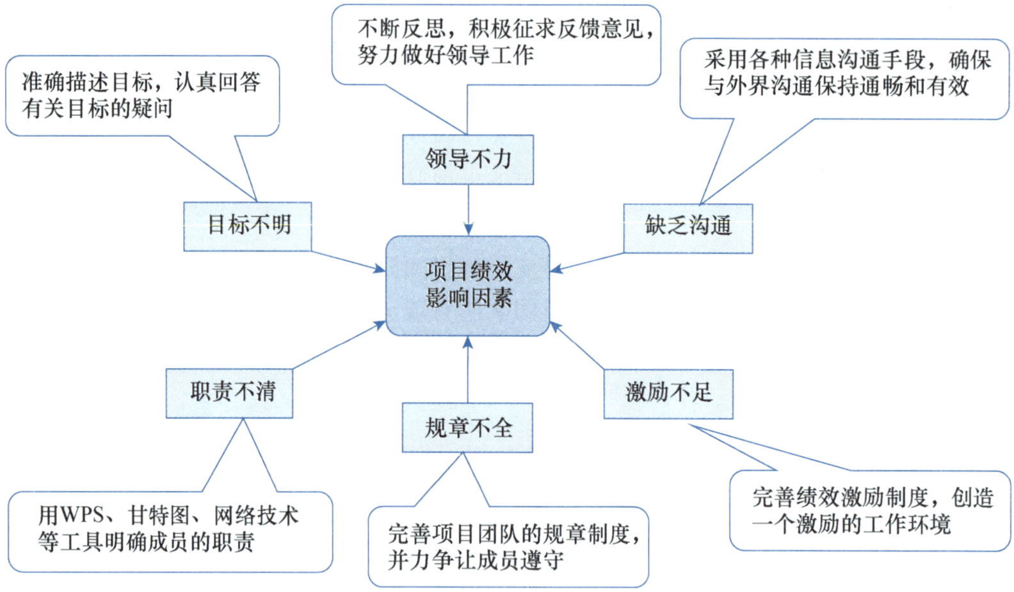

图 7－6　项目绩效影响因素及建议

7.2　项目经理

7.2.1　项目经理的重要地位

由于项目的独特挑战性，在项目管理中人的因素越来越重要。项目经理是项目团队的灵魂和领导，是决定项目能否成功的关键人物。项目经理的知识结构、组织能力、管理素质、经验水平和领导艺术等都对项目管理的成败有着决定性的影响。

项目经理就是项目的负责人，负责项目的组织、计划及实施全过程，以保证项目目标的实现。项目经理与部门经理虽然同样都是管理者的角色，但由于管理的课题和目标不同，因此，两者在管理职能、素质和技能要求等方面有很大的不同。

7.2.2　项目经理的责任

1. 项目经理的主要责任

项目经理的责任非常广泛，具体如下：

（1）在给定技术、费用和时间的情况下，完成一定的任务。

（2）完成预定的收益目标。

（3）控制和指导项目日常工作，制订所有决策。

（4）负责项目团队内部、团队和项目其他成员之间的有效沟通。

（5）解决所有可能出现的冲突和矛盾。

2. 项目经理责任的层次

项目经理的责任还可以归纳为三个相对独立的层次：对上级组织的职责、对项目及客户的职责、对项目团队成员的职责，如图7-7所示。

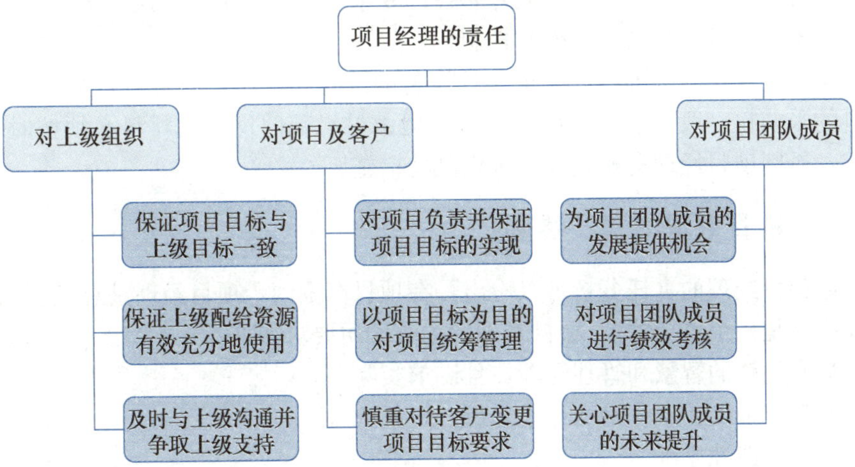

图7-7　项目经理的三个层次的责任

7.2.3　项目经理的权力

项目经理是项目团队中的最高领导人，但由于项目存在于组织中，通常情况下，项目团队成员受项目经理和职能部门经理的双重领导。因此，项目经理权力的大小取决于项目在组织中的地位、项目的组织结构、项目的重要性和紧迫性等因素。例如，在职能型组织中，项目经理的权力往往受到职能经理的制约，但如果是纯项目型组织结构，且不存在职能部门，项目经理的权力可能仅次于公司高层管理人员。另外，对于非常重要或紧急的项目，项目经理往往还会获得一些额外的特权。

一般情况下，项目经理的主要权力体现在以下几个方面：

(1) 运作指挥权。

项目经理有权按项目合同的规定，根据项目运作过程中随时出现的人、财、物等资源变化情况进行指挥调度，对项目团队进行结构设计和网络计划，也有权在保证总目标不变的前提下进行优化和调整。该项权力能够保证项目经理及时应对项目实施中临时出现的各种变化。

(2) 人事权。

项目组成人员的选择、考核、聘任和解聘，对项目组成员的任职、奖惩、调配、指挥、辞退，在有关政策和规定的范围内选用和辞退劳务人员等是项目经理的人事权力。

(3) 财务决策权。

项目经理必须拥有足够的责任范围内的财务决策权。在财务制度允许的范围内，项目经理有权安排责任范围内费用的开支，有权在工资资金范围内决定项目组织内部的计酬方式、分配方法、分配原则和方案，并有权推行计件工资、定额工资、岗位工资和确定奖金分配。对风险应变费用、赶工措施费用等都有使用支配权。

（4）技术决策权。

项目经理有权审查和批准重大技术措施和技术方案，以防止决策失误造成重大损失。必要时可召集技术方案论证会或外聘咨询专家，以防止决策失误。

（5）设备、物资、材料的采购与控制权。

在组织有关规定的范围内，决定各种设备的选择和使用，还可自行采购零星物资。主要材料的采购权一般不宜授予项目经理，但由材料部门供应的材料必须按时、按质、按量供应，否则项目经理有权拒收或采取其他措施。

7.2.4 项目经理的素质要求

从上述项目经理的责任分析可以看出，在项目范围内，项目经理是总负责人，因此项目经理应该是一个“全才”。项目经理的主要素质要求如下：

（1）具有足够的智慧和管理经验，且讲求实际。

（2）具有较强的技术背景和行业知识。

（3）具有创造性思维。

（4）具有丰富的从业经验，广泛的相关领域人际关系。

（5）具有良好的沟通能力，能够与上级、平级和下级保持良好关系。

（6）具有人格魅力，能够影响并激励项目团队成员。

（7）具有灵活性，同时兼备组织性和纪律性。

对项目经理的能力要求既包括“软”的方面，即个性因素，也包括“硬”的方面，即管理技能和技术技能。

7.2.5 项目经理的培养

项目经理的培养应该主要依靠工作实践，这是由项目经理成长的规律所决定的。成熟的项目经理常常是从项目管理的实际工作中选拔、成长起来的。目前，项目经理的培养逐渐出现专业化、标准化、现代化和国际化的趋势，各种标准和项目管理专业资质和体系的建立，为项目经理的培训提供了便利。

一般情况下，项目经理的培训包括以下三个方面：

（1）基本知识的培训。这包括项目及项目经理的特点、管理思想、管理程序、项目沟通和谈判技巧等。

（2）项目管理专业技术的培训。这主要包括项目中常用的工作分解结构、网络计划技术、项目预算技术、成本计量方法、质量检验、项目变更管理等。

（3）项目实践的培训。对于有潜力的培养对象，应该让其在经验丰富的项目经理的带领下，以经理助理的身份协助完成一些任务，或者授权其完成一些小项目的管理，并给予适当的指导和考察。

对项目经理进行培训的具体方法包括在职培训、资格认证和学校教育、参加研讨会等形式。

7.3　项目沟通

7.3.1　沟通的定义

沟通是指意义的传递和理解。该定义包括两方面含义：

（1）沟通是信息的传递。如果想法和信息没有被传送到，就表示沟通没有发生。例如，说话时没有听众，写作时没有读者，就不构成沟通。

（2）沟通是意义的理解。成功的沟通不仅要求传递意义，还要求意义被理解。例如，跟一个对汉语一窍不通的外国人在电话中讲中文，且不将其翻译为能被他理解的语言，这同样不能称为沟通。

项目经理沟通的层次和内容如图 7－8 所示。

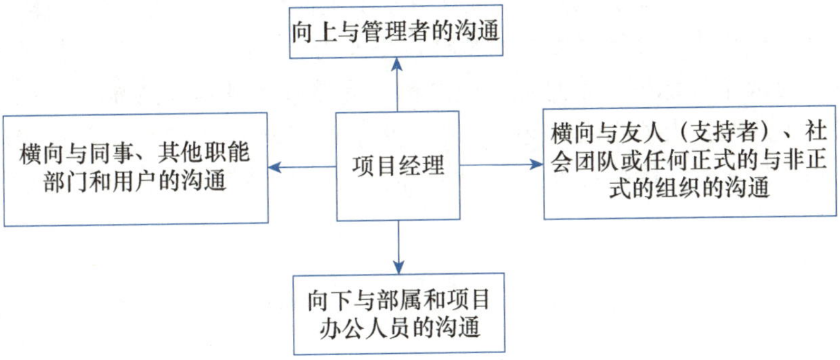

图 7－8　项目经理沟通的层次和内容

7.3.2　项目沟通的作用

在项目的整个生命周期内，项目沟通起着不可估量的作用。项目团队与客户的沟通、项目团队与上级部门的沟通、项目团队与供应商之间的沟通、项目团队成员内部的沟通贯穿于整个项目的始终。当项目发生变化和变更时需要沟通，当项目发生冲突时也需要沟通。在项目的生命周期中，所有信息输入输出的过程，都是项目的沟通过程。如果不能把信息通过有效的渠道及时地传递到需要者手中，将会给项目工程带来混乱，有时甚至是失败。因此，沟通对项目的成功是至关重要的。具体来说，项目沟通有表 7－3 所示的重要作用。

表 7－3　项目沟通的重要作用

作用	相关说明
项目计划的基础	通过项目团队内部及团队与外部环境之间的信息沟通，就可以获得制订科学计划所需的准确、完整、及时的信息，为科学计划及正确决策提供依据

续表

作用	相关说明
项目管理的依据	通过信息沟通，掌握项目团队内的各方面情况，为科学管理提供依据，有效地提高项目团队的工作效率
项目经理成功领导的重要措施	项目经理通过各种途径将信息传递给团队成员，并使之理解和执行。因此，提高项目经理的沟通能力，才能保证其领导的成功
协调团队成员关系的必需条件	通过信息沟通和意见交流，将一个个团队成员联系起来，使其成为一个整体。畅通的信息沟通可以减少团队成员间的摩擦，改善项目团队成员间的关系

7.3.3 沟通的过程

沟通就是信息被交换的过程，主要包括人际沟通（存在两人或多人之间的沟通）和组织沟通（组织中的各种方式、网络和系统等）。两种类型的沟通具有类似的沟通过程模式。

沟通是为了传递信息，在信息发送者和信息接收者之间传递。信息在发送之前，由发送主体转化为编码，然后将信息通过一定的渠道和方式传递到接收者，接收者接收到信息后，对其进行转化（解码），这样信息就由一个主体传递给了另一个主体。如图 7－9 所示，信息传递过程中，受很多因素的影响，在传递之前，受发送者知识、技能、态度、偏好等影响，形成个性滤网。信息被接收之前，受接收者知识、技能、个人理解力等影响，形成理解力滤网。为了确认沟通的实现，在沟通过程中，经常会出现反馈，即将被传递的信息，再由接收者回传给发送者，以确定信息是否已被传递以及意义是否准确。

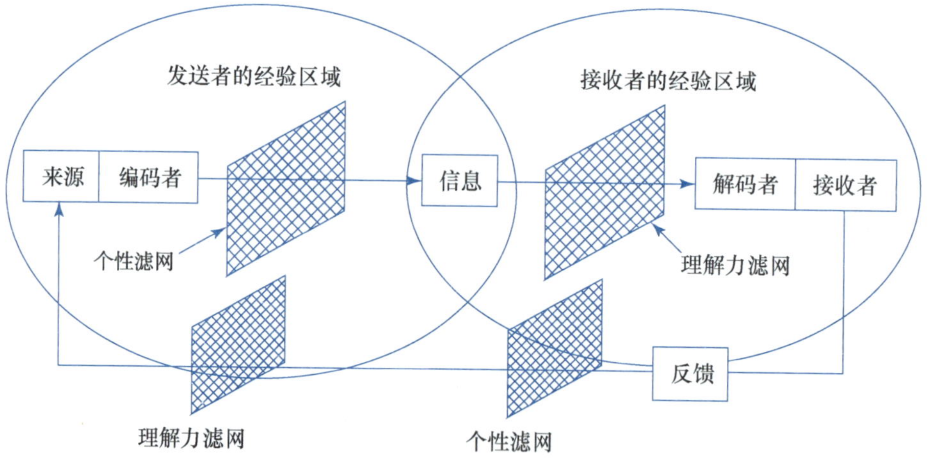

图 7－9　沟通过程

资料来源：毕星，翟丽. 项目管理. 上海：复旦大学出版社，2000.

7.3.4 项目沟通的方式

项目沟通的方式有很多种，按照不同的划分标准，可有不同的分类。

1. 正式沟通和非正式沟通

（1）正式沟通，是指按照规定的指挥链或作为工作的一部分进行信息传递和交流的方式。如组织规定的例会制度、组织与其他组织的公函来往、与工作有关的任务指派和工作汇报等都属于正式沟通。正式沟通的优点是沟通效果好、有较强的约束力，缺点是沟通速度慢。

（2）非正式沟通，是指运用组织层级结构以外的渠道所进行的信息传递和交流。如员工之间的私下交谈、小道消息等。这种沟通的优点是沟通方便，沟通速度快，能提供一些正式沟通中难以获得的信息，缺点是消息的可靠性不能保证。

2. 下行沟通、上行沟通、横向沟通和斜向沟通

项目团队内的沟通方向有以下几种：

（1）下行沟通，是指管理者对下属人员进行的自上而下的信息沟通。下行沟通通常用于通知、命令、评估下属等，如通告组织的政策和程序、发布项目新闻消息、对项目团队面临的一些具体问题提出处理意见等。

（2）上行沟通，是指下属人员将信息向上级反映，即自下而上的沟通。上行沟通通常用于汇报、请示等，如下属人员提交的项目工作绩效报告、员工意见调查表等。项目经理应鼓励下属人员积极向上级管理人员反映情况。只有下行沟通渠道顺畅，项目经理才能掌握全面情况，做出符合实际的正确决策。上行沟通可以层层传递，即依据一定的组织原则和组织程序逐级向上反映，也可以越级反映。越级反映可以减少中间层次，让项目最高决策者与一般员工直接沟通。

（3）横向沟通，是指组织中同一层级信息主体之间的信息交流。在项目实施过程中，经常可以看到各部门之间发生矛盾和冲突，除其他因素外，部门之间互不通气是重要原因之一。保证平行部门之间沟通渠道畅通，是减少部门之间冲突的一项重要措施。

（4）斜向沟通，是指发生同时跨项目团队又跨组织层次的信息主体之间的沟通。从效率和速度的角度考察，斜向沟通是有好处的。网络和无线电技术的发展，更是促进了斜向沟通。但要注意，在进行斜向沟通时，有时有必要通报其直属部门领导，以避免造成不必要的矛盾和冲突。

3. 书面沟通、口头沟通和非语言沟通

（1）书面沟通，是指以书面形式所进行的信息传递和交流，如通知、公告、备忘录等。其优点是比较正式、信息可信度较高，并可以作为资料长期保存、反复查阅，缺点是费时费力。

（2）口头沟通，是指以口头表达方式进行信息交流活动，如谈话、游说、演讲等。其优点是比较灵活、速度快，双方可以自由交换意见，且传递消息较为准确，缺点是不够正式，事后不能重复查阅。

（3）非语言沟通，是指体态语言和语调。体态语言是指传达意义的手势、面部表情和其他的身体动作；语调是指信息传达主体在传达意义时对某些词汇或短语的强调。有一句话："问题不在于你说的是什么，而在于你是怎么说的。"这句话充分体现了非语言沟通的重要性。如十字路口的红绿灯、刺耳的警笛，又如欢乐时手舞足蹈、悔恨时捶胸顿足、惧怕时手足无措等，都不是通过文字和口头表述来告诉我们信息的，但这些符号和行为却对有效沟通具有非常大的影响。

4. 单向沟通和双向沟通

（1）单向沟通，是指发送者及接受者之间的地位不变（单向传递），一方只发送信息，另一方只接收信息。双方无论是在情感上还是在语言上都不需要信息反馈。如做报告、发布指令等。采用这种沟通方式时，信息传递速度快，但准确性较差，有时还容易使接受者产生抗拒心理。

（2）双向沟通，是指发送者和接受者两者之间的位置不断交换，发送者以协商和讨论的姿态面对接受者，信息发出以后还需及时听取反馈意见，必要时双方可进行多次重复商谈，直到双方共同明确和满意为止，如谈判、协商等。其优点是沟通信息准确性较高；接受者有反馈意见的机会，产生平等感和参与感，增加自信心和责任心，有助于建立双方的感情。但是，对发送者来说，在沟通时随时会受到接受者的质询、批评和挑剔，因而心理压力较大，同时信息传递速度也较慢。

7.3.5 项目沟通的网络

信息沟通是在项目组织内部的成员之间进行的信息交流和传递活动。项目成员进行沟通时，会选择和组建项目组织内部不同的信息沟通渠道。信息沟通的横向和纵向流动集合而成的各种形态，构成了项目沟通网络。这些网络可以影响项目团队成员的工作效率，也可以影响团体成员的心理和组织气氛。

1. 正式的沟通网络

正式的沟通网络主要有五种，如图 7－10 所示。

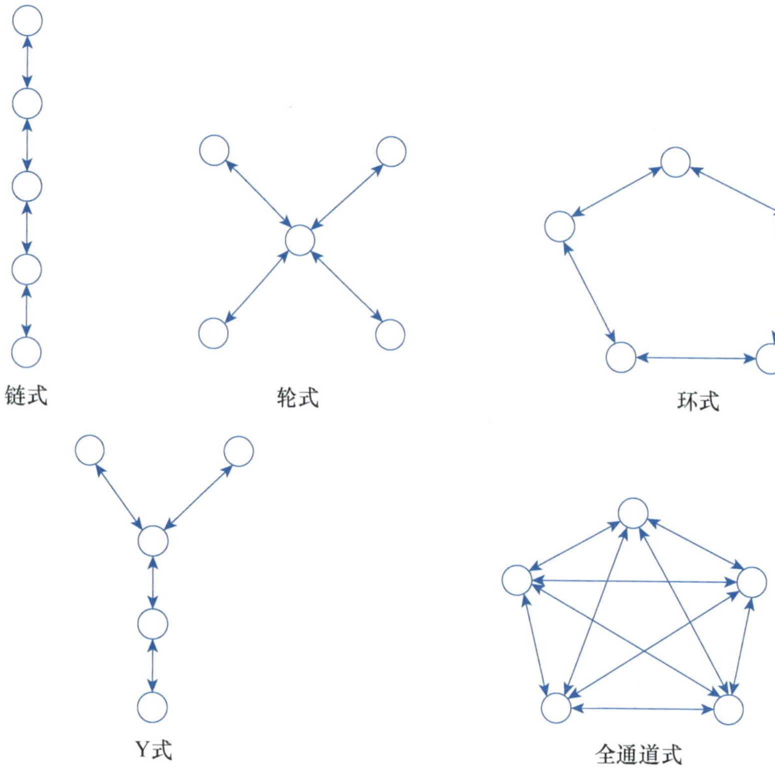

图 7－10 正式的沟通网络

（1）链式沟通网络。

链式沟通网络是一个纵向沟通渠道，按照正式的指挥链进行信息传递。信息可以自上而下或自下而上地交流。该模式的最大优点是信息传递速度快。它适用于团队庞大、实行分层授权控制的项目信息传递及沟通。

（2）轮式沟通网络。

轮式沟通网络是以强有力的明确认定的领导者为中心进行的项目成员之间的沟通。在这一模式中，项目经理分别同团队成员发生联系，成为个别信息的汇集点和传递中心，形成一个主管领导直接管理若干部门的权威控制系统。轮式沟通网络是加强控制、争时间、抢速度的一个有效方法和沟通模式。

（3）环式沟通网络。

环式沟通网络又称圆周式沟通网络，是指不同团队成员之间依次联络沟通。这种模式结构可能产生于一个多层次的组织系统之中。该种沟通模式能提高团队成员的士气，即大家都感到满意。

（4）Y 式沟通网络。

Y 式沟通网络是一个组织内部的纵向沟通渠道，其中只有一个成员位于沟通活动中心，成为中间媒介与中间环节。在这种沟通模式下，信息传递的准确性较高。

（5）全通道式沟通网络。

全通道式沟通网络是一个开放式的信息沟通系统，其中每一个成员之间都有一定的联系，彼此十分了解。民主气氛浓厚、合作精神很强的组织一般采取这种沟通网络模式。

上述沟通网络模式各有优缺点。作为一名管理者，选择何种沟通网络取决于其沟通的目标，因为沟通目标决定了沟通效果的评判标准。沟通效果的评判标准主要有四个：沟通速度、信息准确性、领导者的突出性和成员满意度。上述五种不同的沟通网络的比较见表 7－4。

表 7－4　不同的沟通网络的特点

沟通网络	沟通速度	信息准确性	领导者的突出性	成员满意度
链式	中	高	相当显著	中
轮式	快	高	非常显著	低
环式	慢	低	不发生	高
Y 式	中	高	非常显著	中
全通道式	快	中	不发生	高

2. 非正式的沟通网络

非正式沟通网络是信息沟通渠道的一部分，因为几乎所有的组织和项目团队都存在小道消息和私下交流等。有调查显示，75%的员工是通过小道消息网络的传播得到第一信息的。由此可见，它是信息的一个重要来源。

小道消息有助于项目管理者识别成员关注且感到疑惑的问题，以及由此产生的焦虑。它既是信息的过滤器，又是一种信息反馈手段。更重要的是，小道消息可以为管理者加以利用，掌握成员的关注点，还可以通过小道消息传播一些重要的信息，这都有利于对项目团队的管理。当然，如果有些小道消息有不良效果，就要加以限制和管理，尽量减少其负面作用。

课堂模拟

由5～6人组成一个小团队，推荐几个团队成员将其真实经历改编成有时间、地点、人物、态度、形式等要素的小故事，然后分别采用上述五种项目沟通网络模式进行沟通，记录沟通过程，熟悉不同的沟通网络模式，并分析各自的特点。

7.3.6 有效项目沟通的障碍及解决措施

1. 有效项目沟通的障碍

在项目沟通过程中，存在广泛的信息失真问题。下面我们来研究有哪些有效项目沟通的障碍。归纳起来，有效项目沟通的障碍主要有表7-5中所列的几种。

表7-5 有效项目沟通的障碍

障碍类型	说明
语言	语言是表达思想的符号系统，但对不同的年龄、教育和文化背景的人来讲，意义会不同
过滤	故意操纵信息，使信息显得易于接受；过滤的程度受项目团队结构层次和文化的影响
选择性觉知	信息主体依据自己的兴趣、经验和态度而有选择地去解释所接收到的信息
情绪	信息接收者接收信息时的情绪会直接影响其对信息的理解
信息超载	信息过量，甚至超过信息接收者的承受负荷，也会成为沟通的障碍因素
民族文化	文化差异会影响项目团队对沟通渠道的选择，不能理解民族文化差异极有可能影响沟通

造成项目内部机构与机构、人与人之间有效沟通的障碍因素很多。因此，在项目管理过程中，项目负责人应该充分注意这些障碍，并积极采取必要而合适的方法消除这些障碍，使信息能够在项目团队中准确、迅速、及时地传递。

2. 解决项目沟通障碍的措施

信息沟通的目标是使信息接收者理解的信息意义与信息传送者的信息意义吻合。为达到这一目标，有如下解决项目沟通障碍、提高项目沟通有效性的建议。

（1）重视反馈。

很多沟通问题是由于误解或理解不正确造成的。如果项目管理者在沟通过程中运用反馈，实行双向沟通，使发送者可以及时了解到信息在实际中如何被理解，使接受者得以表达接收时的困难，从而得到帮助，就能使传递信息的准确性得到保障。

反馈可以是语言形式，也可以是非语言形式，行动胜于语言。例如，某教授希望其学生在5月31日之前上交作业，而这位教授到5月31日尚未收到学生上交的作业，尽管这个反馈是教授不希望的，但这位教授无疑得到了反馈。

（2）简化语言。

语言是影响项目沟通有效性的可能障碍之一。因此，信息沟通主体应尽量选择好措辞，并注意其内部逻辑，发送的信息要意思明确、条理清晰、语言精练、针对性强，这样易于接受者接收和理解。

（3）控制情绪。

情绪可能使信息的传递严重受阻或失真。当信息接收者或信息发送者情绪低落时，对接收信息的理解和发送信息的表达与情绪高昂时可能相差甚远。应对措施就是暂停沟通，稳定一下情绪后再继续。

（4）积极倾听。

积极倾听是指不带先入为主的判断和解释，对信息的完整意义进行接收，因此，要求听者要全神贯注。一般而言，人们说话的语速是平均每分钟 150 个词，而倾听的速度可达到 400 多个。由此可见，两者之间巨大的差值给了听者足够的时间，使其有机会分神。

积极倾听的行为主要包括：不要多说、共同体会、目光接触、提问、复述、赞许性地点头、恰当的表情、避免分心以及避免中途打断信息发送者等。

（5）注意非语言信息。

在信息沟通的过程中，信息发送者可以辅助使用神情、体态等，这些可以起到强化语言的作用，使传输出的信息更明确；信息接收者要注意对方的非语言行为，这样结合对方的语言表达，就可以更准确地获取和理解对方的意思，提高信息沟通的有效性。

7.3.7　项目会议

前面已经介绍过多种项目沟通的方法，其中项目会议是项目管理者进行有效项目沟通的主要途径和方式，也是促进项目团队建设和团队文化建设的有效工具。项目经理的工作就是管理项目，而项目管理过程中项目沟通无处不在，因此，项目经理需要花费大量的时间在项目沟通上，而这些沟通很多要通过项目会议的方式完成。

项目会议一般都有一个或几个主要议题，例如项目情况评审、解决某个重要问题及技术设计评审等。在开会过程中，针对议题的相关内容进行充分的沟通，可以达到很多目的，具体如图 7-11 所示。

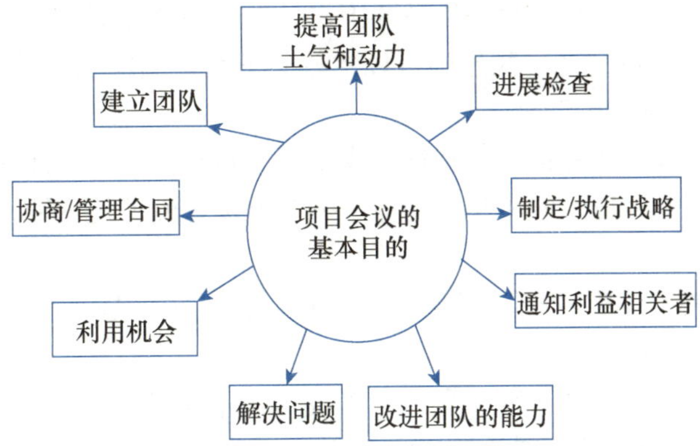

图 7-11　项目会议的基本目的

资料来源：周桂荣，惠恩才. 成功项目管理模式. 北京：中国经济出版社，2002.

思考与练习

一、复习思考

1. 什么是项目团队？它具有什么特征？
2. 项目团队的生命周期包括哪几个阶段？
3. 项目团队建设的措施有哪些？
4. 什么是项目团队精神？其内涵包括几方面？
5. 项目团队文化包含的内容是什么？
6. 影响项目绩效的因素有哪些？
7. 项目经理的职责有哪些？项目经理的权力又有哪些？
8. 项目经理有哪些素质要求？
9. 项目沟通的含义是什么？
10. 项目沟通的方式有哪些？
11. 项目沟通网络有哪些？不同沟通网络的特点是什么？
12. 有效沟通的障碍有哪些？有什么应对的措施？

二、案例分析

凯茜·布福德（Cathy Buford）是一个项目团队的设计领导，该团队为一个有迫切需求的客户设计一项庞大而技术复杂的项目。乔·杰克逊（Joe Jackson）是一个被分派到她的设计团队里的工程师。

一天，大约是上午九点半，乔走进凯茜的办公室，她正在埋头工作。

“嗨，凯茜，”乔说，“今晚去观看联赛吗？你知道，我今年志愿参加。”

“噢，乔，我实在太忙了。”

接着，乔就在凯茜的办公室里坐下来，说道：“我听说你儿子是个非常出色的球员。”

凯茜将一些文件移动了一下，试图集中精力工作。她答道：“啊？我猜是这样的。我工作太忙了。”

乔说：“是的，我也一样。我必须抛开工作，休息一会儿。”

凯茜说：“既然你在这儿，我想你可以比较一下，数据输入是用条形码呢，还是用可视识别技术？可能是……”

乔打断她的话，说：“外边乌云密集，我希望今晚的比赛不会被雨浇散了。”

凯茜接着说：“这些技术的一些好处是……”她接着说了几分钟。又问：“那么，你怎样认为？”

乔回答道：“噢，不，它们不适用。相信我。除了客户是一个水平较低的家伙外，这还将增加项目的成本。”

凯茜坚持道：“但是，如果我们能向客户展示它能给他省钱，并能减少输入错误，他可能会支付实施这些技术所需的额外成本。”

乔惊叫起来：“省钱！怎样省钱？通过解雇工人吗？我们国家已经大幅裁员了。而且政府和政治家们对此没任何反应。你选举谁都没关系，他们都是一路货色。”

“顺便说一下，我仍需要你进展报告的资料，”凯茜提醒他，“明天我要把它寄给客户。你知道，我需要8～10页。我们需要一份很厚的报告向客户说明我们有多忙。”

“什么？没人告诉我。”乔说。

“几个星期以前，我给项目团队发了一封电子邮件，告诉大家在下个星期五以前我需要每个人的数据资料。而且，你可能要用到这些你为明天下午的项目情况评审会议准备的材料。”凯茜说。

“我明天必须演讲吗？这对我来说还是个新闻。”乔告诉她。

“这在上周分发的日程表上有。”凯茜说。

乔自言自语道：“好吧，我不得不看一眼这些东西了。我用我6个月以前用过的幻灯片，没人知道它们的区别。那些会议只是一种浪费时间的方式，没有人关心它们，人人都认为这只不过是每周浪费2个小时。”

“不管怎样，你能把你进展报告的资料在今天下班以前以电子邮件的方式发给我吗?”凯茜问。

“为了这场比赛，我不得不早一点离开。”

“什么比赛?”

“难道你没有听到我说的话吗？联赛。”

“或许你现在该开始做这件事情了。”凯茜建议道。

“我必须先去告诉吉姆有关今晚的这场比赛，”乔说，“然后我再详细写几段。难道你不能在明天我讲述时做记录吗？那将给你提供你做报告所需的一切。”

“不能等到那时，报告必须明天发出，我今晚要很晚才能把它搞出来。”

“那么，你不去观看这场比赛了?”

“一定把你的资料数据通过电子邮件发给我。”

“我不是被雇来当打字员的，”乔声明道，“我手写更快一些，你可以让别人打印。而且你可能想对它进行编辑，上次给客户的报告与我提供的资料数据完全不同。看起来是你又重写了一遍。”

凯茜重新回到办公桌并打算继续工作。

问题：

（1）两人的沟通中存在什么问题?

（2）凯茜应该怎么做?

（3）你认为乔要做什么?

（4）凯茜和乔怎样处理这种情况会更好?

资料来源：http://www.mypm.net/case/show_case_content.asp? CurrentPage=2&caseID=1993.

三、教学做一体化课业

项目沟通计划

【课业目标】通过本课业，学生应：

- 能够编制沟通计划；
- 能识别沟通的时间关键点；
- 能运用不同的沟通方式。

【课业方式】

通过各组讨论，根据各组制订的进度计划和费用计划，识别沟通时间关键点，制订项目沟通计划。要求在课业纸上完成沟通计划的编制。

【课业条件】

- 相关知识条件：掌握模块 7 的相关知识。
  - 项目团队：理解项目团队的作用、构成、特征，了解团队的生命周期，掌握团队建设的重要性；
  - 项目经理：理解项目经理的重要性、责任、权力以及项目经理素质的要求和培养；
  - 项目沟通：理解沟通的作用和重要性，掌握沟通的过程、方式和方法，理解有效沟通的障碍和解决措施。

【课业内容及步骤】

- 通过讨论，根据进度和费用计划，识别项目沟通的关键点，制订项目的沟通计划；
- 编制沟通计划表；
- 能准确识别沟通对象和适用方法。

【课业评价】

项目	优秀 （5 分）	良好 （4 分）	合格 （3 分）	不合格 （2 分以下）	个人得分
项目沟通计划表编制	时间点识别全面、合理，各项沟通要素安排合理	能识别 80% 以上的沟通关键时间点，各项沟通要素安排合理	能识别 60% 以上的沟通关键时间点，各项沟通要素安排基本合理	识别的沟通关键时间点不合理，或者遗漏较多，各项沟通要素安排不合理	

课业内容

班级小组组长：________________

组员：________________

1. 各组分工（如果为多人负责，请指明主要负责人）

部分一撰写人：________________

部分二撰写人：________________

部分三撰写人：________________

部分四撰写人：________________

部分五撰写人：________________

部分六撰写人：________________

2. 沟通计划制订

沟通时间	沟通内容	沟通目的	沟通渠道（方式）	文档	沟通对象	负责人

模块 8
Project 2019 基础

学习目标

- **能力目标**

能够安装、卸载、启动、退出 Project 2019；
能够进行 Project 2019 的基本操作。

- **知识目标**

理解项目管理软件的作用；
项目管理软件 Project 2019 的优点；
掌握安装和卸载 Project 2019；
掌握启动和退出 Project 2019；
掌握 Project 2019 的初步操作。

学习重点与难点

理解 Project 2019 对于项目管理的作用；
学会 Project 2019 的初步操作。

理论知识

8.1 Project 2019 与项目管理

前面讨论了项目和项目管理的基本概念及项目管理的技术方法，但是，如果没有相应的软件系统的支持，这些技术和方法将很难实现。计算机和网络技术的发展为项目管理带来了新的机遇。利用计算机可以记录、分析、模拟演示项目管理的过程，协调项目的各个细节，而利用网络则可以及时传递和共享信息。因此，在信息时代，项目管理要充分利用现代信息技术，进行全面及时的信息交流和传递。

8.1.1 Project 2019 概述

Project 2019 是微软公司发布的基于 Windows 操作系统的项目管理软件，因其强大的功能、友好的界面、便利的操作，吸引了众多用户，成为最受欢迎的项目管理软件之一。Project 软件的用户群在全球已超过千万，其中包括各种各样的用户类型，从一般的工作人员到专家级的项目经理。Project 软件为普通工作人员或项目管理人员提供了对于项目的整体规划和跟踪，并灵活地按照业务需求交付相应的结果，能满足从初学者到专家各个层次用户的需要。

Project 2019 能够帮助单位协调商业计划、项目及资源，从而获得更好的业绩。通过使用其灵活的报告和分析功能，可以利用可操作的信息来优化资源、安排工作优先顺序并协调项目与总体商业目标。

Project 2019 系列产品包括 Project Standard 2019、Project Professional 2019、Project Server 2019 和 Project Web Access 2019 等。Project Standard 属于入门级的项目管理软件，提供常见的、易于使用的工具，可以从桌面上独立地管理项目。Project Professional、Project Server 和 Project Web Access 被设计为一起工作、共同组成 Microsoft 针对企业项目管理（EPM）的解决方案。使用 Project Server 2019 将所有的项目和资源信息存储在一个中心数据库中，只需项目经理安装 Project Professional 2019，其他工作组成员就都可以使用基于浏览器的 Project Web Access 2019 来查看 Project Server 中的项目数据。通过使用该 EPM 解决方案中灵活的报告和分析功能，组织可掌握工作进度方面的信息，从而可针对整体业务目标，以项目组合为单位来优化资源，确定工作的优先顺序和合理安排项目。

相较于之前版本，Project 2019 具有一个崭新的界面，在新的外观之下，它还包含功能强大的新的日程排定、任务管理和视图改进，这样用户就能够更好地控制如何管理和呈现项目。此外，Project 2019 还新添加了帮助用户和工作组进行写作的许多新功能。

8.1.2 Project 2019 在项目管理中的功能

Project 2019 作为一个功能强大、使用灵活的项目管理软件，可以帮助用户有效地计划、设计和管理一个项目，它主要有以下功能。

1. 项目范围管理

利用 Project 2019 的项目分解功能，可以方便地对项目进行分解，并可以在任何层次上进行信息的汇总。

2. 项目进度管理

Project 2019 提供了多种进度计划管理的方法，如甘特图、日历图、网络图等，利用这些方法，用户可以方便地在分解的工作任务之间建立相关性，使用关键路径法计算任务和项目的开始、完成时间，自动生成关键路径，方便用户对项目进行更有效的管理。

3. 项目资源管理

在资源费用管理中，Project 2019 采用了自下而上的估算技术，并结合其他技术，使费用的估算更为准确。

在人力资源管理中，Project 2019 提供了“资源平衡”“责任矩阵”“资源需求直方图”等技术，力求对资源进行更合理的分配，同时统计资源的工作量、成本、工时信息等参数。

4. 信息沟通管理

Project 2019 使用丰富的视图、报表，为项目中不同类别的人员提供所需的信息。项目管理者还可以利用电子邮件和 Project Central 直接分配任务，更新任务信息，跟踪控制任务完成情况。

5. 项目综合管理

Project 2019 包含了项目管理中多方面重要的技术和方法，可以对整个项目的计划、进度、资源进行综合管理和协调，改善项目管理的过程，提高管理水平，最终实现项目的目标。

8.2 Project 2019 的安装

8.2.1 安装 Project 2019 的系统要求

在使用 Project 之前，首先应进行产品安装。在安装之前，需要了解 Project 2019 不同版本的安装要求。

Project Professional 2019 和 Project Standard 2019 的安装要求见表 8－1。

表 8－1 Project Professional 2019 和 Project Standard 2019 的安装要求

组件	要求
处理器	1.6GHz 或更快，双核
操作系统	Windows 10、Windows Server 2019
内存	4GB RAM；2GB RAM（32 位）
硬盘	4GB 可用磁盘空间
显示器	1 280×768 屏幕分辨率
显卡	用于图形硬件加速的 DirectX 10 显卡
其他系统要求	需要 Internet 连接才能使用 Internet 功能 需要 Microsoft 账户

Project Server 2019 的安装要求见表 8－2。

表 8-2　Project Server 2019 的安装要求

组件	要求
计算机和处理器	64 位，4 个内核
内存	至少 12GB 内存
硬盘	80GB（用于系统驱动器）
操作系统	Windows Server 2016 Standard 或 Datacenter
数据库服务器	适用于 Windows 服务的 Microsoft SQL Server 2017 RTM Microsoft SQL Server 2016 Service Pack 1 （注意：如果使用的是 Project Server 2019 中的多维数据集生成服务，还必须安装 SQL Analysis Services）
显示器	Super VGA（1 024×768）或更高分辨率的显示器

8.2.2　Project 2019 的安装过程

Project 2019 的安装非常简单，就像所有基于 Windows 操作系统的程序一样，下面以 Project Professional 2019 为例介绍软件的安装过程。

1. 准备安装盘，下载安装文件

启动计算机，进入 Windows 操作系统。安装过程中应当关闭所有其他应用程序。将 Project Professional 2019 安装光盘放入 CD-ROM 驱动器中，然后关闭 CD-ROM 驱动器，此时系统将会自动启动光盘上的安装程序。如果安装程序没有自动启动，可以进入安装盘的目录，打开 Project 2019 文件夹后，找到并双击启动其安装程序 Setup. exe。安装文件亦可通过下载获取。下载后，鼠标右击压缩包选择自动解压（或解压到当前文件夹均可），如图 8-1 所示。

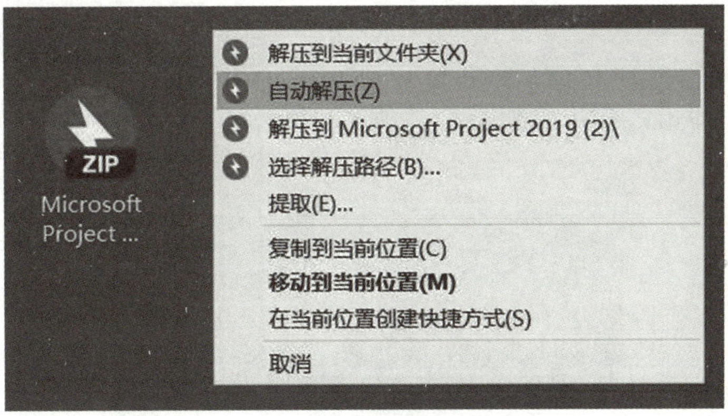

图 8-1　解压获取安装文件

2. 选择所需的安装

根据电脑中操作系统的特征，如果是 64 位操作系统就双击“Setup64”进行安装，如果是 32 位操作系统就双击“Setup32”进行安装。如图 8-2 所示。

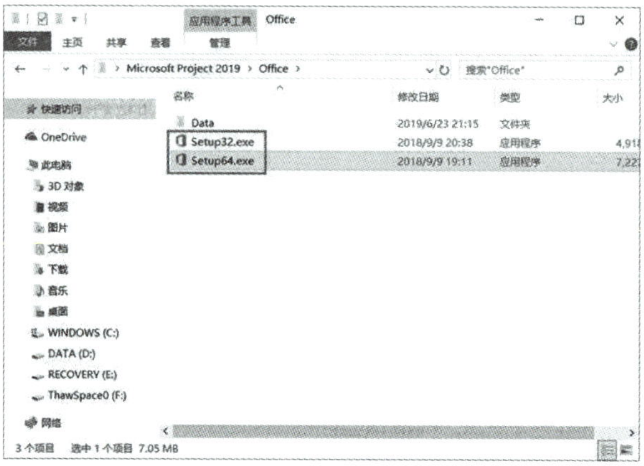

图 8-2　选择所需的安装

3. 安装

显示正在安装，预计需要 5～10 分钟的时间，如图 8-3 所示。

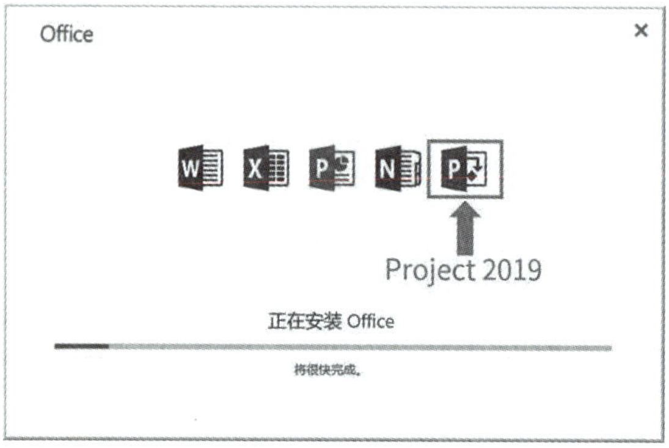

图 8-3　正在安装

4. 安装完成

安装完成，单击“关闭”，如图 8-4 所示。

图 8-4　安装完成

5. 激活过程

从开始菜单中找到刚才已经安装的 Microsoft Project 2019 并打开，登录 Office 账号，如果没有，可以先注册，然后单击左下角的“账户”并激活。自此，Project 2019 安装完成，可以在产品信息里面看到 Project 产品已激活，其所有功能都可以用。

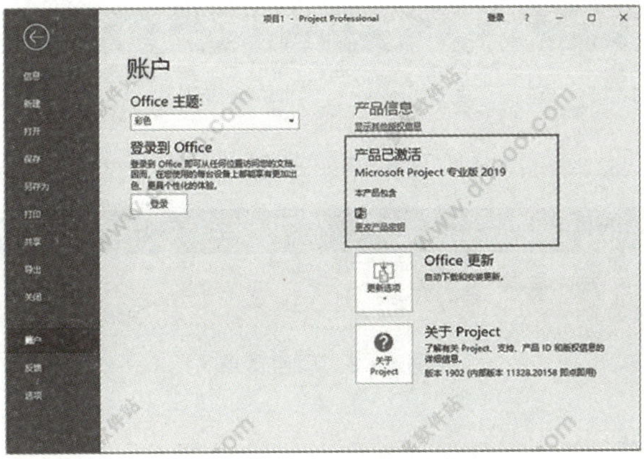

图 8－5　Project 激活完成

8.3　Project 2019 的操作界面

Project 2019 的操作界面与微软 Office 系列产品的操作界面、布局基本相似，如图 8－6 所示。

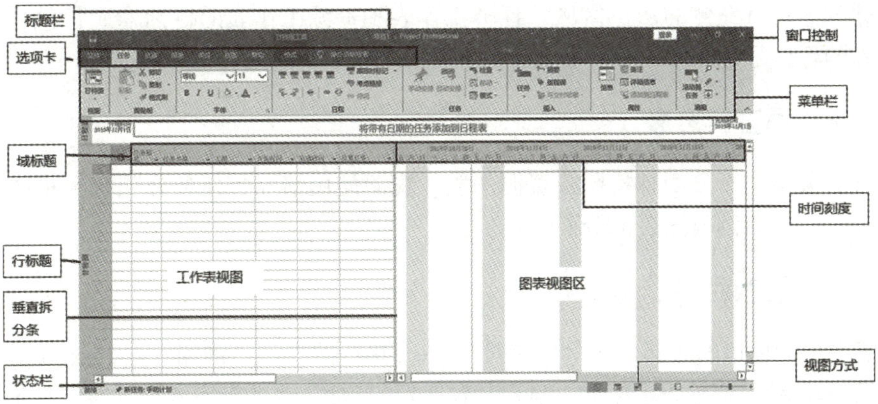

图 8－6　Project 操作界面

8.3.1　标题栏

标题栏中显示运行程序的名称和 Project 文件的名称，以及包括最大化窗口、最小化窗口、关闭窗口等窗口控制快捷按钮。

8.3.2 选项卡

选项卡包括文件、任务、资源、报表、项目、视图、帮助、格式 8 类选项，单击选项卡里其中一个，对应菜单栏里的工具。任务菜单和项目菜单如图 8-7、图 8-8 所示。

图 8-7 任务菜单

图 8-8 项目菜单

8.3.3 菜单栏

菜单栏上列出了所有操作选项，用户可以单击进行操作。菜单栏里所有的工具，对应着相应的选项卡。

8.3.4 域标题

域标题类似于 Excel 中的列标题，为工作表视图中每列顶部的灰色区域，单击域标题可选择该列。

8.3.5 行标题

行标题为每行左侧的灰色区域，任务工作表和资源工作表的行标题通常包含每项任务或资源的标识号。

8.3.6 垂直拆分条

垂直拆分条用于分割甘特图、资源图表、资源使用情况、任务分配状况视图中的表和图表部分，或图例与图表部分。

8.3.7 状态栏

状态栏位于窗口的底部，显示当前对 Project 执行的操作。例如，当 Project 等待操作时，显示“就绪”；当输入数据时，显示“输入”；当对文件进行病毒扫描时，显示“病毒扫描”。

8.3.8 时间刻度和日期

在甘特图、资源图表、任务分配状况、资源使用状况视图顶部包含时间刻度和日期的灰色分割宽线，时间刻度和日期下方的区域显示了以图表方式表示的任务或资源信息。

8.4　Project 2019 的常见视图

使用 Project 的过程就是使用 Project 提供的视图的过程，Project 中常用的视图有“甘特图”“日历”“网络图”“资源工作表”“资源使用状况”等。这些视图在“视图”菜单中均可以找到。

8.4.1　“甘特图”视图

“甘特图”视图是 Microsoft Project 2019 的默认视图，用于显示项目的信息，如图 8-9 所示，它有两个区域，用两种方式显示项目信息：

(1) 视图的左侧是任务的工作列表，显示任务的详细信息，例如任务的名称、工期、开始时间和完成时间等。

(2) 视图的右侧以条形图的方式显示任务的信息，每一个条形图表示一个任务，视图上方的时间刻度可以清楚表示任务所在的时间分布。条形图之间的连线表示任务之间的相关性。

“甘特图”是 Project 中最常用的视图，项目管理前期的很多工作都是围绕“甘特图”展开的。例如，任务信息录入、工期设定、任务相关性设定和资源分配等都是在“甘特图”中完成的。

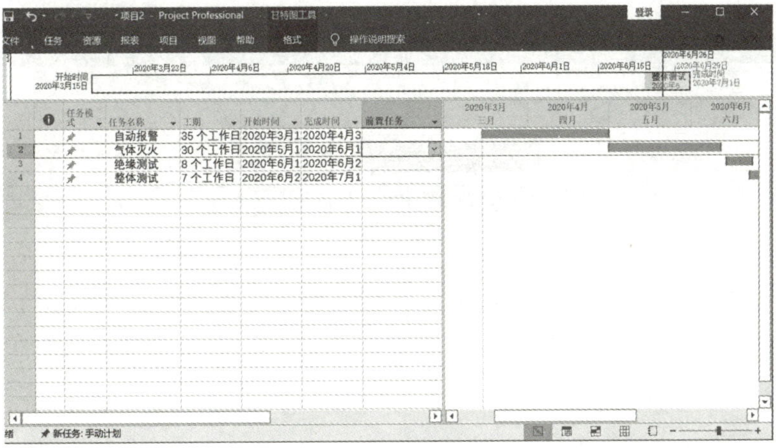

图 8-9　“甘特图”视图

8.4.2　“日历”视图

“日历”视图主要显示一周或一个月内的项目信息。任务条形图将跨越任务日程排定的天或星期。使用这种视图格式，可以快速地查看项目的日程安排，如图 8-10 所示。

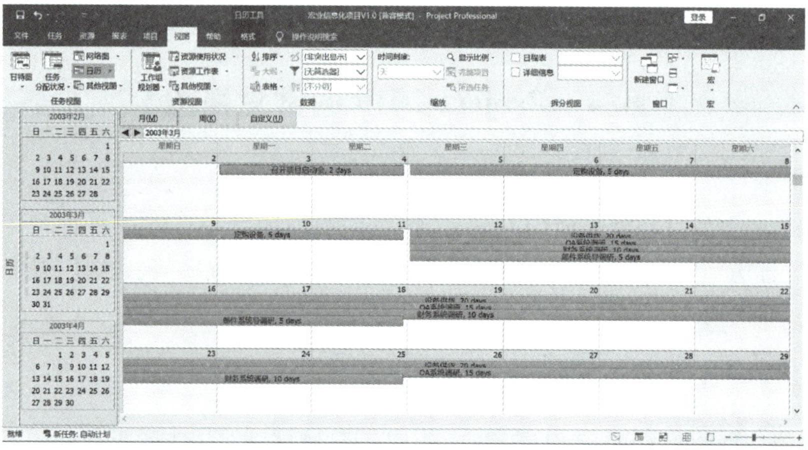

图 8-10 “日历”视图

8.4.3 “网络图”视图

“网络图”视图是项目计划的另一种表现形式，如图 8-11 所示。“甘特图”中的每个节点代表一项任务，节点之间的连线表示任务之间的相关性。“网络图”与“甘特图”的区别是没有树状的任务分解结构，“网络图”视图以流程图的方式来显示任务及其相关性。一个框代表一个任务，框与框之间的连线代表任务间的相关性。其中，显示两条交叉斜线的方框，则表示已完成的任务。“网络图”在建筑项目领域的应用比较广泛，在 IT 项目中运用比较少。

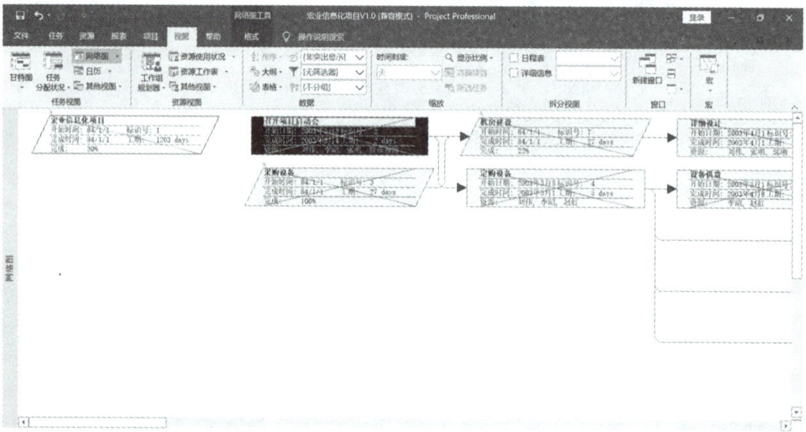

图 8-11 “网络图”视图

8.4.4 “资源工作表”视图

“甘特图”中任务的执行是需要资源来完成的，资源来源于“资源工作表”视图，如图 8-12 所示。“资源工作表”存放的是项目中可以被使用的资源信息，包括人力资源、设备资源和材料资源等，也显示了每种资源的相关信息，比如资源名称、资源使用成本、支付工资率、分配工作小时数、比较基准和实际成本等。这些都可以方便用户了解项目所需资源及相关费用。在该视图中，可以完成资源的新建、修改、删除等操作。

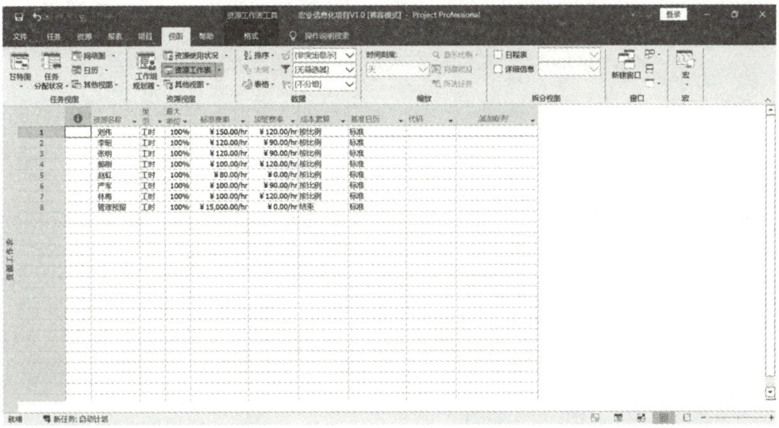

图 8－12　“资源工作表”视图

8.4.5　“资源使用状况”视图

“资源使用状况”视图以资源为索引，分组统计每个资源在该项目中被分配的任务详细情况，包括工时、工作时间以及工作量分布、是否过度分配等信息。通过此视图，可以查看每项资源的工时及成本，如图 8－13 所示。

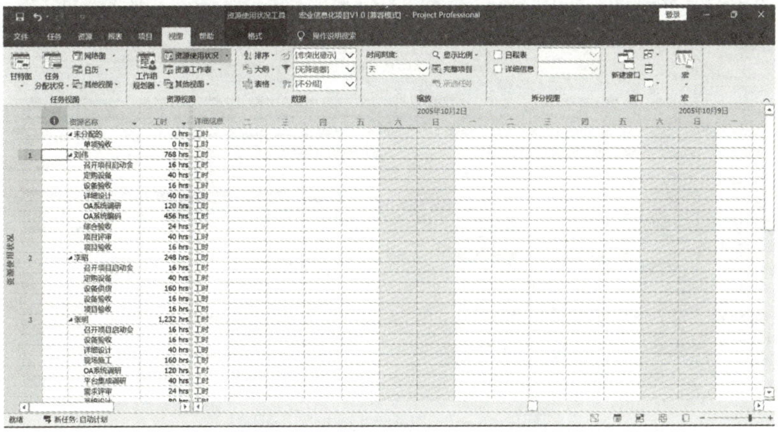

图 8－13　“资源使用状况”视图

8.4.6　“任务分配状况”视图

“任务分配状况”视图以工作任务为索引，分组统计每项任务被分配资源的情况，其由两个并排的工作表组成，左侧部分显示任务分配状况，右侧显示任务对应的时间表。通过它可以了解到任务的详细分配情况，以及工作量在任务以及时间上的分布情况，如图 8－14 所示。

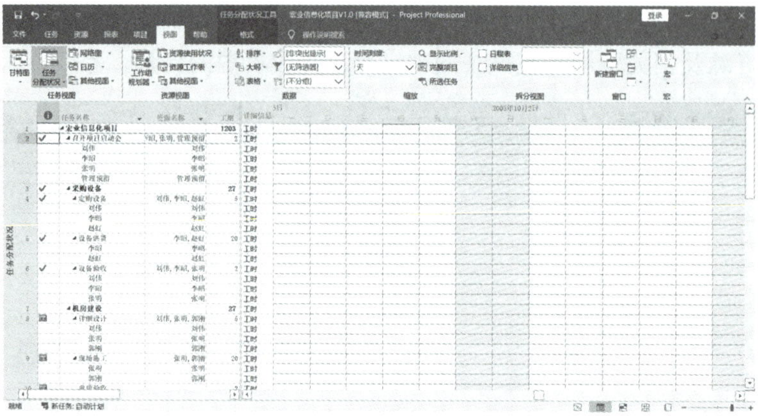

图 8－14 “任务分配状况”视图

8.4.7 “跟踪甘特图”视图

“跟踪甘特图”视图来源于“甘特图”视图，与“甘特图”的外观样式一样，但是“跟踪甘特图”视图中显示的两种颜色任务条形图，一个条形图在另一个条形图的上方。上方的条形图表示任务的当前计划，下方的条形图显示任务的全部，通过颜色的不同，来分析出项目的进度。在项目行进过程中，当计划发生变化时，就可以通过上下两条甘特图来分析实际项目计划偏移原始估计的程度，如图 8－15 所示。

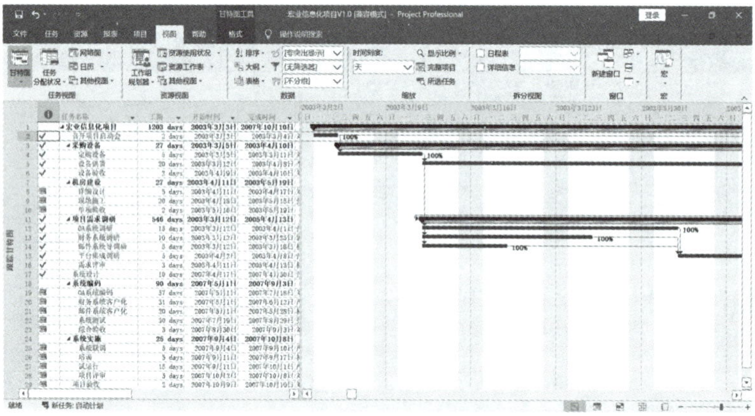

图 8－15 “跟踪甘特图”视图

8.5 Project 2019 的基本操作

本节将介绍 Project 2019 的基本操作，对于初次使用 Project 的读者会有很大帮助。

8.5.1 甘特图中的操作

甘特图是 Project 打开之后的默认视图，下面从几个方面介绍甘特图的基本操作方法。

1. 新建任务

新建任务时，直接在甘特图左边“输入区”的空白任务区域内双击鼠标，在出现的“任务信息”对话框中输入任务信息，如图 8－16 所示。

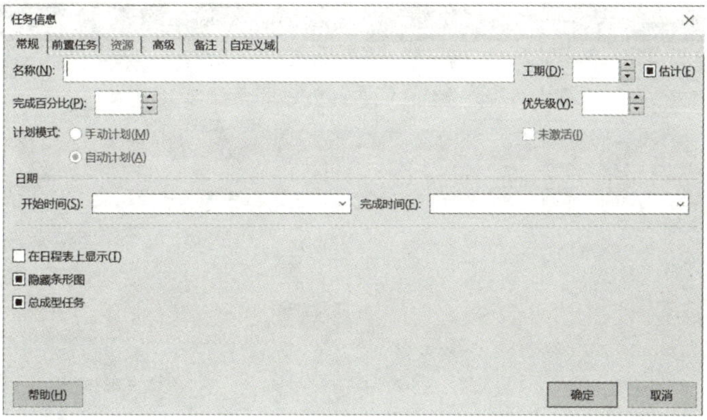

图 8－16　“任务信息”对话框

2. 修改任务

修改任务时，直接在该任务上双击，图 8－16 所示对话框会再次弹出，在该对话框中修改完毕后，单击“确定”按钮。

3. 删除任务

使用鼠标单击希望删除的任务，选择菜单【编辑】/【删除任务】，该任务会被删除。

4. 插入任务

首先要决定在哪个任务之前插入任务，单击该任务，选择菜单【插入】/【新任务】，将会出现空白的新任务，双击该新任务，在弹出的“任务信息”对话框中输入新任务的具体信息，单击“确定”按钮。

5. 复制、粘贴任务

使用鼠标左键单击希望复制的任务的最左边的“标识号”，选中该任务，如图 8－17 所示。

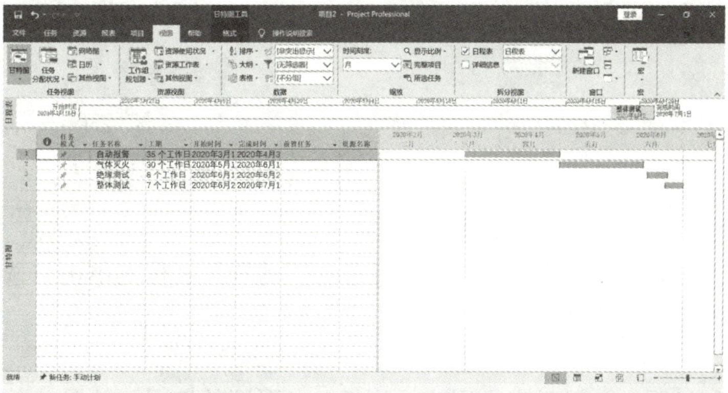

图 8－17　选中某个任务

选择菜单【编辑】/【复制任务】。用鼠标单击希望粘贴到的位置，例如单击标识号为“1”的位置，再选择菜单【编辑】/【粘贴】，该任务将被复制到标识号为“5”的位置上，如图 8－18 所示。

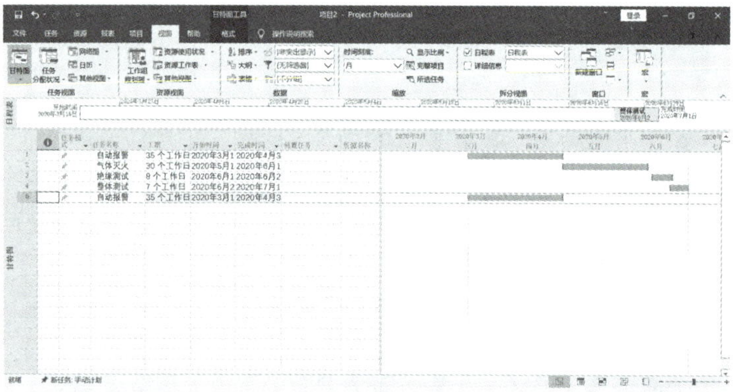

图 8－18　任务被粘贴到新的位置

6. 任务的升降级

选中需要降级的任务，单击工具栏中的降级图标，可以实现任务的降级。选中需要升级的任务，单击工具栏中的升级图标，可以实现任务的升级。

7. 分配资源

分配资源的前提是“资源工作表”中已经建立了资源。在甘特图中的“资源名称”下拉列表中选择资源名称即可，如图 8－19 所示。

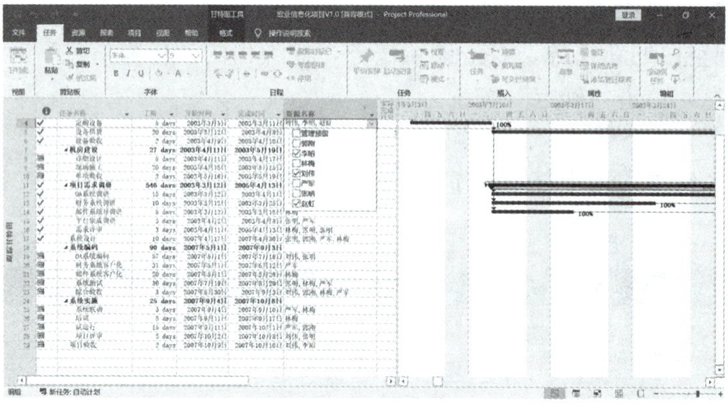

图 8－19　分配资源

8. 删除资源

资源被分配后，希望删除时，直接在任务对应的资源名称上单击，选中后按“Del”键，然后按“Enter”键即可。

9. 快速定位任务

在计划编制过程中，经常发生无法看到任务条形图的情况。此时，单击该任务，再单击工具栏中的图标，就可以快速在右侧的条形图中展示该任务的信息。

10. 通过右侧条形图区域看到更多任务信息

在计划编制过程中，在“甘特图”右侧的区域内有可能只看到很少一部分的任务信息，如果想看到更多的任务信息，可以单击工具栏中的图标，放大条形图区域内的时间刻度，缩小任务的条形图的长度，从而展现更多的任务信息。

8.5.2 资源工作表中的操作

“资源工作表”管理项目中所有的资源，资源的新建、修改、删除都必须通过该视图进行。

1. 新建资源

Project 中的资源有三类，一是按照时间工作的资源被称为“工时”类资源；二是按照量化的单位进行工作的资源被称为“材料”类资源，例如钢筋、混凝土等；三是“成本”类资源。

直接在“资源工作表”中双击空白的区域，可以建立资源的详细信息，如图 8-20 所示。

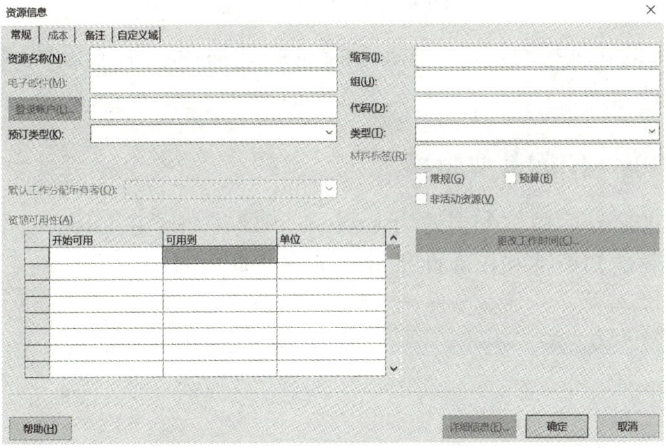

图 8-20　建立资源的详细信息

在图 8-20 所示的对话框中输入“资源名称”，选择“类型”，单击“确定”按钮即可建立基本的资源信息。

2. 修改资源

在“资源工作表”视图中，双击希望修改的“资源”信息，弹出如图 8-20 所示的对话框，在该对话框中可以完成对项目资源的修改和更新。

3. 删除资源

在“资源工作表”视图中，选中需要删除的资源，按“Del”键就可以删除资源。

8.6 获得帮助

Project 2019 在提供联机帮助方面有强大的功能，并且提供在线帮助。

8.6.1 Project 中的联机帮助

选择菜单【帮助】/【Microsoft Project 帮助】后，出现如图 8－21 所示的对话框，可以在线搜索碰到的问题。

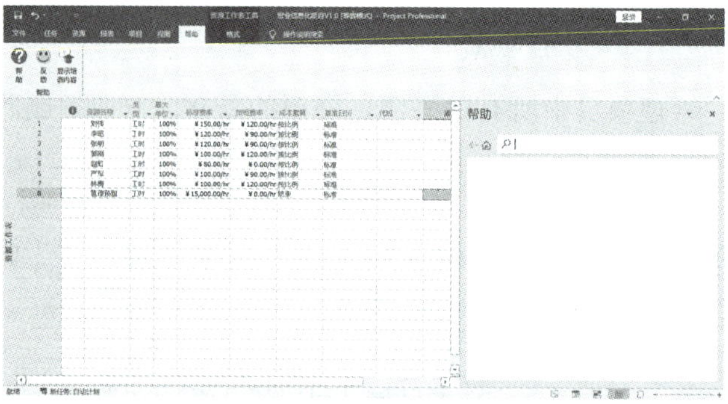

图 8－21 Project 帮助

Project 2019 的联机帮助，每一项都非常清晰地描述了如何操作、操作的原因和项目管理的相关理论基础。

8.6.2 Project 中的其他帮助

除了联机帮助之外，微软公司还为 Project 2019 准备了在 Office Online 上的学习资料，这些学习资料的知识性和权威性是得到了充分肯定的。

思考与练习

一、复习思考

1. 如何安装 Project 2019？
2. Project 2019 对于项目管理有何作用？
3. Project 2019 的常用视图有哪些？
4. 如何应用在线帮助？

二、能力训练

1. 请在你的电脑上安装 Project 2019。
2. 请创建一个新的工作任务。
3. 请试着查看“甘特图”视图、“网络图”视图、“资源工作表”视图、“资源使用状况”视图、“任务分配状况”视图和“跟踪甘特图”视图。

模块 9

应用 Project 2019 完成项目管理计划文本

学习目标

- **能力目标**

能够应用 Project 2019 完成项目管理计划文本的编制。

- **知识目标**

掌握单项目管理计划文本编制过程；

掌握计划文本编制的基本操作。

学习重点与难点

单项目管理计划文本编制过程；

运用 Project 软件进行项目管理和报表输出。

理论知识

为了更加直观地说明 Project 在实际项目管理中的应用情况，本模块通过一个项目管理案例介绍 Project 软件的应用过程。

9.1 案例描述

北京宏业商贸有限公司拟进行信息化建设，该公司希望通过信息化项目提高公司内部的办公效率，减少手工操作的失误。

9.1.1 甲方

北京宏业商贸有限公司成立于2005年，目前公司注册资本5 000万元。公司总部在北京，并分别在上海、深圳两地设有分公司，全国各省会级城市都有代理商。

公司的主要业务是生产儿童食品，并销往全国各地。目前公司员工共210人。从2015年开始，公司高层和中层管理者发现每年用于管理的时间越来越多，经常为了整理一份财务报表而花费一天的时间，与分公司的电话沟通成本高，向分公司发送相关资料只能通过快递。因此，公司决定由办公室牵头组成公司信息化小组，负责公司信息化的建设工作。

公司信息化小组通过近一年对公司现状的分析，了解了同行公司的信息化建设情况，结合目前市场的各类信息化产品，制订出了该公司的五年信息化建设规划。其中，第一年的信息化建设内容是实现总部内部局域网建设和总部与分公司之间网络的连通、实现公司级财务管理、实现公司内部办公自动化及邮件系统三部分。

公司董事会在一个月内批复同意该方案的执行，并限定项目时间为2019年3月1日至2019年12月30日，项目金额为网络建设费用200万元，软件开发及服务费用150万元。负责该项目的人员是信息化小组的组长杨宏（杨宏也是办公室主任，但是他对网络、软件等方面不熟悉），由办公室的刘华协助（刘华是2018年的毕业生，专业是计算机，2018年7月进入公司工作）。

公司董事会审批结束后，杨宏就着手开始选择供应商、签订合同、实施项目。

9.1.2 乙方

北京科信软件股份有限公司成立于2002年，是为企业提供网络集成、软件开发、服务一体化的公司，自行开发的企业财务软件尤其是针对商业企业的财务管理软件，在该行业占有60%的市场。目前公司注册资金为5 000万元，公司由集成部、研发中心、项目部、营销中心等部门组成，公司员工共320名。

负责宏业商贸有限公司信息化建设项目的主要成员为项目经理刘伟、客户经理李昭、商务助理赵虹。

9.1.3 甲乙双方协议内容

通过前期的项目可行性分析，已基本确定此项目的硬件和软件提供商为北京科信软件股份有限公司。

2019年2月，双方签订了项目合同，具体内容如下：

项目名称：北京宏业商贸有限公司信息化建设项目。

项目时间：2019年3月1日至2019年10月15日。

项目预算：网络建设费用180万元，软件开发及服务费用120万元。

项目内容：局域网建设及软件开发、维护服务。

甲方团队：项目经理杨宏、协助人刘华。

乙方团队：项目经理刘伟、客户经理李昭、商务助理赵虹。

项目组成员：张明、郭刚、严军、林梅。

北京科信软件股份有限公司作为项目的供应商，指定由刘伟担任项目经理。杨宏就关心的几个问题，以及公司对项目的要求与刘伟进行了交流：

（1）在 2019 年 10 月 15 日之前必须完成。

（2）项目资源有限，公司已没有其他资源可以分配给该项目，因此必须合理调配资源。

（3）采用 Project 标准版管理项目，并定期提交项目报告等。

9.2　案例分析

项目合同签订完毕，项目进入实施阶段。项目经理通过对项目可行性、售前阶段的了解，以及对客户的拜访，对项目有了充分的了解。项目经理确定该项目阶段将分为计划编制、项目实施和项目结束三大部分，Project 软件主要用于计划编制阶段以及项目实施阶段，这两个阶段完毕后，项目即结束。

9.2.1　计划编制阶段

项目计划贯穿于项目生命周期的全过程。在项目实施过程中，计划会不断地得到细化、具体化，同时又不断地被修改和调整。

项目计划按制订的过程，可分为里程碑计划、详细计划两种。

里程碑计划通常称为自上而下的计划，里程碑计划的任务是确定初步的工作分解结构，并根据工作分解结构的任务进行估计，从而汇总出最高层的项目计划。在项目计划中，里程碑计划规定了项目的主要阶段和主要任务。

详细计划通常称为自下而上的计划。详细计划的任务是在里程碑计划的基础上制订详细的工作分解结构，该计划需要详细到为实现项目目标必须做的每一项具体任务，然后自下而上再汇总统计，形成详细项目计划。本案例中将直接编制详细计划。

好的计划是项目成功的一半。项目计划涉及时间计划、成本计划、人力资源计划等。项目经理刘伟通过对项目内容的分析，以及与项目组成员的讨论，吸取以往类似项目的经验教训，开始着手编制项目计划。

1. 编制项目时间计划

（1）设置日历。项目进度计划即项目时间计划。利用 Project 编制项目进度计划，首先要在 Project 环境中设置与实际情况对应的工作/非工作时间。如果 Project 环境中的工作/非工作时间与实际中的工作/非工作时间有冲突，则编制的项目进度计划将是不准确的。例如，5 月 1 日劳动节有 3 天假期，如果没有在 Project 中标明，那么项目的工期计算便是错误的。

本案例的项目时间为 2019 年 3 月 1 日至 2019 年 10 月 15 日，项目经理应该修改

Project 中的该时间段内的日历信息。

打开 Project 软件，如图 9－1 所示。

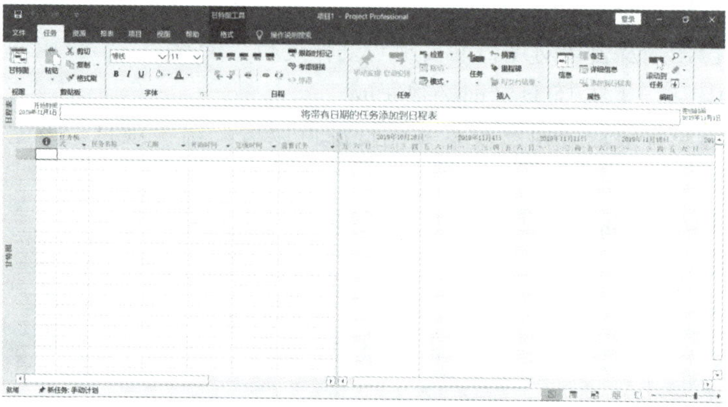

图 9－1　Project 标准版界面

在图 9－1 所示的界面中，选择菜单【项目】/【更改工作时间】，出现图 9－2 所示界面。

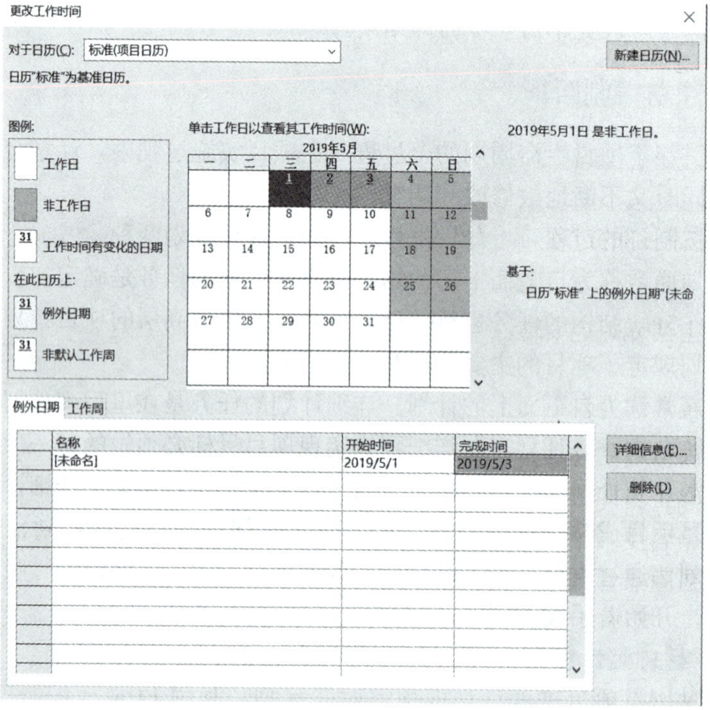

图 9－2　日历修改界面

在图 9－2 中的对话框中，修改该项目文件中的“2019 年 3 月 1 日至 2019 年 10 月 15 日”区间内的工作/非工作时间，例如，4 月 27 日、28 日调休，4 月 29 日—5 月 1 日放假三天等。具体的操作方法是选中需要修改的日子，单击例外日期，然后双击屏幕下侧相应的选项进行设置。

(2) 任务分解。项目日历设置完毕后，就可以进行任务分解。在对项目任务进行分解时，要考虑如下几个因素：依据项目内容分解项目任务，项目任务应该可执行；充分考虑资源对项目任务可能产生的影响；项目任务分解要适当。

项目经理刘伟通过对项目任务的分解，得到项目的分解结构，同时确定了每项任务之间的关系，如图 9-3 所示。

项目任务分解完毕后，将在 Project 标准版中编制任务分解结构图。

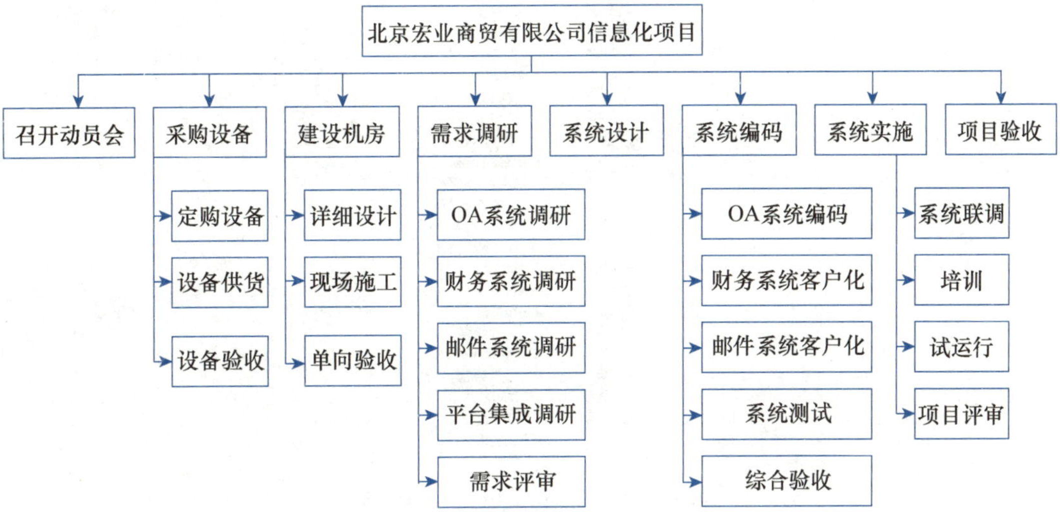

图 9-3　项目任务分解结构

(3) 输入任务信息。根据图 9-3 的任务分解，在 Project 中新建每个任务，并描述任务信息。在录入信息时，需要注意按照以下顺序进行：1) 录入项目名称；2) 录入各阶段名称；3) 录入项目结束里程碑；4) 对各阶段以及项目里程碑进行降级操作；5) 对各阶段分别进行细化分解；6) 在每个阶段最后增加一项里程碑任务；7) 对各阶段内的任务以及里程碑进行相应的降级操作；8) 重复步骤 5) ～7)，直到分解结束，如图 9-4 所示。

需要说明的是，在 Project 2019 中，某一个任务如果需要设置成里程碑，有两种操作方法：一是直接将这个任务的工期设置为"0"，那么与之对应的条形图就会变为菱形，如果是关键路径上的任务，它会有所变动。比如之前这个任务是 3 天，如果将其设置为任务工期为"0"的里程碑，那么就会少了 3 天。因此，一般在操作中可采取增加一项任务的方式，作为任务工期为"0"的里程碑。二是设置任务不为"0"的方式。选定一个任务，【项目】/【任务信息】/【高级】里左下角有一个"标记为里程碑"的小标题，选中它即可。这样的话，如果此任务是关键路径上的任务，虽然在条形图上也显示菱形，但是它不会影响关键日期，和设置前的整个工期一样。

(4) 估计工期。项目经理刘伟与项目组成员和客户充分交流后，对每个活动（任务）的工期时间进行估算。

项目经理在工期估计之前，向项目组成员强调了如下注意事项：

图 9-4　Project 中的任务分解结构

当工期为“0”时，该任务便可标识为“里程碑”，里程碑在甘特图中用“◆”表示。

在设定任务工期时，摘要任务（有子任务的任务）的工期是自动计算的，是不能编辑的。Project 中使用“?”来标识该任务的工期还没有最终确定，为估计工期。

消除“?”的方法有两种：第一种方法是直接在工期的位置重新输入工期值，回车确定后“?”便会消失；第二种方法是双击任务以后，手动修改是否显示“?”。“估计工期”可以用于标识工期还没有确定的任务。计划编制者向相关人员做项目计划汇报时，可以利用此标识清晰地说明还有哪些任务的工期估计存在困难。

工期估算完毕后，甘特图如图 9-5 所示。

（5）任务关联性设定。在描述每个任务的同时，还应确定任务之间的先后关系（关联性）。任务间的关联性在排定进度计划时非常重要，经过仔细设定之后，绝大部分任务的“开始时间”“结束时间”都会被自动设置。如果存在个别没有相关性的任务，可以单独对这些任务手工设置“开始时间”与“结束时间”。

在关联性设定过程中，需要注意以下几点：

1）一个任务可能有多个前置任务；

2）一个任务可能被多个任务所前置；

3）标识号越大的任务，前置任务可能越多；

4）子任务不能与自己的父任务建立关联；

5）在任何一个阶段，并行的任务必须与该阶段的里程碑建立关联。

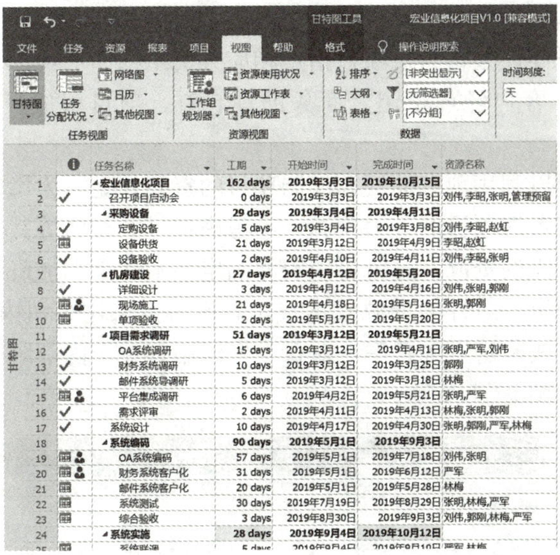

图 9-5　工期估算后的甘特图

此外，还需要注意延隔时间的问题。延隔时间指的是两个任务之间在满足某种关联性的同时，还可以存在一定的时间余地。例如“OA 系统调研”任务与“财务系统调研”任务存在“完成-开始”的关系，但是“OA 系统调研”结束以后，在“财务系统调研”开始前，需要组织相关人员、寻找场地等，这项工作不方便计入工作内容，便可以在两个任务之间设置“2d”（即两个工作日）的延隔。

当延隔时间为小于 0 的数值时，表示两个任务之间有重叠，用于缩短项目工期。例如，为了提前完成任务“财务系统调研”，在任务“OA 系统调研”与任务“财务系统调研”之间设置“－2d”（即负的两个工作日）的延隔时间。经过设置以后，任务“财务系统调研”可以提前两天完成。

（6）任务限制设定。任务限制有两种：一种是“期限”，起到提醒作用，并不影响进度安排；另一种是“限制类型”，为强制限制，一旦设定后，便会强制影响到进度的安排。

经过上述六步设置后，时间计划基本制订完成，结果如图 9-6 所示。

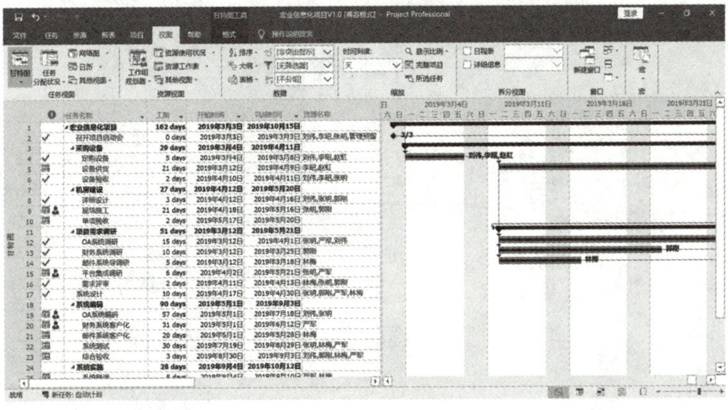

图 9-6　时间计划制订完成后的项目甘特图

2. 编制项目资源计划

在项目成立的时候，公司为该项目指定相应人员结构如下：

项目经理刘伟、客户经理李昭、商务助理赵虹，项目组成员张明、郭刚、严军、林梅。

项目经理刘伟可以利用现有的资源编制项目的资源计划，为每项任务分配相应的资源。对于本案例，仅考虑项目的人力资源，不考虑项目的材料等其他资源。

（1）确定项目所需的资源，并为每项资源确定基本费率和加班费率。在确定资源费率时，可以采用公司统一对外的资源成本报价，也可以采用公司内部项目的核算成本。本项目采用后一种方法确定资源费率，对每类资源制订一个内部统一的成本，并按照这个成本进行核算，如图 9－7 所示。

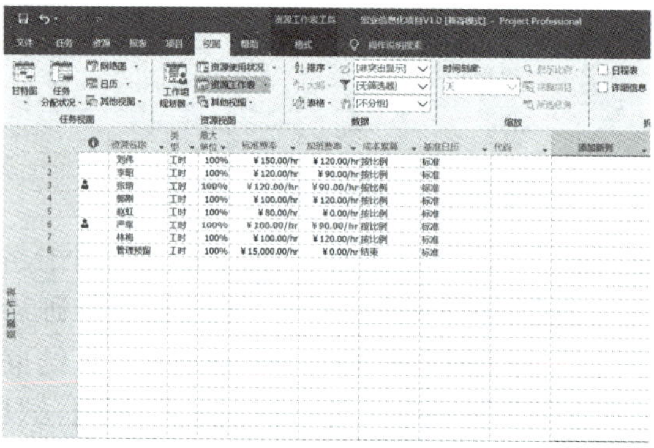

图 9－7　人员成本费率

（2）为资源设置日历。如果资源的工作/非工作时间与项目日历相冲突，需要为资源设置单独的日历。设置的方法为：在图 9－7 所示的视图中，双击"资源"，在出现的对话框中，选择"常规"选项卡，单击更改工作时间，进行日历的修改，如图 9－8 所示。

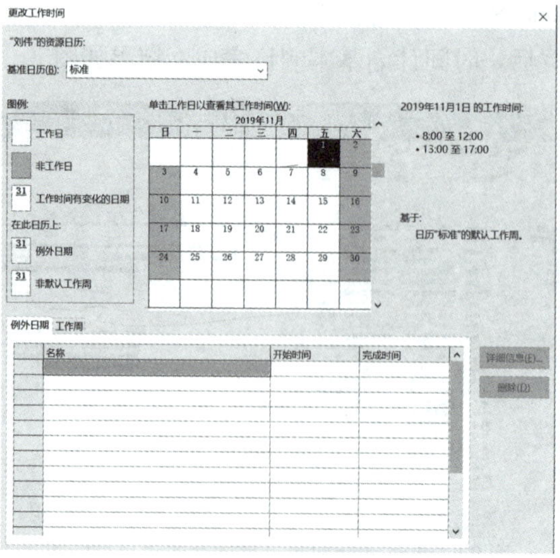

图 9－8　设置资源日历

（3）为每项活动指派相应的资源，结果如图 9－9 所示。

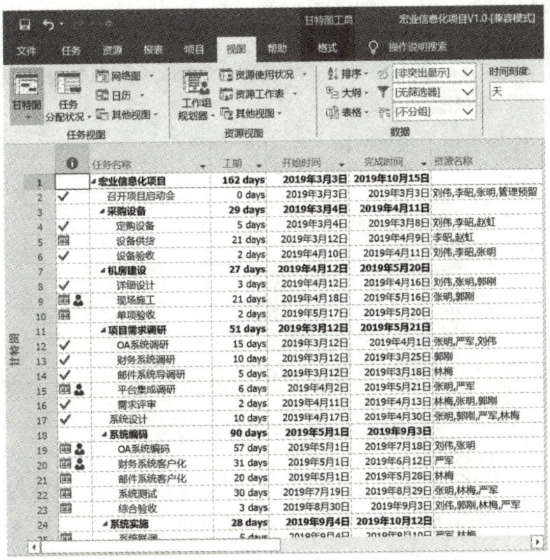

图 9－9　分配资源到相应活动

分配资源时，要注意资源分配单位的使用。如果资源为真实的人员，例如“刘伟”，那么单位就不要超过 100%，岗位资源（类似编码工程师之类的资源）可以用 $n\times100\%$ 来表示需要 n 个该岗位的资源。在“甘特图”视图中双击某一项任务，在出现“任务信息”对话框之后选择“资源”选项卡，将出现分配单位，如图 9－10 所示。

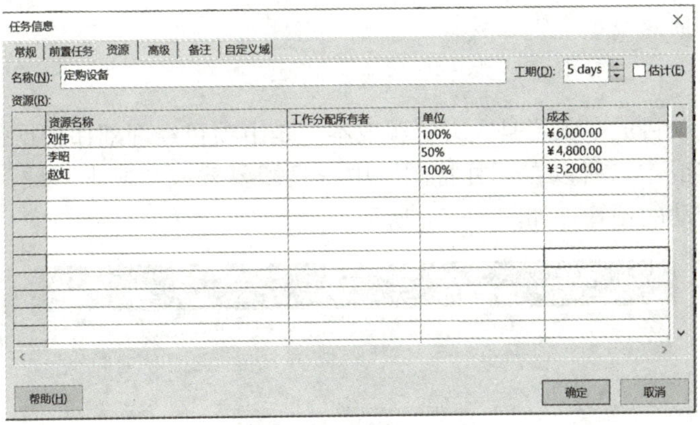

图 9－10　资源分配时的单位

图 9－10 中所示的“李昭”的单位是“50%”，表示该资源在该任务上每天投入 4 个小时（一半的时间）；“赵虹”的单位是“100%”，表示资源将全部的时间都投入该任务上；若“采购人员”的单位是“300%”，表示该任务上需要 3 个“采购人员”。

在分配过程中，需要注意是否存在过度分配的资源。检查的方法是选择菜单【视图】/【资源使用状况】，如果有资源的颜色成为红色，则表示该资源在同一天内被分配多项任务，这些任务的分配单位之和大于资源的“最大单位”（通常为 100%），如图

9-11 所示。如果有红色出现，需要进行适当的调整，可以采取替换资源或者减少资源在单个任务上的分配单位等手段平衡资源分配。

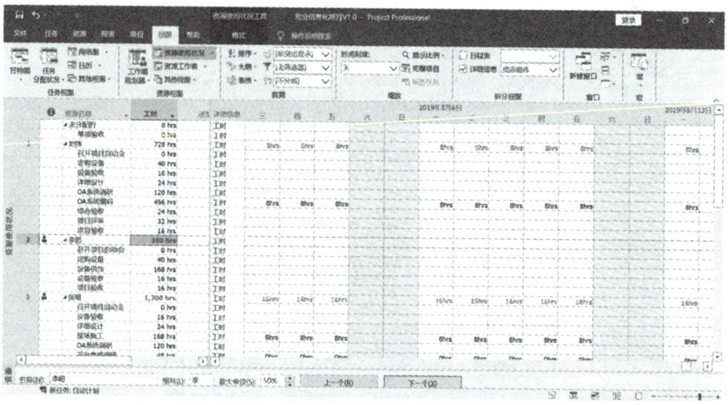

图 9-11　资源过度分配

图 9-11 中“李昭”“张明”目前的状态是被过度分配，因为在某个星期五、星期一两天该资源被分配了两项任务，每项任务都需要他们每天投入 8 小时的工作。Project 可以捕捉到这种问题发生的时间以及相关的任务，有助于项目经理尽快解决问题。

3. 编制项目成本计划

项目的成本计划是对项目中各项活动的成本做预先分配，根据项目实施过程中的实际情况及时调整。在计划阶段，项目经理与项目组成员共同讨论，编制项目的预算，该预算可作为项目执行和比较的依据之一。

使用 Project 编制成本计划，首先需要了解相关的成本公式：

成本＝固定成本＋资源成本

资源成本＝工时资源成本＋材料资源成本

本案例中，项目成本主要是人力资源成本，是由项目经理刘伟根据每个活动指派的人员，没有固定成本，所以在“甘特图”中，只需要插入“成本”域，Project 便会自动计算出每项活动的预算，如图 9-12 所示。

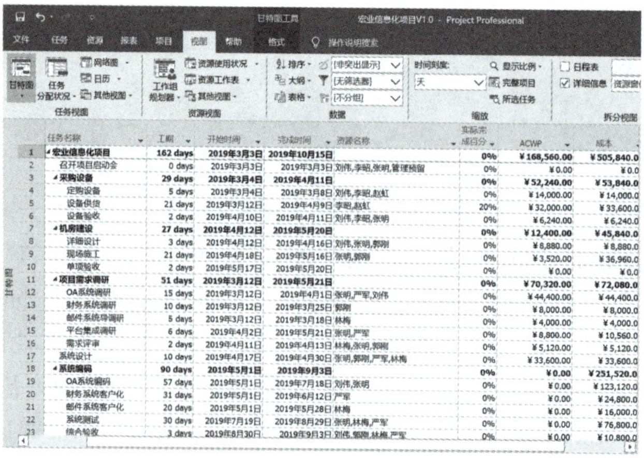

图 9-12　项目的成本计划

Project 可以自动汇总出项目的总预算为 505 840 元人民币。

4. 编制正式的项目计划

编制完成项目时间计划、资源计划、成本计划后，就可将该项目文件设置为比较基准，作为项目实施的依据和项目变化的原始基准。

设置比较基准前，项目经理与项目成员都必须明白比较基准的确切定义和用途。比较基准是一组原始的开始日期和完成日期、工期、工时和成本估计值，完成并精确调整项目计划之后，在项目开始前保存这些估计值。估计值是用于衡量项目变化的主要参照点。比较基准保存有大约 20 条信息，包括任务、资源和工作分配的汇总信息以及时间分段信息。最多可设置 11 个比较基准。

比较基准提供用于衡量项目实际进度的参照点，包含任务工期、开始日期和完成日期、成本以及其他要进行监控的项目变量的最佳估计值。如果比较基准信息与当前数据有差异，表示原始计划不正确。一般来说，如果项目的范围或性质发生变化，就会出现这种差异。如果项目风险承担者认为该差异是合理的，可在项目进行过程中的任何时间修改或重新制订比较基准。如果项目的工期持续时间很长，或项目的计划任务、成本发生显著更改，以至于与初始比较基准数据不再相关，此时设置多个比较基准尤其有用。

"中期计划"是在项目开始后保存的一组当前项目数据，可用来与比较基准进行比较，用以评估项目进度。"中期计划"仅设置两条信息，即当前任务开始日期和完成日期。最多可以设置 11 个"中期计划"。

比较基准的设置方法如图 9－13 所示。

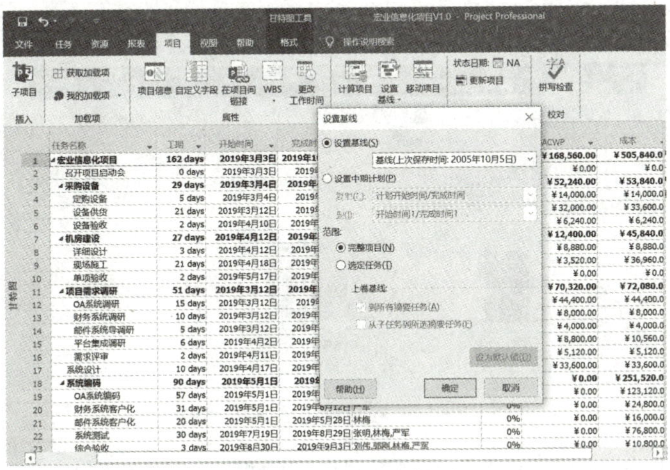

图 9－13　将确定后的项目计划设置为比较基准

5. 生成各类项目报表

对于希望了解项目计划的客户、公司相关人员，最好的方式是为他们提供用 Project 制作的各类项目报表。项目经理刘伟在编制完项目计划后，形成了如下项目报表，并将报表以邮件方式发送给客户以及公司相关人员。

（1）项目里程碑计划报表，如图 9－14 所示。

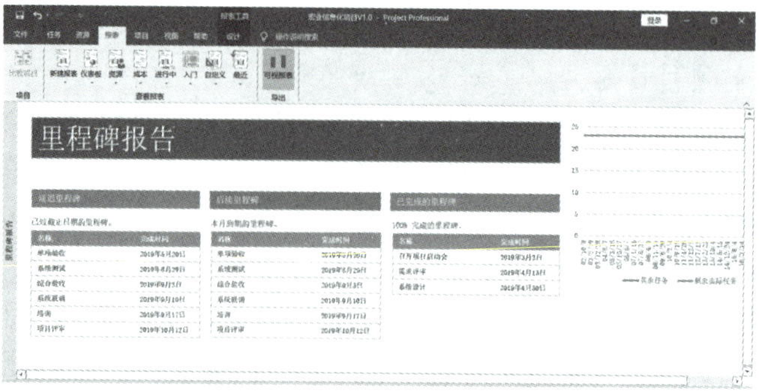

图 9－14　项目里程碑计划报表

（2）项目关键任务计划报表，如图 9－15 所示。

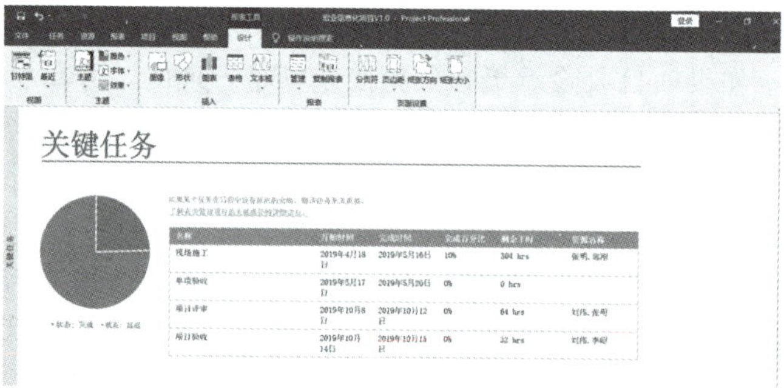

图 9－15　项目关键任务计划报表

（3）项目任务成本概述表，如图 9－16 所示。

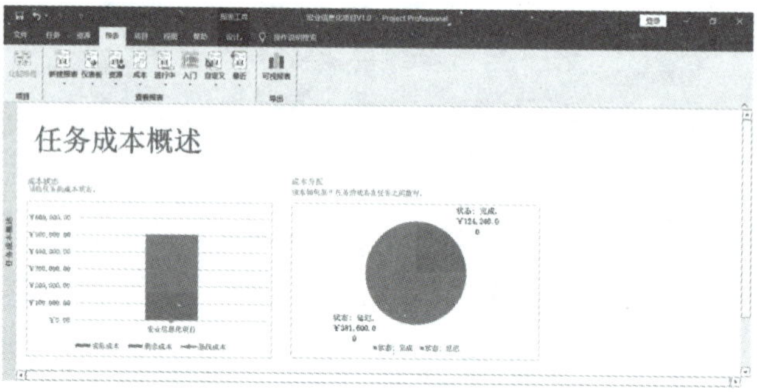

图 9－16　项目任务成本概述表

同时，还可以根据不同的需要编制不同格式的报表，如 HTML、XML 等格式的报表，还可以导出 EXCEL 格式的文件，方便不同的人员使用。

9.2.2　项目实施阶段

项目的执行情况与项目经理以及项目团队成员的努力息息相关。项目经理应带领项目团队一丝不苟地执行计划，并根据实际情况及时调整计划，将项目的实施进度与计划之间的差异，以及对项目可能产生的影响报送给项目相关人员。

本阶段中，将从项目经理刘伟的角度介绍 Project 会提供哪些帮助。有关功能的详细操作与 Office 的普通操作类似，在此不再介绍。

1. 项目进度汇报

在使用 Project 之前，项目经理刘伟都是通过人为的方式统计项目进度，并形成相应的报表的，所以在时间上存在一定的滞后，而且数据的准确性也不能保证。采用 Project 后，项目经理的工作轻松了很多，每周他只需要做如下两项工作，就可以轻松得到项目的进度情况：召开项目例会，了解每项任务的完成情况；各任务负责人对完成的工作进行预估，然后输入到文件中。Project 会自动形成每周的项目进度周报。

例如，项目实施一个多月后，即 4 月 10 日，项目经理刘伟需要向上级汇报项目进度，他根据项目实际执行情况，开始编制项目进度汇报。

（1）分析项目进展情况。

项目经理刘伟以项目例会的方式，与项目组成员进行沟通，了解项目活动的完成情况及是否存在影响下一阶段工作的风险。

可以通过项目报表，生成延迟的任务和进度落后的任务，如图 9－17 和图 9－18 所示。

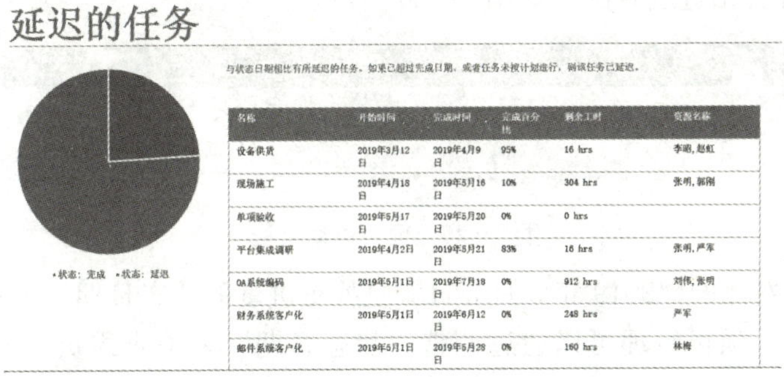

名称	开始时间	完成时间	完成百分比	剩余工时	资源名称
设备供货	2019年3月12日	2019年4月9日	95%	16 hrs	李昭，赵虹
现场施工	2019年4月18日	2019年5月16日	10%	304 hrs	张明，郭刚
单项验收	2019年5月17日	2019年5月20日	0%	0 hrs	
平台集成调研	2019年4月2日	2019年5月21日	83%	16 hrs	张明，严军
OA系统编码	2019年5月1日	2019年7月18日	0%	912 hrs	刘伟，张明
财务系统客户化	2019年5月1日	2019年6月12日	0%	248 hrs	严军
邮件系统客户化	2019年5月1日	2019年5月28日	0%	160 hrs	林梅

图 9－17　延迟的任务

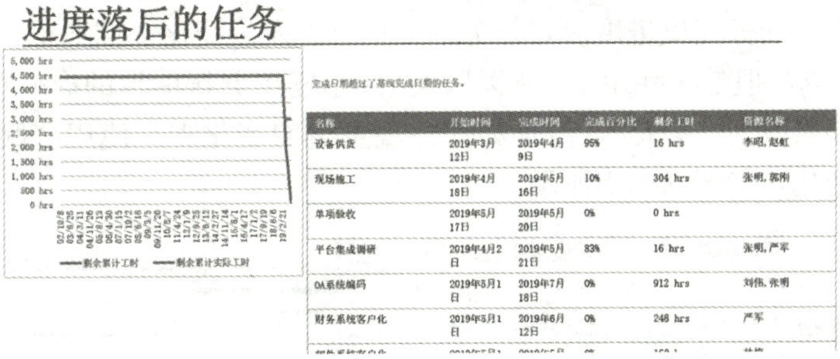

名称	开始时间	完成时间	完成百分比	剩余工时	资源名称
设备供货	2019年3月12日	2019年4月9日	95%	16 hrs	李昭，赵虹
现场施工	2019年4月18日	2019年5月16日	10%	304 hrs	张明，郭刚
单项验收	2019年5月17日	2019年5月20日	0%	0 hrs	
平台集成调研	2019年4月2日	2019年5月21日	83%	16 hrs	张明，严军
OA系统编码	2019年5月1日	2019年7月18日	0%	912 hrs	刘伟，张明
财务系统客户化	2019年5月1日	2019年6月12日	0%	248 hrs	严军

图 9－18　进度落后的任务

（2）用 Project 实现项目进度报告

为了能方便地看出项目进度的执行情况，在项目进度计划中，插入“实际开始时间”“实际完成时间”“完成百分比”“ACWP”四个域，“ACWP”是根据完成百分比自动计算出来的实际发生的成本金额，如图 9－19 所示。

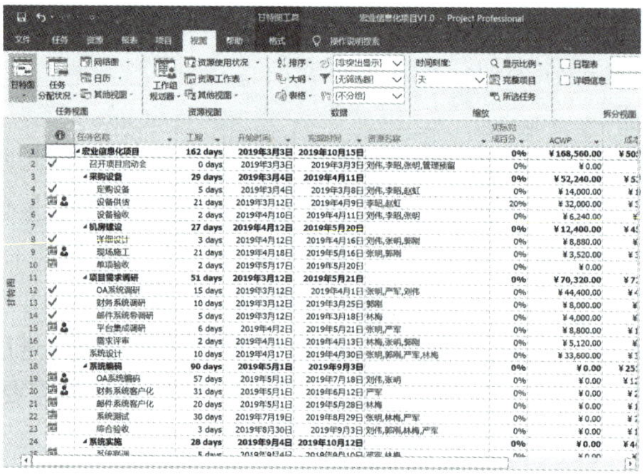

图 9－19　项目执行汇报的甘特图

2. 项目进度检查

通过询问项目组成员各自完成任务的情况，修改“完成百分比”可以达到汇报进度的目的，但是这些进度是否存在延误呢？选择“任务”中的【检查】/【检查任务】，Project 将自动计算出进度状况，如图 9－20 所示。

图 9－20　项目进度检查

图 9－20 中左侧的“2019 年 3 月 3 日”是检查进度的状态日期，表示检查任务在该日期的完成情况。项目经理可以通过调整“状态日期”来检查组员大额任务是否按时完成。

3. 工期变化检查

项目成员汇报任务完成进度时，任务的工期可能发生变化。例如“设备验收”任务原定“2 天”完成，但是实际用了“4 天”。项目经理在更新项目的时候应该如实更新，将该任务的工期修改为“4 天”，但是如何体现发生的变化呢？使用“跟踪甘特图”便可以体现上述变化，如图 9－21 所示。

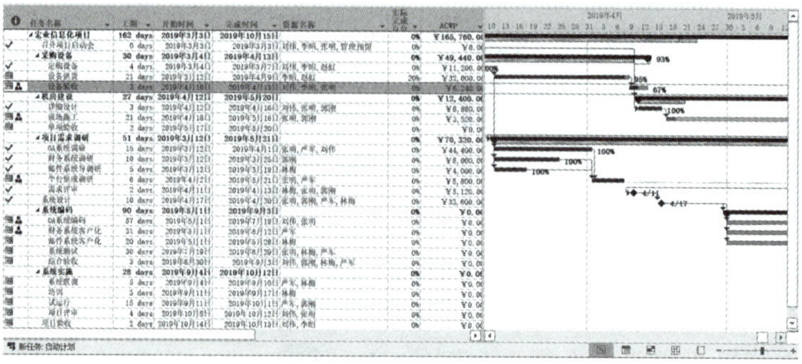

图 9－21　跟踪甘特图

图 9－21 中“设备验收”右侧任务条形图的颜色差异可以体现出“2 天”（比较基准）与“4 天”（当前）的差别，从而反映该任务工期发生变化的情况。

4. 项目成本汇报

项目经理刘伟可以根据任务的完成情况编制项目的成本执行报表，在成本执行报表中插入“ACWP”“剩余成本”域来显示项目的成本信息，如图 9－22 所示。

跟踪甘特图

	开始时间	完成时间	资源名称	实际完成百分	ACWP	成本	剩余成本
1	**2019年3月3日**	**2019年10月15日**		**0%**	**¥165, 760. 00**	**¥503, 040. 00**	**¥337, 280. 00**
2	2019年3月3日	2019年3月3日	刘伟, 李昭, 张明, 管理预留	0%	¥0. 00	¥0. 00	¥0. 00
3	**2019年3月4日**	**2019年4月11日**		**0%**	**¥49, 440. 00**	**¥51, 040. 00**	**¥1, 600. 00**
4	2019年3月4日	2019年3月7日	刘伟, 李昭, 赵虹	0%	¥11, 200. 00	¥11, 200. 00	¥0. 00
5	2019年3月12日	2019年4月9日	李昭, 赵虹	20%	¥32, 000. 00	¥33, 600. 00	¥1, 600. 00
6	2019年4月10日	2019年4月11日	刘伟, 李昭, 张明	0%	¥6, 240. 00	¥6, 240. 00	¥0. 00
7	**2019年4月12日**	**2019年5月20日**		**0%**	**¥12, 400. 00**	**¥45, 840. 00**	**¥33, 440. 00**
8	2019年4月12日	2019年4月16日	刘伟, 张明, 郭刚	0%	¥8, 880. 00	¥8, 880. 00	¥0. 00
9	2019年4月18日	2019年5月16日	张明, 郭刚	0%	¥3, 520. 00	¥36, 960. 00	¥33, 440. 00
10	2019年5月17日	2019年5月20日		0%	¥0. 00	¥0. 00	¥0. 00
11	**2019年3月12日**	**2019年5月21日**		**0%**	**¥70, 320. 00**	**¥72, 080. 00**	**¥1, 760. 00**
12	2019年3月12日	2019年4月1日	张明, 严军, 刘伟	0%	¥44, 400. 00	¥44, 400. 00	¥0. 00
13	2019年3月12日	2019年3月25日	郭刚	0%	¥8, 000. 00	¥8, 000. 00	¥0. 00
14	2019年3月12日	2019年3月18日	林梅	0%	¥4, 000. 00	¥4, 000. 00	¥0. 00
15	2019年4月2日	2019年5月21日	张明, 严军	0%	¥8, 800. 00	¥10, 560. 00	¥1, 760. 00
16	2019年4月11日	2019年4月13日	林梅, 张明, 郭刚	0%	¥5, 120. 00	¥5, 120. 00	¥0. 00
17	2019年4月17日	2019年4月30日	张明, 郭刚, 严军, 林梅	0%	¥33, 600. 00	¥33, 600. 00	¥0. 00
18	**2019年5月1日**	**2019年9月3日**		**0%**	**¥0. 00**	**¥251, 520. 00**	**¥251, 520. 00**
19	2019年5月1日	2019年7月18日	刘伟, 张明	0%	¥0. 00	¥123, 120. 00	¥123, 120. 00
20	2019年5月1日	2019年6月12日	严军	0%	¥0. 00	¥24, 800. 00	¥24, 800. 00
21	2019年5月1日	2019年5月28日	林梅	0%	¥0. 00	¥16, 000. 00	¥16, 000. 00
22	2019年7月19日	2019年8月29日	张明, 林梅, 严军	0%	¥0. 00	¥76, 800. 00	¥76, 800. 00
23	2019年8月30日	2019年9月3日	刘伟, 郭刚, 林梅, 严军	0%	¥0. 00	¥10, 800. 00	¥10, 800. 00
24	**2019年9月4日**	**2019年10月12日**		**0%**	**¥0. 00**	**¥44, 640. 00**	**¥44, 640. 00**
25	2019年9月4日	2019年9月10日	严军, 林梅	0%	¥0. 00	¥8, 000. 00	¥8, 000. 00
26	2019年9月11日	2019年9月17日	林梅	0%	¥0. 00	¥4, 000. 00	¥4, 000. 00
27	2019年9月11日	2019年10月1日	严军, 郭刚	0%	¥0. 00	¥24, 000. 00	¥24, 000. 00
28	2019年10月8日	2019年10月12日	刘伟, 张明	0%	¥0. 00	¥8, 640. 00	¥8, 640. 00
29	2019年10月14日	2019年10月15日	刘伟, 李昭	0%	¥0. 00	¥4, 320. 00	¥4, 320. 00

图 9－22　成本执行报表

5. 自定义报表

在输入项目的执行信息之后，Project 可以帮助项目经理非常方便地得出在以往很难获取的报表。Project 标准版可以根据输入的相关信息，自动汇总形成对应的数据。对于比较复杂的汇报，还可以通过【工具】/【自定义域】来实现，如图 9－23 所示。

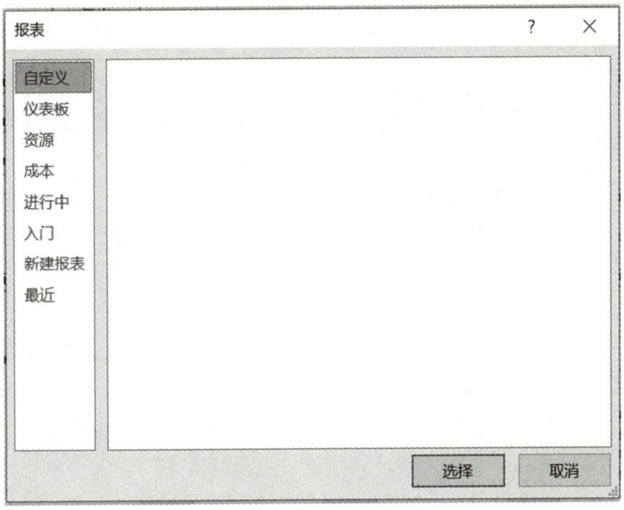

图 9－23　自定义报表

通过以上对案例“北京宏业商贸有限公司信息化建设项目”的分析，希望读者能对 Project 标准版软件在项目计划及实施阶段的使用有全面的了解。本案例中未涉及服务器版本，仅以标准版为例，这种模式通常适用于管理中小型的项目。

思考与练习

一、复习思考

1. 如何使用 Project 2019 创建项目？
2. 如何使用 Project 2019 输出报表？
3. 如何使用 Project 2019 得到比较数据？

二、能力训练

请将自己设计的项目创建在 Project 2019 中，同时输出成本预算表、资源计划表。

参考文献

[1] 项目管理协会. 项目管理知识体系指南 [M]. 6 版. 北京：电子工业出版社，2018.

[2] 张会斌，董方好. Project 2016 企业项目管理实践 [M]. 北京：北京大学出版社，2018.

[3] 张芳芳. Project 2019 中文版项目管理从入门到精通 [M]. 北京：中国青年出版社，2019.

[4] 邢以群. 管理学 [M]. 5 版. 杭州：浙江大学出版社，2019.

[5] 全国注册咨询工程师（投资）资格考试参考教材编写委员会. 项目决策分析与评价 [M]. 北京：中国统计出版社，2018.

[6] 全国注册咨询工程师（投资）资格考试参考教材编写委员会. 工程项目组织与管理 [M]. 北京：中国统计出版社，2018.

[7] 全国注册咨询工程师（投资）资格考试参考教材编写委员会. 工程咨询概论 [M]. 北京：中国统计出版社，2018.

[8] 毕星，翟丽. 项目管理 [M]. 上海：复旦大学出版社，2000.

[9] 周桂荣，惠恩才. 成功项目管理模式 [M]. 北京：中国经济出版社，2002.

[10] 范黎波. 项目管理 [M]. 北京：对外经济贸易大学出版社，2005.

[11] 叶江迅. 老李佳法——李嘉诚项目管理魔法 [M]. 西安：陕西师范大学出版社，2001.

[12] 王胜. 全面项目管理（未来企业管理模式）[M]. 北京：中国经济出版社，2004.

[13] 斯蒂芬·P. 罗宾斯. 管理学 [M]. 7 版. 北京：中国人民大学出版社，2004.

［14］林晓言，王红梅．技术经济学教程［M］．北京：经济管理出版社，2005．
［15］柴宝善，殷永昌．项目管理学［M］．北京：中国经济出版社，2001．
［16］张会斌，张莉．Project 2003 企业项目管理实践［M］．北京：人民邮电出版社，2006．
［17］刘荔娟．现代项目管理［M］．上海：上海财经大学出版社，2003．
［18］杨志波．基于 Project 2003 的项目管理［M］．北京：电子工业出版社，2004．

图书在版编目（CIP）数据

项目管理/柴彭颐，陈惠源主编. --3版. --北京：中国人民大学出版社，2020.10
21世纪高职高专规划教材. 工商管理系列
ISBN 978-7-300-28524-5

Ⅰ.①项… Ⅱ.①柴…②陈… Ⅲ.①项目管理-高等职业教育-教材 Ⅳ.①F224.5

中国版本图书馆CIP数据核字（2020）第167067号

普通高等职业教育在线开放课程新形态一体化规划教材
21世纪高职高专规划教材·工商管理系列
项目管理（第三版）
主　编　柴彭颐　陈惠源
副主编　杨丽洲　张海兰　王淑云
参　编　史学锋　黄文胜
Xiangmu Guanli

出版发行	中国人民大学出版社		
社　　址	北京中关村大街31号	**邮政编码**	100080
电　　话	010－62511242（总编室）		010－62511770（质管部）
	010－82501766（邮购部）		010－62514148（门市部）
	010－62515195（发行公司）		010－62515275（盗版举报）
网　　址	http://www.crup.com.cn		
经　　销	新华书店		
印　　刷	运河(唐山)印务有限公司	**版　　次**	2009年10月第1版
规　　格	185 mm×260 mm　16开本		2020年10月第3版
印　　张	14.5	**印　　次**	2023年9月第4次印刷
字　　数	335 000	**定　　价**	39.00元